臺灣歷史與文化 研究輯刊

四 編

第 18 冊

臺灣信仰習俗中的語言文化研究（上）

張 瑞 光 著

花木蘭文化出版社

國家圖書館出版品預行編目資料

臺灣信仰習俗中的語言文化研究（上）／張瑞光 著－初版
－新北市：花木蘭文化出版社，2013〔民102〕
目 4+208 面；19×26 公分
（臺灣歷史與文化研究輯刊 四編：第 18 冊）
ISBN：978-986-322-500-3（精裝）
1. 臺語　2. 民間信仰　3. 臺灣文化
733.08　　　　　　　　　　　　　　　102017408

ISBN-978-986-322-500-3

9 789863 225003

臺灣歷史與文化研究輯刊
四 編 第十八冊　　　　　　ISBN：978-986-322-500-3

臺灣信仰習俗中的語言文化研究（上）

作　　者　張瑞光
總 編 輯　杜潔祥
出　　版　花木蘭文化出版社
發 行 所　花木蘭文化出版社
發 行 人　高小娟
聯絡地址　235 新北市中和區中安街七二號十三樓
　　　　　電話：02-2923-1455／傳真：02-2923-1452
網　　址　http://www.huamulan.tw 信箱 sut81518@gmail.com
印　　刷　普羅文化出版廣告事業
初　　版　2013 年 9 月
定　　價　四編 22 冊（精裝）新臺幣 50,000 元

臺灣信仰習俗中的語言文化研究(上)

張瑞光　著

作者簡介

張瑞光

1956 年出生於新北市鶯歌區。世新三專廣電科、輔大大傳系、文大美國研究所、臺灣師大臺文所等畢業。曾任社區報記者、中國廣播公司高雄臺、新聞部記者，後改任編輯、主編、總編導等，從事新聞工作 20 多年。目前擔任特約導遊、領隊。閒暇時間喜歡閱讀、運動、種植蔬果。

個人因求學、工作關係離開家鄉的母語環境很久。不自覺地，自己的母語竟因沒有使用空間而日趨退化。臺灣的社會快速變遷中，長久以來，心中潛伏著一股對母語、鄉土的熱愛，激起自己再度重拾書本，加入研究臺語的行列。

提　要

臺灣是一移民社會，早期先民大多是目不識丁的文盲，他們的生活語言文化有何特質？引發研究興趣。

本論文以臺灣信仰習俗中的語言文化研究為論述主題。首先分別就臺語在生命禮儀（出生、結婚、喪葬）、廟會慶典、歲時節俗等方面的運用，作一陳述。並探討語言與文化相關問題，如詞彙、俗諺語、歌謠的語音、語意和語源等文化含意。

其次，分別探討詞彙、諺語、歌謠等運用押韻的情形。押韻運用是逐漸形成規律的，它和對仗及節奏配合具有好唸、好記的特色。本文初步統計，臺灣俗諺語超過半數以上都具有押韻的特點。在歌謠中，押韻和節奏、聲調配合，形成臺語的音樂性。早期農業社會以口語傳播為主的環境，會有說完即消失，內容太多的話，不容易記住，而且容易造成混淆的情況，這些缺點可能與形成臺語使用押韻易記易學的特點，來加深人們的記憶有關。

目

次

凡　例

1、【　】表台語詞彙。加註時，（文）表台語文讀音；（白）表台語白話音。

2、正文內凡【　】以教育部公布的「台灣閩南語羅馬字拼音方案」，標注音標。阿拉伯數字為調號。

3、〔　〕表台語歌謠類。正文內也以「台灣閩南語羅馬字拼音方案」，標注音標。阿拉伯數字為調號。

4、▲註解：表示特別需要加以說明解釋。

第一章　緒　論

第一節　研究動機與研究主題

一、研究動機

記得小時侯，〔註1〕每到年節時，大人們總要殺雞拜拜，殺雞前，口中總要唸唸有詞：【做雞做鳥無了時〔註2〕，較緊出世〔註3〕，予好額人做囝兒。tso3 ke1 tso3 tsiau2 bo5 liau2 si5，khah4 kin2 tshut4-si3，hoo7 ho2-giah8-lang5 tso3 kiann2-ji5。】。動刀放血之前，還要加一句【緊走緊出世。kin2 tsau2 kin2 tshut4-si3。】（押 i 韻）。前句要被殺的雞未來再轉世有好的出脫。從另一方面看，長輩真是慈悲又有人情味。後句也帶有節奏，像加速儀式的進行，更為圓滿，而與前句搭配構成韻味十足的禱詞。

其實，這當中隱藏著語言、信仰文化，這些咒語只是為了減輕罪惡心理，因為隨著通俗佛教深入民心，一般台灣人有不殺生的信仰，相信被殺的生靈將來可能會回來【討命 tho2-mia7】，所以殺雞時口唸咒語，這樣被殺的雞就不會來討命了。

再如每當要替嬰幼兒洗澡前，阿媽或媽媽邊拍孩子的背部邊唸【一二三四，囝仔人落水〔註4〕，無事志。tsit8 nng7 sann1 si3，gin2-a2-lang5 loh8 tsui2，

〔註1〕　本文作者屬閩南籍，新北市鶯歌區人，口音偏泉州安溪腔，屬於北部通行腔。
〔註2〕　【了時 liau2 si5】，費時；浪費時間。無了時，意指不用再白白浪費時間。
〔註3〕　【出世 tshut4-si3】，指投胎轉世。
〔註4〕　一說【褪腹裼 thng3 pak4 theh4】，裸身。

bo5 tai7 tsi3。】（押 i 韻），聽說這樣可以保平安不生病，也是一句帶韻的話語。這種反映語言文化的習俗，在三、四十年前的台灣閩南人地區都普遍存在。

又如，台灣婚俗相關的諺語【大目新娘看無灶。tua7 bak8 sin1-niu5 khuann3 bo5 tsau3。】，〔註5〕這句話隱藏著很深的文化意涵。

首先，從語言研究的角度，為什麼用「大」，而不用「小」？因為在台語（即台灣閩南語〔註6〕）文化中，用【大 tua7】帶頭的詞，往往含有譏諷的意味。如：

【大耳神 tua7 hinn7 sin5】，罵人心思恍惚、聽而不聞；或罵人不加思考，別人說什麼就信什麼。

【大目 tua7 bak8】，本義是大眼睛；但也有罵人眼睛看不清楚的意思。

【大細目 tua7 se3 bak8】，罵人勢利眼，看到高官權貴則鞠躬哈腰，對貧窮低賤者則不屑一顧。〔註7〕

【大目新娘 tua7 bak8 sin1-niu5】，本指新娘初入婆家，環境不熟悉，找東西常找不到。以前傳統社會，男女授授不親，嫁到夫家後，新娘才能認識終身伴侶，並重新適應新的環境。新娘婚後三天即開始分擔家事，人生地不熟，加上剛結婚，心情需要時間調適，心理難免緊張而發生找不到東西的事；更何況，以前大家庭，環境特殊，彼此共灶而食，人多嘴雜，小小差錯即被視為笑柄。

在徐福全《福全台諺語典》中，收錄了【大目新娘 tua7 bak8 sin1-niu5】、【大目新娘尋〔註8〕無灶 tua7 bak8 sin1-niu5 tshue7 bo5 tsau3】、【大目新娘，無看著灶。tua7 bak8 sin1-niu5，bo5 khuann3 tioh8 tsau3。】。〔註9〕吳瀛濤《臺灣諺語》中，則用【大目新娘，無看見灶。tua7 bak8 sin1-niu5，bo5 khuann3 kinn3 tsau3。】。〔註10〕

像這樣一則諺語，在口語世界中，流傳著不同的變體，即多版本特色。

〔註5〕董忠司總編纂《臺灣閩南語辭典》（台北市：五南圖書出版公司，2001 年），頁 38。

〔註6〕閩南語主要有漳州腔、泉州腔、廈門腔、潮州腔之別，傳入台灣後，漸漸互相影響、交流，同時吸收了一些原住民語、日本話及國語的轉音，形成臺灣閩南語，一般簡稱「台語」。

〔註7〕徐福全《福全台諺語典》（台北市：作者自行出版，1998 年），頁 179、180。

〔註8〕「尋」字，董忠司《臺灣閩南語辭典》則用「揣」，頁 307。

〔註9〕徐福全《福全台諺語典》，頁 179～186。

〔註10〕吳瀛濤《臺灣諺語》（台北市：台灣英文出版社，1975、1979 年），頁 25。

也是台語文化中非常普遍而值得重視的現象。

　　再就華語與台語的語言文化來說,台語俗諺所顯現的特質,更貼近生活。

　　例如:台灣喪禮習俗中,孝男、出嫁女須各具豬頭牲禮祭拜。台灣稱【在生一粒豆,卡贏死了拜豬頭。tsai3 senn1 tsit8 liap8 tau1,khah4 iann5 si2 liau2 pai3 ti1 thau5。】(押 au 韻),即指此。女兒出嫁後即屬於他宗,除了父母死時,須備豬頭牲禮回來祭供,所以又有「欲食豬頭肉,只有死給女兒看」的說法,女兒沒有資格再參與祖先祭祀儀禮。

　　台語「在生一粒豆,卡贏死了拜豬頭」(如有孝心,生前供養親人要緊,死了才供奉祭拜,已沒有用。)比華語也有「樹欲靜而風不止,子欲養而親不待」(比喻父母去世,不得奉養)、「風木之思」(比喻父母不得長久奉養)等勸人子及時供養、孝敬雙親的俗諺,從文化層面上來看,相對於華語的理性哲諺,台語所表達出來的似乎更為生活的、具體的、直接的、動人的、豐富的感情色彩。

　　像這樣,在早期台灣傳統社會中的大多數漢族民眾,他們以口耳相傳的方式,溝通彼此意見、承襲傳統文化,三百多年來,一直維繫著漢族的習俗與文化生活,其中潛存著頗多值得探究的語言與文化相關問題,尤其是「語音」問題,深深的吸引筆者的好奇與興趣。

　　而在很多的著作或追述長輩〔註11〕的言論中,都提及文盲的記憶力特別好,尤其相關的歌謠、俚俗、諺語記得很熟,令人十分驚訝。這其中更存在著語言(口語)與文化之間非常特別的關係,除非從整體生活、習俗、文化深入考察,否則很難作出合理的解釋。

　　從語言角度來看,台語是漢語方言中閩南方言的一個次方言,在其口語中,保存很多古漢語的聲、韻特徵。它是先民們的生活語言,口說為主,至今仍有不少的押韻、諧音現象在民間信仰習俗語言中普遍使用,頗具有特色,也令人好奇。這就構成台語的特殊語言文化,它與台灣的社會文化密切相關,值得我們重視與研究。未來對鄉土或本土語言教育能發揮積極的功用,也能吸引更多人重視母語文化,並對團結族群,促進社會互信,發揮一定的貢獻。

二、研究主題

　　本論文題目是「台灣信仰習俗中的語言文化研究」,試就題目中關鍵語詞

〔註11〕如徐福全《福全台諺語典》序言;楊麗祝《歌謠與生活》代序。

的界說，逐項說明如下：

1、所謂「台灣信仰習俗」，是指在台灣漢族社會中，與日常生活緊密相關的信仰與習俗。這就牽涉到在台灣漢族社會中具有廣泛影響力的「民間信仰」，它是一種宗教式的生活文化。著名人類學家李亦園教授指出：

> 百分之八十以上台灣居民的宗教都是擴散式的信仰，一種綜合陰陽宇宙、祖先崇拜、泛神、泛靈、符咒法而成的複合體，其成分包括了儒家、佛家和道家的部分思想教義在內，而分別在不同的生活中表現出來。……所謂擴散宗教（Diffused religion）又稱普化宗教，亦即其信仰、儀式及宗教活動都與日常生活密切混合，擴散成為日常生活的一部分，也就缺少有系統的經典，更沒有具體組織的教會系統。」〔註12〕

由此可知台灣民眾的信仰習俗是一種融合多種宗教成份的生活式信仰，而不是制度化的單一宗教信仰。從歷史發展來看，蔡相輝、吳永猛兩位教授也指出民間信仰的演變：

> 「民間信仰」是古代政府的社會教化政策（禮教）長期累積下的結果，其中包含官方各種祀典（不是信仰）、對聖賢、祖先崇祀等，官員將建立祠廟教化百姓稱為「神道設教」。國民政府建立後，政府放棄既有祠祀政策，沒有政策指導，祠廟就變成純粹民間的宗教行為，成為名副其實的「民間信仰」，它以廟、祠、壇及被奉祀的主體（聖賢、祖靈、亡魂等）為核心，包含台灣人日常生活中的祭祀行為、對象、媒介及與社區的互動，範疇非常廣泛」〔註13〕。

這就顯示中國歷代封建王權，以祭祀行為來維護統治政權的基礎，到了國民政府時代保護具有組織、有宗旨，能致力社會教化的宗教，揚棄無補於世道人心者。但當時台灣因已受日本統治，民間信仰得以獨立發展。瞿海源教授更指出民間信仰具有多項特點，能隨時代演變，迎合人們需求：

> 台灣的民間信仰是一個對神的信仰體系，基本上反映出中國傳統社會的結構原則與生活型態，同時又能減輕焦慮，聯結地方與社會控制等的心理功能；另一方面，它又能隨著外在情況的改變而適當的調整其活動，這也是台灣民間信仰在現代社會中，仍能綿延不絕的

〔註12〕李亦園《文化的圖像》（台北：允晨，1992年），頁119。
〔註13〕蔡相輝、吳永猛《臺灣民間信仰》（台北縣：空中大學，2001年），頁3。

原因。〔註14〕

總之，台灣民間信仰既能滿足人們心理需要，又能結合地方廟會活動，形成民眾日常生活中的重要依托，而能與時並進。

2、再就「信仰習俗」而言，是指一個地區或者一個族群，爲了滿足生命繁衍延續、生活安全需要，或者協助克環境困厄、禳災祈福的心理需要，而發展出的一種生活文化模式。漢民族在數千年的文化傳衍之下，形成一套豐富而龐雜的信仰習俗，反映於國人的生命禮儀、廟會慶典與歲時節俗等各種文化生活之中。

（1）生命禮儀，有時稱爲「生命關口禮儀」，又叫做「通過禮俗」。

荷蘭人類學者 A.Van Gennep 用來描述兩種類型的禮儀：一類是指當某一個人在生命過程中，從一種社會地位轉變成爲另一種社會地位時所舉行者；另一類則是用來標明時間過程中公認的分界點（如新年、春秋分、冬夏至等）。這一術語已逐漸用於僅指前一類型。〔註15〕

就現代意義來說，典型的「生命禮儀」是指因個人的出生、成年、結婚和死亡時所舉行的儀式。A.Van Gennep 把這些禮儀劃分成三個階段，即象徵分離的禮儀、象徵過度的禮儀、象徵聚集的禮儀。（或者說象徵進入、等候進入、及脫離中間無人地帶的禮儀）。在喪禮中的分離因素，比婚禮中聚集的因素更爲重要。象徵過度的禮儀是用來表示某一個體已脫離某一社會地位，但仍未獲得許可進入下一地位的過程，這類禮儀很明顯的見於成年禮。「出生」的意思是象徵嬰兒脫離陰界，加入陽界。「喪禮」意味死者加入祖先的社會。〔註16〕

（2）「廟會慶典」則是一種團體性的活動，通常是地域性、甚至是全國性的經由每隔一段時間的神明誕辰日，進行廟會活動，祈求合境平安、趨吉避凶。

（3）「歲時禮俗」，相當於中國的歲時節令的禮儀，是配合一年中一定的時令或季節所舉行的某些有關超自然信仰的儀式。無論個別的人喜愛與否，它們必然是社會大眾所渴望的。例如中國人在元旦、上元、清明、端午、七

〔註14〕瞿海源《台灣宗教變遷的社會政治分析》（台北：桂冠圖書公司，1997年），頁205。

〔註15〕芮逸夫主編《雲五社會科學大辭典第十冊人類學》（台北：臺灣商務印書館，1971年），頁107。

〔註16〕芮逸夫主編《雲五社會科學大辭典第十冊人類學》，頁108。

夕、中元、中秋、重陽、冬至、除夕等等節日所舉行的祭儀及活動等，都可說是歲時禮儀。〔註17〕

　　所以「信仰習俗」包含個人或家庭性，以及族群或團體性二部分的禮俗。

　　3、本論文所謂「語言文化研究」，即以文化語言學為基礎，就是要對凝結在語言身上的文化因素進行細致的分析。一是通過對語言狀態的分析來觀察、瞭解民族文化的構成；二是在民族文化的背景上來觀察語言的狀態和演變。

　　社會之外是沒有語言的，著名的語言學者薩丕爾（Edward Sapir）指出：

> 語言的背後是有東西的。而且語言不能離開文化而存在，所謂文化就是社會遺傳下來的習慣和信仰的總和，由它可以決定我們的生活組織。〔註18〕

「文化語言學」（Cultural Linguistics）是一門闡釋性的學科，它所要闡明的是語言與其所賴以生存的人文環境、社會環境之間的聯繫。它要通過研究把蘊藏在語言內部、隱藏在語言背後的文化因素挖掘出來。

　　瑞士著名語言學者索緒爾（Fedana de Sassure）代表作《普通語言學教程》中，把語言研究分為內部要素和外部要素。索緒爾指出：

> 把一切跟語言的組織、語言的系統無關的東西，我們用「外部語言學」這個術語涵蓋。可是外部語言學所研究的卻是很重要的東西，研究語言活動想到的也正是這些東西。……內部語言學，情況完全不同，它不容許隨意安排，語言是一個系統，它只知道自己固有的秩序。〔註19〕

從這裡我們可以很清楚知道，「文化語言學」即是「外部語言學」所要研究的東西。國內學者黃瑞田先生更指出：

> 「文化語言學」主要是通過「文化」來研究語言，不僅研究沒有文獻的落後民族的語言和文化，也研究有文獻的民族的語言和文化，其目的是要解決語言學的問題。〔註20〕

〔註17〕芮逸夫主編《雲五社會科學大辭典第十冊人類學》，頁262。

〔註18〕Edward Sapir,《Language: An Introduction to the Study of Speech》（語言論：語言研究導論），（北京：外語教學與研究出版社，2002年），頁171。

〔註19〕索緒爾（Fedana de Sassure）《普通語言學教程》（台北：弘文館出版社，1985年），頁30。

〔註20〕黃瑞田〈文化與語言相互研究的理論鉤沈〉《南師語文學報》。

漢語的文化語言學，興起於八十年代中期，側重於研究漢語與文化傳統、民族心理、民族習俗的關係。而語言學則是三門語言學科共同的研究課題。語言國情學、跨文化交際學、文化語言學都屬於宏觀語言學，都是新興的交叉學科。它們與文化學、社會學、交際學、社會語言學、心理語言學、語用學等都有著密切的關係。〔註21〕

　　從以上的論述，可以得出以下幾個特點，也是本論文選擇主題的重要考量，解釋了何以「台灣信仰習俗中的語言運用」是值得觀察、研究的文化因素。

1、信仰、習俗與大多數台灣人的生活緊密結合，是台灣人的精神糧食，所以語言文化具有研究價值。

2、民間信仰貫穿在民間生命禮儀（如出生婚喪喜慶）、廟會慶典、歲時節令中其中所使用的語言，具有特別的文化意涵。

3、信仰、習俗具有保守性，相對受外來文化的影響較小，在變遷快速的現代社會，還能保存較多的生活語言文化。

4、經由詞彙、俗諺、歌謠等語言文化研究，瞭解台灣各地民俗文化的變遷情形。

　　本論文以台灣信仰習俗中的「語言文化」為主題，所謂「語言文化」包含以台語為母語所表現出來的語詞或詞彙、俗語或諺語、各類歌謠……等屬於口語的記錄或作品。由於無法直接進行龐大的語音田野調查，而以文獻探討方式，來研究台灣民間信仰習俗中的語言文化。

　　筆者關注民間信仰習俗中的每一個語言現象，但把重點放在語音，而把主題集中在押韻、諧音的運用。因為台灣早期是一個移墾社會，在人們生活中，如出生、婚喪喜慶、廟會慶典、歲時節令都與信仰習俗緊密相關。同時昔日可說是一個口語世界，人們主要透過語言溝通，所以語音扮演重要的功能，而押韻、諧音的運用更是台灣語言文化中的一項特色，有很多值得探討的議題。

　　所謂「押韻、諧音」，是指漢語表達的語音呈現方式，由於其中具有特殊意涵，隱藏族群語言文化，而值得深入探討。

〔註21〕蘇新春《文化語言學教程》（北京：外語教學與研究出版社，2006 年），頁 1～6。

1、「押韻」，是把同韻的字放在相等間隔的位置上，讓同一聲音重複或反複出現，以造成音響上回環反複的音樂美。《文心雕龍，聲律》說：「同聲相應謂之韻」就是這個意思。譬如說，【踏草<u>青</u>，生後<u>生</u>。tah8 tshau2 ts<u>enn</u>1，s<u>enn</u>1 hau7 s<u>enn</u>1。】（押 enn 韻）。這句諺語反映了人們希望婦女婚後到郊外走走踏青，放鬆一下心情，以求得懷孕生兒子的願望。這顯示人們透過諺語（押韻易學易記）方式傳播知識，引導婦女如何達成生子的願望。

2、「諧音」，是取兩音一致或相近。簡單地說，即利用語言文字同音，進行同義的聯繫，使一句話涉及到兩件事情或兩種內容，一語雙關地表達說者所要表達的意思。譬如說，上元夜婦女偷拔別人的【竹籬 tik4-li5】因與【得兒 tit4-ji5/li5】諧音，而表達出「生子」的吉兆。其深層意涵即在透過語言崇拜，傳達個人內心的祈望能夠獲得實現。

第二節　研究現況與文獻探討

一、研究現況

自上個世紀的八零年代以來，台灣本土意識抬頭，與鄉土有關的語言文化漸受學界重視，台語研究也不例外。這方面的研究大致分兩大部份：一、語言學包括語音、語詞、語法……等屬於相關的語言研究領域。二、非語言學則以俗文學為主，包含諺語、俗語、歌謠、戲曲、小說、詩歌……等通俗作品。

依據「全國博碩士論文資訊網」，以「台語」、「閩南語」等關鍵詞所搜尋到的學位論文資料。從 1980 年到 2005 年，共計約有 350 篇論文，其中屬於相關的台語語言研究有 105 篇；文學領域有 54 篇；台語教育 33 篇。

在文學範圍內，台語諺語 17 篇；台語文學 29 篇；台語歌謠 18 篇。

與本論文主題較有關係的是俗文學中的諺語、歌謠類方面。在論文方面有：紀東陽〔註22〕、簡正崇〔註23〕、溫國良〔註24〕、陳昌閔〔註25〕、游淑珺

〔註22〕紀東陽《台灣諺語之傳播思想初探》，輔仁大學大眾傳播研究所碩士論文，1992年。

〔註23〕簡正崇《台灣閩南諺語研究》，私立逢甲大學中國文學研究所碩士論文，1995年。

〔註26〕、黃飛龍〔註27〕、蔡蓉芝〔註28〕、陳文識〔註29〕、李婉君〔註30〕、許
筱萍〔註31〕、王崇憲〔註32〕、李月枝〔註33〕、林永仁〔註34〕……等。

　　專文方面，黃瑞田先生發表〈文化與語言相互研究的理論鉤沈〉一文，
專就台灣語言文化研究，提出很多看法，可作入門的參考。〔註35〕

　　另外，淡江大學積極提倡「漢語文化學」，曾在 2002 年舉辦「第一屆淡
江大學全球姊妹校漢語文化學學術會議」，並出版會議論文集。按照這項計劃
主持人盧國屏教授的說法，「漢語文化學」的內涵是探討語言與文化的表層與
深層結構，研究主體包括古代文化、古代語言、現代文化、現代語言。〔註36〕
可說與文化語言學十分相近。

　　整體來看，台語的語言文化研究尙在起步階段。

　　本論文即在以新的角度，深入探討台灣人的信仰習俗中的語言行爲，期
望更進一步開拓台語文化的研究新領域。

〔註24〕溫國良《中日兩國有關貓狗諺語之比較研究》，東吳大學日本文化研究所碩
　　　　士論文，1995 年。

〔註25〕陳昌閎《台灣諺語之社會教化功能研究》，南華大學文學研究所碩士論文，2001
　　　　年。

〔註26〕游淑珺《基隆地區俗語研究》，淡江大學中國文學系碩士班碩士論文，2001
　　　　年。

〔註27〕黃飛龍《論台灣諺語之修辭美學研究》，南華大學文學研究所碩士論文，2002
　　　　年。

〔註28〕蔡蓉芝《從台華諺語看語言與文化》，師範大學華語文教學研究所碩士論文，
　　　　2002 年。

〔註29〕陳文識《金門諺語研究》，臺北市立師範學院應用語言文學研究所語文教學碩
　　　　士論文，2003 年。

〔註30〕李婉君《台灣河洛話有關查某人諺語之研究》，彰化師範大學研究所國文所碩
　　　　士論文，2003 年。

〔註31〕許筱萍《台灣閩南諺語修辭研究》，玄奘人文社會學院中國語文研究所碩士論
　　　　文，2003 年。

〔註32〕王崇憲《臺灣閩南諺語的鬼神文化研究》，中山大學中國語文學系研究所，2003
　　　　年。

〔註33〕李月枝《台灣地區客閩十二生肖動物諺語比較研究》，國立花蓮師範學院語文
　　　　科教學碩士班，2004 年。

〔註34〕林永仁《台灣閩南語諺語辭格研究》，台北教育大學語文教育學系碩士班論
　　　　文，2006 年。

〔註35〕黃瑞田〈文化與語言相互研究的理論鉤沈〉《南師語文學報》。

〔註36〕盧國屏〈略論漢語文化學的系統架構與研究展望〉收入《與世界接軌──漢
　　　　語文化學・第一屆淡江大學全球姊妹校漢語文化學學術會議論文集》（台北：
　　　　學生書局，2002 年），頁 272。

二、文獻探討

（一）學位論文

1、黃璨君《民間習俗諧音現象之研究——以漢族婚俗年俗為主》〔註37〕

黃文針對婚俗中的諧音現象作了精闢論述，對諧音現象的產生、運用及與民俗的關係有深入探討。黃文也從語言學、傳播學觀點分析諧音現象的特點，而與昔日教育、知識不普及的環境有很大關係，產生諧音現象與語音崇拜情形。不過黃文主要針對華語，兼論台語。

有關諧音探討論文，還有林麗敏〔註38〕的論文，可作參考。

2、葉雅宜《婚禮[四句聯吉祥話]研究》〔註39〕

葉文針對婚俗吉祥話四句聯做了深入探討，除了文獻資料，也作田野調查，掌握四句聯的變遷是其特色。但美中不足的是第二章有關〈用韻的形式〉頁 53，出現文白異讀的錯誤。如：新郎的「郎」有二讀：long5；lang1，「新娘與新郎，鞋紅衫亦紅，何一甌較甜，你來報我捧」此句應是「郎、紅、捧」押 ang，而不是葉文所說的只有「紅、捧」二字押 ang。再如：「新娘正妝，學問相當，國語會講，腹內會通」，其中「妝」有二讀：tsong1；tsng1，「當」有二讀：tong3；tng1，所以此句應是「妝、當、講、通」都押 ong，而不是葉文所說的兩句換韻模式。

3、許蓓苓《台灣諺語反映的婚姻文化》

許文就台灣諺語中所呈顯的婚姻文化進行研究，包括對婚姻觀、婚姻的禮俗過程、夫妻相處之道及家庭生活、問題及媒人的作用、特殊的婚姻等作一深入的探究。但諺語可以作為婚姻文化的反映，卻無法反映全部的婚姻文化，所以只能視為諺語中的婚姻文化研究。同時諺語無法準確的對照歷史時間表，只能就諺語本身的文化現象作討論。

4、簡正崇《台灣閩南諺語研究》

簡文對台灣閩南諺語的研究十分全面，並且資料的蒐羅十分豐富。對於

〔註37〕黃璨君《民間習俗諧音現象之研究——以漢族婚俗年俗為主》，國立高雄師範大學國文教學碩士班論文，2004 年。

〔註38〕林麗敏《中學韻文教學音韻問題探析》，高雄師大國文教學碩士班論文，2003年。

〔註39〕葉雅宜《婚禮〔四句聯吉祥話〕研究》臺南師範學院鄉土文化研究所碩士論文，2002 年。

諺語的定義、界說與淵源、內容、形式、俗諺語的發展變化及價值等都有論述。簡文將諺語與成語、格言、歇後語、俗語、歌謠等作一區別界說。簡文是較早有系統、深入探討台灣閩南諺語的著作，為後來的研究者所廣泛引用。

5、黃飛龍《台灣閩南諺語修辭美學研究》

黃文是從修辭美學的角度來探究台灣閩南諺語的美。內容主要是從形式、聲律、義蘊、境界是方面來討論，儘管偏重在修辭美學上，但對台灣閩南諺語的思想也有論述。黃文對台灣閩南諺語的修辭美學做了精闢的探討，但美中不足的是黃文的引文註解部份不完整。

6、許筱萍《台灣閩南諺語修辭研究》

許文也探討台灣閩南諺語的修辭問題，主要著重在內容和形式兩方面的修辭法，可說對台灣閩南諺語的各類修辭法，做了透徹精闢的闡釋，最後陳述台灣閩南諺語的特色和影響，即以言簡意賅的特質，透過充滿特色的修辭運用，凝煉而具意涵，充分顯現出口語文學的美學風格及美學境界。美中不足的是許文的引文都未按一般論文習慣加註原作著的頁碼數。

7、蔡蓉芝《從台華諺語看語言與文化》

蔡文從台語、華語（即國語）諺語的對比中，藉由表達近義的諺語，以及談同類事物諺語的語言結構及書面修辭差異，探究二者在文化型態上的差異。蔡文的諺語對比項目包括語法結構、物質、制度、精神等層面，但諺語本身所反映的文化現象有限，透過有限的諺語對比，要探究兩者的語言與文化，所得到的結論有其侷限。

在這些台語諺語的研究論文中，明顯不足的是未對「字」、「音」問題作深入探討；同時大多數未加註讀音和注解，而失去「原味」或不知「原意」。

如許筱萍《台灣閩南諺語修辭研究》「愛某嫷，給〔註40〕某擔水；愛某白，給某洗腳白。」〔註41〕光看字面容易誤解原意，經注音、注解後，才能知道真正意思：「ai3 boo2 sui2，ka7 boo2 tann1 tsui2；ai3 boo2 peh8 ka7 boo2 se2 kha1 peh8」，其中「腳白」應作「腳帛」是昔日婦人的纏腳布；「嫷」應作「婿」是漂亮意思。全句意思：疼愛太太，為了讓她青春永駐，甘願為太

〔註40〕 「給」代用字，董忠司總編纂《臺灣閩南語辭典》，用【共 ka7】，替、給的意思。頁 556。
〔註41〕 許筱萍《台灣閩南諺語修辭研究》，頁 222。

太效勞,替她挑水洗纏腳布。〔註 42〕這句諺語前後兩段,各自押韻,有時前後兩段各自使用,即能表達完整意思。

這句諺語也反映昔日婦女的纏足文化,留存在語言的遺跡,不細究即無法得知。

筆者認為台語俗、諺語是以語音形式,口耳相傳,用漢字書寫容易出現誤差,所以會出現一些問題,如多元版本,要先釐清字音,才不會出現更多問題。

另外,在有文獻記錄的歌仔冊方面,探討方向也有關押韻跟用字問題,這些都可提供本論文參考。如三本有關歌仔冊的碩士論文陳雍穆〔註 43〕、郭淑惠〔註 44〕、林妙馨〔註 45〕都有專章探討押韻問題。不過由於歌仔冊大部分都是有主題故事的長篇,涉及民間信仰習俗主題較少。而且歌仔冊都是七字一句,押韻較為固定模式。

在台灣信仰習俗方面,大部份論文都從歷史、社會或文化等角度,研究相關問題,涉及語言方面較少深入探討。如盧佑俞〔註 46〕探討閩南歌謠與民俗關係,民俗包括家庭民俗、信仰節俗、社會生活民俗和族群意識民俗等部分。其中信仰節俗部分算是比較接近本人要研究的主題,但又不同,文中提到閩南歌謠部分,只做大意介紹,並未深入探討,也跟音韻無關。另外張禎娟〔註 47〕的碩士論文對台灣時令歌謠與風俗作了分析,但偏重在音樂的相關問題。

(二)專 著

1、洪惟仁《臺灣禮俗語典》

洪文是目前與台灣生命禮俗最特別的文化語言專著,廣泛蒐集台灣閩南社會,由出生、成人、結婚、祝壽、到喪葬的所有禮俗用語,包括禮俗、禮

〔註 42〕徐福全《福全台諺語典》,頁 263。

〔註 43〕陳雍穆《孟姜女歌仔冊之語言研究——以押韻與用字為例》,台灣師大國文所碩士論文,2001 年。

〔註 44〕郭淑惠《歌仔冊《八七水災歌》之語言研究》,中山大學中國語文學系研究所碩論,2003 年。

〔註 45〕林妙馨《歌仔冊《增廣英台新歌》的文學研究》,高雄師大台灣語言及教學研究所,2005 年。

〔註 46〕盧佑俞《台灣閩南歌謠與民俗研究》,台灣師大國文所的碩士論文,1993 年。

〔註 47〕張禎娟《台灣時令歌謠初探》,台灣師大音樂所碩士論文。

器名稱、慣用語、諺語、歌謠，凡與臺灣閩南禮俗有關，不分古今、不分漳泉，都儘量收入。〔註48〕筆者認爲書中特色有三：（1）遍查歷來文獻資料，篩選、整理語料，禮俗語彙、俗諺豐富；（2）對台語語音、用字與文化方面作了詳盡探討；（3）對部份不合時宜的禮俗，提出批判和看法，期望導正風俗。比較美中不足的是所注語音調號，爲自創系統，對一般的讀者來說，閱讀時難免生疏。

2、徐福全《台灣民間傳統喪葬儀節研究》

徐文針對台灣各地的民間傳統喪葬儀節，進行了詳細的查訪、比較、研究，內容包括古今演變趨勢，閩客族群差異，北中南地域特性，作了非常詳實的論述，引用資料充實，並有豐富的圖片和解說，可說是目前台灣相關著作中最具權威的一本。筆者認爲書中特色有二：（1）對台灣各地的民間傳統喪葬儀節，作了詳盡田野調查，比較各地差異；（2）重視語詞和俗諺，記錄的語料相當豐富。

3、臧汀生《臺灣閩南語歌謠研究》〔註49〕

臧文說明臺灣閩南語歌謠的來源及演進；然後就其應用、結構、文字、聲韻逐項加以討論。對研究台語歌謠提供不少幫助。但美中不足的是討論用韻的取材範圍僅限於吳瀛濤《臺灣諺語》等少數幾本著作。

4、戴寶村、王峙萍《從台灣諺語看台灣歷史》〔註50〕

此書以諺語爲主題，提供諺語產生背景的歷史知識，對於瞭解語言與文化關係的釐清很有幫助，但就台語文化研究來說，沒有針對台語語言部份作更詳細探討。

5、周長楫《詩詞閩南話讀音與押韻》

周文就閩南話讀音與唐詩、唐音；如何用閩南話讀音讀唐詩；以及閩南話讀音韻部與詩韻韻部對應，都作了詳盡的論述，對瞭解閩南話的押韻問題，有很大的幫助。不過，美中不足的是周文對台灣俗文學的押韻習慣提出看法，但未能充分舉例說明，稍顯籠統。

研究閩南話的押韻問題，另見李壬癸〈閩南語的押韻與音韻對比〉〔註51〕、

〔註48〕洪惟仁《臺灣禮俗語典》（台北市：自立晚報社，1986年），頁9。
〔註49〕臧汀生《臺灣閩南語歌謠研究》（台北：臺灣商務印書館，1980年、1989年）。
〔註50〕戴寶村、王峙萍《從台灣諺語看台灣歷史》（台北市：玉山社，2004年）。

鄭良偉〈從選詞、用韻、選字看向陽的台語詩〉〔註52〕、王順隆〈「歌仔冊」
的押韻形式及平仄問題〉〔註53〕、董峰政〈「台語」在押韻使用上之探討〉
〔註54〕等專文。其中董文也引用周長楫有關押韻的看法，而以不同風格的
台語四句聯為實例作說明。

　　以上這些論文和專著對於筆者進行論文撰寫提供很多參考和利用價值，
但還有很多信仰習俗相關的語言文化散見於民俗學、人類學、歷史學……等
學者專家，或民間個人的論著中，以及期刊雜誌內，詳見本論文附錄中的參
考書目。

第三節　研究步驟與方法

一、研究步驟

　　本研究以台灣信仰習俗生活中的語言文化為研究對象，本論文所用台語
文字以常用、俗用為原則，引文不同則加註原文，並以國立編譯館主編，董
忠司總編纂的《臺灣閩南語辭典》作為主要參考依據。在研究步驟上，依下
列程序進行：

　　1、收集、篩選相關的素材，包括各種台灣信仰習俗相關文獻中與本文研
究有關的台語資料，如詞彙、俗諺語、歌謠等，內容以押韻、諧音為主。

　　文獻資料除廣泛搜集臺灣地區有關臺灣文化禮俗研究的專書、報章雜
誌、調查報告外，涉及多個知識領域，分述如下：

　　（1）清代資料以方志為主，如《臺灣縣志》、《臺灣府志》、《諸羅縣志》、
　　　　《淡水廳志》……等。

　　（2）日據時期，臺灣慣習研究會原著，1901 年至 1907 年，《臺灣慣習記
　　　　事》。

〔註51〕李壬癸〈Rhyming and Phonemic Contrast in Southern Min〉〈閩南語的押韻與音
　　　　韻對比〉《中央研究院歷史語言所集刊》1968 年 3 月，頁 439～461。
〔註52〕鄭良偉《走向標準化的臺灣話文》（台北：自立晚報社，1989 年），頁 153～
　　　　177。
〔註53〕詳見王順隆 Last update 2002/05/30 網頁版。http://www32.ocn.ne.jp/~sunliong/
　　　　ong.htm。
〔註54〕詳見〈董峰政的臺文〉網站，http://staff.whsh.tc.edu.tw/~huanyin/don_home.htm。

臺灣總督府，1914 年，《臺灣俚諺集覽》。

大正十年，1921 年，片岡巖《臺灣風物志》。

昭和三年，伊能嘉矩《臺灣文化志》。

昭和九年，鈴木清一郎《臺灣舊慣冠婚葬祭與年中行事》。

1941 年，日籍金關丈夫、岡田謙、須藤一、萬造寺龍、池田敏雄及臺籍陳紹馨、黃得時等人創辦的《民俗臺灣》。

（3）臺灣光復後迄今，

吳瀛濤，1969 年，《臺灣民俗》；1975、1979 年，《臺灣諺語》。

林衡道，1978 年，《臺灣民俗論集》。

徐福全，1984 年，《台灣民間傳統喪葬儀節研究》；1998 年，《福全台諺語典》。

洪惟仁，1987 年，《臺灣禮俗語典》。

林明義編，1987 年，《台灣冠婚葬祭家禮全書》。

姚漢秋，1991 年，1994 年，《台灣婚俗古今談》，

林曙光，1994 年，《打狗歲時記稿》，

陳正之，2003 年，《台灣歲時記──二十四節氣與常民文化》

鍾福山主編，1995 年，《禮儀民俗論述專輯（第五輯）婚禮禮儀篇》，台北：內政部

2、就主要的專用詞彙、俗語、諺語、歌謠，進行標注台羅音標符號〔註55〕，並就較難部份，加以註解說明。

3、台灣民間信仰習俗涉及整個閩南漢人的生活範圍，本論文依影響程度，分為生命禮儀、廟會慶典、歲時節俗三部分，建立概要式的說明，其中包含習俗禮儀進行、漢人傳統習俗觀念、習俗禁忌、……等。

4、再分門別類，進行語音探討，其中以押韻與諧音為重點，並在押韻句中加注底線，標明押韻的韻類，方便統計、歸納、整理出一結果。並分別就台灣信仰習俗生活中的語言和文化作分析說明。

二、研究重點與方法

本論文以文化語言學為基礎，在研究重點上，主要探討下列問題：

1、文化與語言之間的對應關係

〔註55〕即依據教育部民國 96 年 3 月公告的「臺灣閩南語羅馬字拼音方案」。

像台灣婚嫁禮俗中，新娘母親在女兒嫁出門那一刻，潑出一盆水，象徵女兒嫁出去，就要追求自己的幸福，不要回娘家要求支援，有「覆水難收」的意思；「覆水難收」是語言符號的表達，也傳達了文化制度的象徵意義。

2、怎樣通過語言來研究文化

俗語中的【一个某，卡贏三身天公祖。tsit8 e5 boo2，kah4 iann5 sann1 sian1 thinn1-kong1-tsoo2。】即反映台灣早期移民社會，男多女少的不平衡現象，平埔族的女兒家變得「物以稀為貴」，而形成一種特殊文化。換言之，我們不能把這句諺語視為天經地義，而必須結合特定時空背景。還要去分析當時「天公祖」的信仰。

3、怎樣通過文化來研究語言

譬如婚俗，招贅婚中產生的小男孩跟著母姓，反映台灣人重視香火傳承的傳宗接代觀念。昔日鄉下人家，普遍不富有，都會養豬賣錢貼補家用。養豬人家以養母豬生小豬為主，小豬餵食廚餘長大賣錢就有利潤，母豬須要配種時，就找專門的【牽豬哥 khan1 ti1 ko1】〔註56〕帶來公豬交配，事後付錢了事。這樣就產生【豬母姓 ti1-bu2（文）/bo2（白）-senn3】的現象。另一說法是【豬母稅 ti1-bu2/bo2-sue3】即約定招贅婚生子女有幾個是母姓，幾個是父姓。保留母姓，形同抽稅。

所以在研究方法上，採用下列各項方法：

（1）文獻調查法，就個人生活經驗，調查、收集各項文獻資料，進行統整。

（2）文獻比較法，就各項資料，進行內容差異，和地區性、時間性的分析、比較。

（3）押韻分析依據，參考前人理論和經驗，就收集的俗諺、歌謠資料，進行探討。

（4）諧音分析依據，參考前人著作和經驗，就收集的詞彙資料，進行研究。

即就文獻資料收集、統整後，運用比較、分析等方法對台灣信仰習俗生活中的語言，內容思想、形式、特色、價值等方面作一分析，並作歸納結論。

〔註56〕【牽豬哥 khan1 ti1 ko1】，媒介種豬交配（的人）。董忠司《臺灣閩南語辭典》，頁714。

第四節　研究理論與章節架構

一、研究理論

　　本論文的研究理論主要依據是「文化語言學」觀點，又由於研究範圍涉及信仰習俗生活，文化人類學的「生命關口禮儀」；宗教學的「聖與俗」；民俗學的「吉與凶」，以及李豐楙教授提出的「常與非常」等觀點，對於解釋信仰習俗都有幫助，可提供研究參考。有關「文化語言學」理論和「生命關口禮儀（過關儀式）」已在本章前文介紹過，其餘簡述如下：

1、神學的「聖與俗」觀點

　　宗教歷史學者伊利亞德（Mirtsea Eliade）指出，時間、空間具有兩種存在模式——神聖與凡俗。從凡俗的經驗來看，時間、空間是連續的、同質的、是中性的；但對宗教人（如民間信仰者）而言，時間、空間卻具有非同質性，他會經驗到時間、空間中存在著斷裂點或突破點。這就是宗教人所體驗到的神聖時間、空間。建構神聖時間、空間的一道「突破點」，往往是因為「聖顯」（hierophany，神聖的介入），使一時、地由凡俗轉為神聖。

　　神聖時間與空間是一體兩面的。神聖時間的經驗，可使宗教人定期性地經驗到宇宙在創世時的祕思性時刻，仿如再度重生。〔註57〕

　　譬如，大甲媽祖每年一次進香過程中，打破原有的社會階級，無論貧富貴賤、男女老幼，沿途互相扶持彼此鼓勵走完全程。沿途民眾提供各種飲食，並對不相識的進香客關懷、照顧，協助進香客完成進香，人與人之間沒有猜忌、懷疑，沒有特殊目的。似乎是在一個神聖的時間與空間中，人們重獲新生，分享和諧。〔註58〕

2、民俗學的「吉與凶」觀點

　　民俗學者林衡道教授指出，法國社會學家涂爾幹分析歐洲人的民俗，是以「聖」與「俗」兩個概念做為關鍵語（key term），假使照他的說法，我們

〔註57〕伊利亞德（Mirtsea Eliade）著，楊素娥（譯）《聖與俗——宗教的本質》（台北：桂冠圖書公司，2001年），頁28。

〔註58〕林茂賢〈大甲媽祖進香過程研究〉《第一屆俗文學與通識教育學術研討會論文集》，2007年。

中國人的概念可以「吉」與「凶」做為兩個關鍵語，因為我們民俗無論對什麼事，都是喜歡採取「吉」與「凶」兩極相對的觀念。〔註59〕

譬如，婚禮是吉事，但新娘有煞氣，犯著煞氣會死亡。<u>片岡巖</u>《台灣風俗誌》記載：民前六年二月，錫口街王秀才的女兒嫁到中莊去。有人不知王秀才嫁女，到他家裡時，無意中見到新娘，身體立即生出黑斑昏倒，隔日死亡。〔註60〕在此煞氣即是「凶」。

又如俗信，生產是喜事，家中借人生產，福氣就分掉了一分，而死亡是禍事，借人死，家中的災禍就會減少一分。所以有【借人死，不借人生。tsioh4 lang5 si2，bo5 tsioh4 lang5 sinn1。】的俗語。民俗大致依「吉」與「凶」觀念分野，吉中可能帶凶；凶中有吉。

3、「常與非常」觀點

李豐楙教授引用孔子的智慧語言「張而不弛，文武不能也；弛而不張，文武不為也，一張一弛，文武之道也」。從射箭體驗所獲得的舒張弓弦的「緊張與鬆弛」原理，用以隱喻「工作與休閒」。他指出，農業生產為主的「常與非常」生活節奏，特別清楚地表現在年循環中的節慶、廟會活動。

非常世界自是會創造其非常文化，節慶文化的違常性就在於反秩序、反結構。經由民俗性的狂歡達成反結構、反秩序，再以此希求重新穩固其結構、秩序，這種從「非常」中穩定「常」的運行方式，乃是「反常合道」創造力的活水源頭。〔註61〕

二、章節架構

本研究除「緒論」外，分「通論」、「專論」和「綜論」三部份。

「通論」部份先就台灣歷史、政治發展、族群文化、台語特性、信仰習俗……等與主題相關背景，作一概略描寫。

「專論」部分則針對主題，分別就台灣信仰習俗中的生命禮儀（出生、結婚、喪葬）、廟會慶典、歲時節俗等三部分，作一概略舖陳，

〔註59〕林衡道口述，鄭木金記錄《臺灣史蹟源流》（台北：青年日報，1987年），頁473。

〔註60〕片岡巖著，陳金田、馮作民譯《台灣風俗誌》（台北：大立出版社，1921年，1981年），頁57。

〔註61〕李豐楙〈嚴肅與遊戲：從蠟祭到迎王祭的「非常」觀察〉《中央研究院民族學研究所集刊》第88期（1999），頁135～172。

主要是構擬文化語言氛圍。

「綜論」部分則針對台語語音、文字兩部份，就台語俗諺、歌謠中的押韻運用、諧音現象，以及語文多版本現象，作深入討論。

本論文分為七章：

第一章　緒論，概述研究動機、研究目的、研究範圍、研究理論與方法等。

第二章　台灣文化與語言發展概述，針對與本研究有關的台灣歷史、政治、社會、語言、民間信仰、俗文學……等背景，作一論述。

第三章　生命禮俗，分為下列三節：

第一節　出生禮俗，首先概論漢人的生育觀、生育信仰、生育神祇、生育巫術、生育禁忌等傳統生育文化；其次是出生過程到成長的禮俗探討；然後是成人禮。最後就台語反映的生育文化作一分析。

第二節　結婚禮俗，首先概論漢人的傳統婚嫁過程，從議婚、訂婚、結婚到婚後。然後是婚嫁禁忌探討，再從語言反映的婚姻文化作一解析。

第三節　喪葬禮俗，首先概論漢人的傳統喪俗，從臨終禮節、出殯、做旬、祭禮到掃墓，最後就喪葬禁忌、台語反映的喪葬文化探討。

第四章　廟會慶典，首先概論漢人的傳統信仰、廟會發展、祭神祭祖心態；其次描述台灣人的多神崇拜，並就媽祖信仰、王爺信仰、土地公信仰作一探究；接著瞭解迎神賽會的文化特色和拜拜的習俗，最後祭祀禁忌和語言文化。

第五章　歲時節慶，首先概論漢人的傳統節慶習俗，接著回顧傳統節日的演進；探討年節與節氣關係；然後就四季行事作一特寫，最後是歲時節俗的禁忌、民謠反映的台語文化探討。

第六章　信仰習俗中的語言文化，分為下列四節：

第一節　語音與台語，先就漢語語音的韻律特色，如聲韻、節奏、音樂性等作一探討，並以實例說明台語在構詞造句中的聲韻運用。節奏、押韻和聲調配合構成台語的音樂性。

第二節　押韻在信仰習俗中的運用，首先概論口語、韻律概念；接著

探討押韻定義、特色、功能，以及在信仰習俗中的運用作一深入分析探討；就詞彙、俗諺語、歌謠作一歸納分析和運用比較。

第三節　諧音在信仰習俗中的運用，探討諧音定義、特色、功能，以及在信仰習俗中的運用作一深入分析探討；並就押韻與諧音功用作一比較。

第四節　台語語文多元特色，探討台語多版本的語文文化，分別瞭解台語詞彙、諺語、歌謠等現象，從中解析語文文化產生背景因素和功能。

第七章　結論，述說研究價值、研究回顧，研究限制及未來研究建議等。

第二章　台灣文化與語言發展概述

　　台灣是一個移民社會，住民的祖先來台的時間有長有短，從五、六千年前的南島民族，到近來數以萬計的外籍新娘，在此安居落戶，彼此形成一個多種族的生命共同體。加上海島型的海洋開放性文化，使島上住民易於接受外來文化的刺激或洗禮，而產生異於原鄉的文化特質。

　　台灣最早是南島語族文化圈的一部份。17 世紀初，漢人尚未大量移入前，曾被荷蘭人佔據 38 年（1624～1662 年），接受歐洲文化影響。其後，漢人大量移入，發展出華南農漁業文化。19 世紀末，割讓給日本 50 年（1895～1945 年）又融入大和文化；今日的台灣社會是歷史影響下的多元文化社會。由於台灣歷經不同政權統治，文化與語言的發展曲折，同時四百多年來台灣地區的內、外環境變化相當複雜，並且愈到近代變化愈大。

　　本章分別就研究主題台灣文化與語言相關的背景因素，作一論述。前半部分以歷史爲縱軸，分別從明清、日治、台灣光復迄今，三個階段的政治變遷、族群變化、社會風俗，作一初步說明。後半部分就台灣族群、信仰習俗、漢族傳統、台語發展、俗文學……等作探討。

第一節　台灣歷史概述

一、明清時期

　　從明末鄭成功入台（1662 年），漢人移民大量遷入起，到清末（1895 年）台灣成爲日本殖民地爲止。

（一）政治變遷

十七、十八世紀，歐洲人相繼東來，日本人也在中國沿海一帶，跟中國人做生意。閩南的泉州、漳州兩府以及粵東的嘉應州、潮州等地人民，從 1570 年以後更熱衷於追求海上貿易利潤，他們的船隻絡繹不絕的穿梭往來於中國沿海和台灣海峽，台灣自然的被吸引進這個海上貿易網路中。

移民渡海來台，以海船為唯一的交通工具。早期航行大海，以風力及洋流飄送為主，海船趁風可遠達非洲，但台灣海峽則因強大洋流所經，橫渡不易，因而宋、明時期，華人已遠走東南亞各地貿易，卻少有來台者。明、清交替之際，航海技術才發達到往來台灣、大陸，略無阻絕〔註1〕。

明朝中晚期，最先到台灣的閩南人從事漁撈、短期的種植稻米、以及向平埔族蒐購鹿皮而後轉賣到大陸和日本。等到明朝覆亡後，縱橫東海與南海的海上私人船隊搖身一變成為支持明朝正統的中流砥柱。1662 年，鄭成功趕走佔領台灣的荷蘭人，漢人在台灣的地位才告確立〔註2〕。1683 年臺灣歸屬清朝，施琅力主保留台灣，但清廷政策消極，直到 1874 年日軍犯台為止，前後維持了 190 年。儘管政府消極，而人民頗為積極，台灣的開發成就，就是靠這種偉大的人民力量。

在清朝統治者看來，台灣確是一個多亂的區域，所謂「三年一小反，五年一大反」，民族革命不斷發生。加上外患日急，國際各列強垂涎台灣，不斷藉故茲事，讓清廷傷透腦筋，才開始重視台灣的地位和發展，終於在 1885 年台灣建省，當正積極從事建設之際，甲午戰敗在馬關條約中，於 1895 年割讓台灣給日本。

（二）族群變化

依 1928 年小川尚義所執筆的〈漢民族移住的沿革〉一文記載，早期漢民族移住台灣，分為下列三個時期：

1、荷蘭佔據時期，1624 年佔領台灣本島，至 1644 年中國移民於台南地區，約有十萬人左右。當時分佈區域，只以台南及高雄地方為限，且都來自福建漳州及泉州二府。

2、明鄭治台時期，1662 年明鄭驅逐荷蘭，當時漳泉二府渡台者更多，明鄭一門據台 23 年間，移住者即以台南為中心：南至鳳山、恆春地方；

〔註1〕 周惠民《臺灣近代史》社會篇（南投：臺灣省文獻委員會，1995 年），頁 5。
〔註2〕 宋光宇〈宗教與禮俗〉（《臺灣近代史》文化篇，1997 年），頁 192。

北至嘉義、彰化、新竹及台北的一部。

3、清朝時代，1683 年台灣歸屬清朝統治，中國民族有如大河決堤之勢移入台灣。康熙、乾隆年間，北已到淡水、基隆等地開發。又嘉慶、咸豐年間，進入宜蘭及埔里番地；更於同治、光緒年間，分佈至臺東、花蓮港等邊陬地方。〔註3〕

　　清初以來，漢人已逐漸從原住民手中，取得對台灣的控制權，台灣也逐漸由一個海外的邊疆成為中國本土的延伸。同時在政治體制上，台灣也由初期的一府三縣擴大到清末的三府十一縣四廳一州的規模，並獨立為一個行省。從 1683 年到 1895 年的兩百年中，台灣的漢人移民社會逐漸從一個邊疆的環境中掙脫出來，成為人口眾多、安全富庶的土著社會。整個清代可以說是來台漢人由移民社會走向「土著化」變成為土著社會的過程〔註4〕。

　　清代人口數量，愈到晚期增加愈快，根據學者〔註5〕推估如下：

表 2-1

年代	1683 年	1762 年	1782 年	1811 年	1840 年	1893 年
人口	12 萬	73 萬	100 萬	194 萬	250 萬	300 萬

　　清代移民，由於禁令及遷移限制，少有舉家遷移者，多數是單身渡台，且都是年輕力壯的男性，老人、婦孺很少。移民主要目的是尋找土地，開荒墾殖，從事農業耕作為主。除少數富裕人家之外，大多數是基層人民。另外，清初遊民大約佔人口的 20%到 30%，到道光年間（1830-1850）大約佔 10%到 20%，人數不下 20、30 萬，構成台灣社會不安的重要因素〔註6〕。

　　清代初期和中期的臺灣，在清廷眼裡看來是個海外荒島，不足輕重，而且這個地方遠離京師，鞭長莫及，所派來的文武官吏又大多屬庸愚之輩。清代末期二十年，受到國際局勢變化，朝廷開始重視、建設台灣，台灣社會從此逐步邁向現代化。

〔註3〕陳漢光〈日據時期臺灣漢族祖籍調查〉（台灣文獻 23 期，1972 年），頁 87。

〔註4〕陳其南《臺灣的傳統中國社會》（台北：允晨文化公司，1987 年，1993 年），頁 92。

〔註5〕楊蓮福《人口問題與臺灣政治變遷——人口政治學的初步探討》（台北：博揚文化公司，2005 年），頁 87。

〔註6〕陳孔立《清代臺灣移民社會研究》2003 年，頁 167～174。轉自楊蓮福，2005 年，頁 94。

（三）社會風俗

　　在清代府、縣、廳等方志中有「風俗」項目，概略提及台灣的民間生活，郁永河、黃叔璥等人留下珍貴記錄，對瞭解早期台灣的風俗發展有很大幫助。

　　郁永河 1697 年《裨海紀遊》：

　　　　曩鄭氏之治臺，立法尚嚴，犯姦與盜賊，不赦；有盜伐民間一竹者，立斬之。民承峻法後，猶有道不拾遺之風；市肆百貨露積，委之門外，無敢竊者。〔註7〕

明鄭時期嚴刑峻罰，台灣社會安定。

　　《臺灣縣志》：

　　　　民非土著，皆泉漳潮惠之人，故習尚與内地無甚異。……俗尚巫，疾病輒令禳之。又有非僧非道，名曰「客仔師」，攜一撮米往占病者，謂之「米卦」，稱說鬼神，鄉人爲其所愚，倩貼符、行法而禱於神，鼓角喧天，竟夜而罷。病未癒，費已三、五金矣。」〔註8〕

昔日醫藥不發達，漢人依賴巫術治病。

　　《鳳山縣志》：

　　　　番漢雜居，客莊尤夥；好事輕生，健訟樂鬥，或時有之（舊志）。」〔註9〕

移墾社會多種族群雜居，又多是單身男子，容易滋事爭鬥。

　　《諸羅縣志》：

　　　　飲食、居處、衣冠、歲時、伏臘、與中土同。兄弟同居，或至數世；鄰里詬誶，片言解紛。通有無、濟緩急；失路之夫，望門投止，鮮閉而不内者。〔註10〕

移墾社會也有善良一面，互相照應，尤其是協助外出不便者。

　　《諸羅縣志》：

　　　　村庄神廟集多人爲首，曰「頭家」。廟雖小，必極華采，稍圮，則鳩眾重修。歲時伏臘，張燈結綵鼓樂，祭畢歡飲，動輒數十緡；雖曰

〔註7〕　郁永河《裨海紀遊》（1697 年）（臺灣省文獻委員會。1984 年，再版），頁 8。
〔註8〕　劉良璧《重修臺灣府志》（台中：臺灣省文獻委員會，1977 年），頁 199。
〔註9〕　《重修臺灣府志》卷十三（台北：文建會臺灣史料集成編輯委員會，2005 年），頁 530。
〔註10〕　《重修福建臺灣府志》（上）卷之六（台北：文建會臺灣史料集成編輯委員會，2005 年），頁 195。

敬神，未免濫費。神誕，必演戲慶祝。二月二日、八月中秋，慶土
地尤盛。秋成，設醮賽神，醮畢演戲，謂之「壓醮尾」。比日中元盂
蘭會，亦盛飯僧；陳設競為華美，每會費至百餘緡。事畢，亦以戲
繼之。〔註11〕

敬神演戲為昔日台灣農業社會少有的重要娛樂。

俗傳荒郊多鬼，白日幻形，雜過客為侶，至僻地即罹其害。晨昏或
現相獰猙，過者驚悸輒病。故清明、中元延僧道誦經，設醮之事日
多。

斂金造船，器用幣帛，服食悉備；召巫設壇，名曰「王醮」。三歲
一舉，以送瘟王。醮畢，盛席演戲，執事儼恪，亟進酒食；既畢，
乃送船入水，順流揚帆以去。或泊其岸，則其鄉多屬，必更禳
之。……每一醮動數百金，少亦中人數倍之產；雖窮鄉僻壤，莫
敢吝者。〔註12〕

早期台灣河口低地瘟疫易流行，居民以信仰力量禳除災厄。

《康熙福建通志臺灣府》：

然其俗喜賭博，呼盧喝雉，十五成群，父兄不禁。每當新年令節，
三尺兒童亦向父母索錢為賭博資。又喜聚無賴少年，指天誓日，許
以生死。其婚姻論財，不計門戶。夫死即再醮，白首嫠婦，猶字老
夫。男女出入，輓運百貨，俱用牛車。然三邑之民，務農者多，逐
末者少。無久停親柩，無永錮婢女，此亦其善也。〔註13〕

黃叔璥在1724年的《臺海使槎錄》引《諸羅雜識》所言：

臺地民非土著逋逃之淵藪，五方所雜處，泉之人行乎泉，漳之人行
乎漳，江、浙、兩粵之人行乎江、浙、兩粵，未盡同風而異俗。且
尚奢侈、競綺麗，即傭夫、販豎不安其常，由來已久矣。賭博，惡
業也：父兄不戒，子弟始則出於典鬻，繼則流於偷竊。又豪健家兒，
聚少年無賴之徒，結為兄弟，出妻、拜母。往來既頻，則淫酗之累
作；聲援既廣，則鬥競之患生；實長奸之囮也。」〔註14〕

〔註11〕《諸羅縣志》，頁228。
〔註12〕《諸羅縣志》，頁232。
〔註13〕《康熙福建通志臺灣府》卷十九・（臺灣史料集成編輯委員會，2004年），頁
93。
〔註14〕黃叔璥《臺海使槎錄・赤嵌筆談》，頁38～39。

從以上眾多的文獻資料中，我們大致可以歸納出十八世紀初期台灣移墾社會風俗的輪廓：來台移民以閩、粵爲主，且多爲農業移民，數量龐大，並有游民、罪犯偷渡來台寄生的特殊社會組成。基本生活習俗與大陸相似，但受到各地不同風俗影響，再加上國際貿易漸增的因素，部份地區表現出奢侈風氣、賭博、結盟組織的盛行。明鄭時期嚴刑峻罰，台灣社會風氣尚稱良善，但到清代後逐漸變質。

移民創造出的移民文化，也就是後來台灣文化的基礎〔註15〕。移民文化的特色說明如下：

（一）民間信仰盛行：神多廟多

台灣漢人在移民過程中大致可包括四個步驟：渡海、開拓、定居與發展，這四個步驟也可以說是移民的四個時期，而在每一時期中，先民都藉一種神的力量爲象徵以完成其艱辛的工作〔註16〕。

1、移民渡海通過危險的台灣海峽，自古即爲航海難關，且海盜橫行不絕，足以刺激信仰之心，爲祈求航海守護女神天上聖母（媽祖）的庇護，渡海時，必帶神像和香火，因此，在台灣，天上聖母最興盛且普遍受到祭祀。

2、在台灣開墾地，必須防備蕃人的襲擊和與其爭鬥，完全在不安恐懼之中繼續開墾，這時勢必祈求神明保護。關帝、開漳聖王……等神明受人們依賴。

3、當時全島都是不毛之地，康熙末年，即使如諸羅（嘉義）、鳳山等縣治，知縣只在惡毒瘴地掛名，並未赴任。當時社會下層的移民如有生病，即視爲惡鬼凶鬼作祟，一眛祈神治癒，其間覡巫之輩恣意活躍，不難想像。免除瘟疫疾病的保生大帝、瘟神、王爺信仰受到普遍祭祀。

4、清代的台灣，寺廟儼然是村落裡的一種自治機關，且是都市裡的一種具有權力和武力的商人行會的自治機關。移民因土地、水利、經商或營生地盤的爭奪而發生武力衝突，即分類械鬥，大大強化神明的功能。寺廟本是宗教膜拜的殿堂，在台灣成了移民的自治自衛組織。

〔註15〕 參閱廖風德《臺灣社會文化史》（台北：中華電視公司，2002 年），頁 151～156。

〔註16〕 增田福太郎，原著 1939 年，黃有興譯，2005 年，頁 101；李亦園，1978 年，頁 46；阮昌銳，1990 年，頁 39、40。

5、結社拜盟崇信神明。清代台灣社會複雜，居民不安，人們為抵禦各種天災人禍侵襲，民間結社拜盟、互助合作風氣盛行。其形式是以同鄉、同族或同業為基礎，以共同信仰的神明為中心進行結合，名為「神明會」、「祖公會」、「父母會」、「共祭會」……等。

6、官府治台借助神明。按照明清的法令規定，每個州府縣都必需設立官方的祠廟，代表皇帝按時致祭天地、山川、社稷、先聖先賢和孤魂野鬼，以求地方的平靜安詳，物阜民豐。明鄭奉祀眞武玄天上帝為官方祭祀神祇，清代較重要的祀典祠廟是城隍廟、文廟和媽祖。官府以神權施教，文武官員也藉善惡果報說法，統制善良百姓。

（二）以祖籍地緣形成聚落

傳統中國社會具有高度的血緣性和地緣性，清代台灣社會則在渡台禁令與移墾形態影響之下，初期僅成為具高度地緣性的社會。清代中期以前渡台者不能舉家遷徙，造成台灣移墾初期缺乏強宗大族的現象。移墾者各因生活方式、語言、風俗差異，尋找同縣同鄉相聚而居。

清代漢人到臺灣後，往往是同鄉群居在同一村莊，常沿用原鄉名為地名，並建廟供奉共同信仰的神明，作為守護神廟，移民透過廟宇的祭祀活動，彼此結合成祭祀組織，廟宇就成為移民社會的信仰及活動中心。不同祖籍的移民，供奉不同的神明，如漳州移民供奉開漳聖王；泉州移民供奉保生大帝及觀音、媽祖。

（三）好勇鬥狠的男性社會

移墾是艱困冒險的事，加上清廷渡台禁令和禁止搬眷，而少有婦女與小孩來台，男女與老幼成年的比例懸殊，造成台灣形成好勇鬥狠的男性社會。〔註17〕其影響如下：

1、羅漢腳，是指娶不到老婆的單身漢。移民許多人終身無機會娶妻，或妻子在內地，這種情況造成清代台灣社會不安的主要因素。羅漢腳不事生產，只知偷盜劫掠，或依靠乞討或強乞為生，他們是社會的寄生負擔。生前流離失所，死後無人照料，遺骨暴露，幸有善士收殮，立廟祭祀，這便是「有應公」的由來。

2、結會拜盟風氣盛行。閩粵內地原有結會互鬥風氣，渡台移民多少受到

〔註17〕廖風德《臺灣社會文化史》，頁156～161。

影響，大多數單身漢在面對草萊初闢的艱苦環境時，患難互助的需要自然產生。而同鄉成為結拜互助的主要基礎。結會拜盟兼具正負作用，除互助之外，具社會保安力量，入會者也可得保障，即素不認識的人，有事都會齊心幫助。但是日久之後，負面功能顯現，發生會眾同惡相濟，到處鬧事，官府不能制服的狀況。

3、財婚與養女之風。清代台灣男多女少，婦女身價大增；加以移墾社會，謀生不易，移民原本重財趨利等因素激盪之下，婚姻論財遂成為清代台灣漢人特色，聘金、嫁妝、身價銀等成為婚制的實質內容。童養媳（新婦仔）實為適應社會需要而產生，行之既久，產生流弊，淪為買賣婚姻、販賣人口。買賣式的童養媳最能反映清代台灣移民社會的黑暗面。

4、養子之風。閩粵移民生活漸漸地由地緣關係而發生血緣關係，沒有子嗣的，就收他姓之子以為己子，名叫螟蛉。受到當時環境影響，民間對於承繼宗祧，瀆姓亂宗，不以為意，螟蛉子的領養遂相習成風。

《諸羅縣志》：

> 臺俗八、九歲至十五、六歲，皆購為己子。更有年未衰而不娶，忽援壯夫為子，授之室而承其祀。」〔註18〕

養子之風的形成乃因耕地人力所需，子嗣增多，以為助力；另因雍正以前禁攜眷屬，生殖有限，不得不領養異姓之子以防窮、防老。

清代台灣是移民社會，廣大移民多屬下層百姓，禮教束縛小，是一個比拳頭大的時代，賭博、狎妓、吸食鴉片、好巫信鬼、重財好利等社會現象，處處可見。咸豐以後，由於漳泉兩籍人士體認械鬥之害，同時因政治力量強化，經濟基礎穩定，社會領導階層開始提倡文教，逐漸由移墾社會發展成文治社會。〔註19〕

一般認為台灣的文教制度奠基於鄭氏時代陳永華建孔子廟時（1666年）。台灣人擁有科舉應考的權利，始於1727年（雍正5年）。台灣第一個進士出現於1757年（乾隆22年），是諸羅（嘉義）人王克捷。清末，百分之九十以上的台灣人屬於文盲。台灣的文盲急遽減少，是在日治時代以後。〔註20〕

〔註18〕周鍾瑄，《諸羅縣志》，頁148。
〔註19〕廖風德《臺灣社會文化史》，頁196。
〔註20〕王育德，黃國彥譯《台灣話講座》（台北：前衛出版社，2000年），頁180。

下列諺語頗能反映這個時期的社會狀況：

> 【唐山過台灣，tng5-suann1 kue3 tai5-uan5，
>
> 　心肝結歸丸。sin1-kuann kiat4 kui3 uan5。】〔註21〕

形容先民東渡台灣，要歷經重重的險阻和困阨，才能開墾的血淚辛酸。

> 【唐山出虎，tng5-suann1 tshut4 hoo2，
>
> 　台灣出番。tai5-uan5 tshut4 huan1。】〔註22〕

清代台灣的山胞有殺人獵頭的野俗，故以唐山會吃人的老虎和台灣的生番並稱，這兩者都令人可怕。

> 【勸君莫過台灣，khng3/khuan3 kun1 mai3/boo7 kue3 tai5-uan5，
>
> 　台灣較輸（恰似）鬼門關。tai5-uan5 khah4 su1 kui3 nng5 kuan1。】
>
> 〔註23〕

移民過程要歷經渡海、番害、瘟疫、疾病、械鬥等過程，隨時都有喪命可能。拓荒台灣對移民來說，就是一部充滿血汗和淚水、交織著失敗與成功的開發史。

> 【台灣不認唐山，tai5-uan5 m7 jin7 tng5-suann1，
>
> 　金門不認同安。kim1-mng5 m7 jin7 tang5-uann1。】

顯示台灣由移墾社會漸漸轉爲定居社會的過程，代表移民對原鄉祖籍的認同，在數代相傳後，已逐漸淡化。象徵移民後代逐漸本土化，唐山已經成爲精神上的故鄉。〔註24〕

二、日治時期

從 1895 年至 1945 年，台灣被異族日本人佔據統治達 51 年。

（一）政治變遷

1895 年，台灣在清廷甲午戰敗後，被迫割讓給日本，台灣居民雖曾進行武裝反抗，但終不敵日本的暴力征服。日本統治初期，以總督府作爲治理台灣的最高權力機關，軍人擔任總督，持續鎮壓反抗運動，並進行殖民地的基礎開發。1920 年代後，統治基礎穩固，改派文人擔任總督，採「同化政策」，

〔註21〕戴寶村、王峙萍《從台灣諺語看台灣歷史》（台北市：玉山社，2004 年），頁48。

〔註22〕徐福全《福全台諺語典》，頁 156。

〔註23〕黃榮洛《渡台悲歌》（台北，臺原出版社，1990 年），頁 24。

〔註24〕戴寶村、王峙萍《從台灣諺語看台灣歷史》，頁 206。

高倡內地延長主義，以籠統台灣人。1937 年，日本發動侵華戰爭，以後擴大為太平洋戰爭，台灣總督府配合戰爭需要，動員殖民地的人力與資源，推行「皇民化運動」，主要項目有：（1）國語（日語）運動；（2）改姓名；（3）志願兵制度；（4）宗教、社會風俗改革。直到 1945 年 8 月 15 日，戰爭結束，台灣回歸國民政府統治。

（二）族群變化

日本據台後，建立現代殖民體制，高壓控制台灣，並且為了日本的經濟利益，剝削台灣經濟資源，因此引進了近代制度和設施，建立發展基礎，促使台灣社會經濟演變，由農業社會進入近代工商業社會。日本當局也引進了現代化官僚組織及地方行政系統，在鄉間採行類似中國傳統保甲制度的戶政制度，對犯罪採連坐制度，台灣的民間社會也在軍人指揮警察的體制下，受到嚴密的控制。

台灣在殖民統治時期，逐漸由俗民社會走向國民社會，血緣關係或地緣關係雖然仍是社會凝結的重要原則，但已漸漸地不如以社會功能或社會需要為基礎的整合方式來的重要。隨著台灣都市化的結果，使得非農業人口大量增加，工業、商業、服務業成為社會發展的主要部門。不同行業的人群，組成專業性的組織或行會，也隨著都市化而增加〔註25〕。

另外，日本統治當局為疏緩日本國內人口壓力，並長期經營台灣，有計劃移民台灣，但成效不佳，從下列人口數量統計〔註26〕，可看出其情形。

表 2-2

年　代	1896	1905	1920	1942
本地人	270～280 萬	305 萬	356 萬	599 萬
日本人	10,584	59,618	166,621	385,000

（三）社會風俗

日本殖民統治初期，纏足、辮髮及吸食鴉片，被總督府看作是台灣社會三大陋習。透過學校教育或報章雜誌的宣導鼓勵台人放足斷髮。斷髮針對男性，要他們剪掉辮子。放足則是要求婦女解除纏足。結果十多年間獲致變革

〔註25〕溫振華〈日本殖民統治下臺北社會文化的變遷〉（《臺灣風物》37 卷 4 期 1987 年），頁 2。
〔註26〕周憲文「日據時臺灣之人口」（《臺灣銀行季刊》，10 卷 4 期，1954 年），頁 107。

舊習的先例，使婦女獲得解放，生產力大爲增加，有助於台灣經濟的發展。

　　由於日本官方擔心嚴禁吸食鴉片將造成反抗運動蜂起，因而採取漸禁政策，但實際上，卻爲日本官方帶來巨大利潤，而到 1944 年才終止製造，1945年才結束公賣。〔註27〕

　　在一本日本人寫的《台灣史》中，描述日據時代生活同樣離不開傳統信仰：

　　　　本島人迷信的觀念頗深，除了向神佛占卜吉凶禍福之外，也有人以
　　　　法術他求。施法的人分爲巫覡、術士兩種。所有施行書符咒水等邪
　　　　術的人稱爲巫覡，有童乩、仙乩，均領受神佛的諭示。爲人占卜吉
　　　　凶禍福的人稱爲術士，包括日師、地理師、算命師、相命師、卜卦
　　　　師等。以上這些迷信、法術表現在台灣人的日常生活當中，由此窺
　　　　見台灣人的民俗心理。〔註28〕

日治中期，台灣社會文化，日趨浮靡，迎神賽會之舖張、婚喪喜慶之奢侈，幾可使中下階層，傾家蕩產。1920 年代由留日學生倡導的新文化運動，以此作爲抨擊和勸導的目標，他們發行《臺灣民報》、舉辦演講、散發傳單、撰寫小說，大聲疾呼，勸導民眾改正陋俗。

　　賴和第一篇小說〈鬥鬧熱〉，就是以知識份子的觀點，批評舊社會迎神賽會無謂的舖張、競爭。朱點人小說〈島都〉中史明的父親，因廟寺建醮，被地方頭兄強迫樂捐，由於無力繳納，只好狠下心賣掉兒子來給付，最後在羞愧憤恨中，精神失常，投河自殺。賴和、朱點人小說分別發表於 1926、1932年，揆諸其前史實，可知雖爲小說，卻與現實相去不遠。〔註29〕

　　《臺灣民報》〔註30〕1925 年 6 月 11 日社論〈宜速破除迷信的陋風〉，指出：

　　　　近年迷信的害毒，算是蔓延到全島了，以迎城隍、媽祖、王爺等的
　　　　名目，舉行種種賽會，若綜計浪費，每年中間實有數千萬圓之額，
　　　　都是無端祈福，和災後禳禍二事而已。

社論中指責「地方有力者」愚妄自私，「爲政者」放任和推波助瀾，呼籲同胞自覺，儘快打破這種陋風。

〔註27〕廖風德《臺灣社會文化史》，頁 300。
〔註28〕山崎繁樹、野上矯介《台灣史》（台北：武陵出版社，2001 年），頁 349。
〔註29〕許俊雅《日據時期臺灣小說研究》（台北：文史哲出版社，1995 年），頁 374。
〔註30〕引自《臺灣民報社論》，吳密察、吳瑞雲編譯，（台北：稻香出版社，1992 年）。

　　日治末期，太平洋戰爭發生後，爲了摧殘台灣人民對祖國的愛護思想，日本人推行皇民化運動。更企圖移風易俗，要求台灣人民倣效日本人過新曆年，提倡以草繩懸掛白、綠、黃的紙條，用草繩紮在門首，代替我國的紅色春聯。這種舉措，形同我國喪俗，自然爲台胞所竭力反對。結果，焚燬神像之舉，也就偃旗息鼓，無疾而終；至於迎神賽會，日人並未准許，而民間卻私下偷偷拜拜〔註31〕。日本人又禁止台灣大眾的傳統娛樂歌仔戲和布袋戲，這也是引起反感的火種之一。漢人的傳統宗教文化至此大受打擊，暫時消沈。日本人梶原通好的觀察：

> 中日戰爭以來，表面的祭典形式，明顯地被廢除。寺廟的廢止合併、
> 神佛像的燒毀、金銀紙及爆竹的禁止使用等，以古來舊有的習慣來
> 說，是不可想像的。不過，他們知道時勢無法改變，諸神定會原諒
> 他們，因此並不反抗。然而，舊俗並非消失了，而是隱藏起來而已。
> 〔註32〕

台灣人面對威權統治只好隱藏信仰俗習，私下還是密密從事信仰活動。

圖 2-1　日治時期台南安南區民家在地下室設置神龕供奉神明

（張瑞光攝 2007.5）

　　日治時期台灣在日本警察的權威管制下，接受現代文明洗禮，改變了「不認字又沒衛生」的形象。同時日本當局在台灣積極推動基礎教育，這些對台灣社會文化的提升、生活品質的改變，不可否認有其貢獻。同時日治時代台灣社會形成新領導階層，即所謂上流社會。日本總督府曾以參事、區街庄長、

〔註31〕姚漢秋《台灣婚俗古今談》（台北：臺原出版社，1991年），頁138。
〔註32〕梶原通好《台灣農民的生活節俗》（台北：臺原出版社，1989年），頁16。

保正等職位籠絡利用各地富豪、望族，造成地方政治參與的壟斷和地方派系的形成，直接影響光復後的地方政治發展。〔註33〕

　　日據時代，台灣人在民族意識上，有一些特別的名詞，反映了當時的語言文化。這個時期專門用來罵日本人的【罵話 me7/ma7-ue7】如下：日本仔、死日本仔、臭日本仔、日本番、日本婆（女）、生理番、乞食番、臭番仔、臭苦力、臭狗、狗生的、四腳的、臭的、死臭的、死番仔、白帶魚（巡查）、川豚仔等十七句。〔註34〕

　　由於痛恨【四跤仔 si3-kha1- e0】，有心人又創造一個【三跤的 si3-kha1 -e0】的代名詞，用來譏罵極少數甘作日本人鷹犬的台灣人。既然是【三跤的 si3-kha1-e0】動物，那麼想做人（台灣人）多出一腿，想做狗（日本人）又少了出一腿，只好徘徊於「人獸」之間，兩邊受鄙視。〔註35〕

　　至於台灣人罵的狗只用在罵日本人的場合，因此佩戴紳章者和保甲役員，被罵為掛狗牌，簡稱為狗牌，以及狗顧狗。對於被日本人僱用的台灣人，則罵為吃狗飯的人、番仔的狗、變狗、狗糞等等。〔註36〕

　　罵話是弱者的武器，也是悲鳴。無法以力量堂堂對抗的弱者，隨著一連串脫口而出的罵話，沈醉在快感中，這是何等悲哀的武器。昔日台灣有很多罵話，是沿襲已久的事，隨著教育普及，時代的更換，逐漸改善了罵人的風氣，而成為歷史的陳述。

三、台灣光復迄今

　　從 1945 年至 2007 年。這階段主要特色是激烈的政治變遷。

（一）政治變遷

　　1945 年日本戰敗投降後，國民政府接收台灣，不到二年卻發生二二八事件。及至 1949 年大陸淪陷，政府遷台，以反共為前提，建立威權體制。另一方面，台灣經濟逐漸蓬勃發展，造成政、經不同步的現象。直到 1986、1987 年，台灣發生結構性變化，不但成立了第一個在野黨，也解除了實施近 40 年的戒嚴令。1988 年，蔣經國逝世強人體制宣告結束。1996 年總統直選，台灣

〔註33〕廖風德《臺灣社會文化史》，頁 310。
〔註34〕山根勇藏《台灣民俗風物雜記》（台北：武陵出版社，1989 年），頁 24。
〔註35〕亦玄《台語溯源》（台北：時報文化公司，1979 年，），頁 96。
〔註36〕山根勇藏《台灣民俗風物雜記》，頁 23。

完成民主化。2000 年政黨輪替、政權和平移交。2004 年民進黨再度贏得總統大選，泛藍則掌握國會多數，台灣政局進入新階段。

（二）族群變化

1945 年，國民黨政權因戰亂關係，帶領了一百多萬軍民，進入台灣，使台灣社會裡出現本省籍族群、外省籍族群二者間的不均衡關係。1945 年以前在台灣土生土長的，稱為本省人（含客家人、原住民）；1949 年以後移入的，稱為外省人，二者比例如下表：

表 2-3

年代	人 口 總 數	本 省 人	比率%	外 省 人	比率%
1946	6090860	6059139	99.4	31721	0.6
1949	7396931	6980234	94.3	416697	5.6
1955	9077643	8224955	90.6	852688	9.2
1960	10793202	9512776	88.1	1279426	11.9
1970	12906396	11245294	87.1	1724712	13.1
1976	14418902	12453059	86.3	1965843	13.6
1990	20393080	17702887	86.8	2658805	13.0
2003	22604550		86.0		14.0

資料來源：《重修臺灣省通志卷 3・住民人口篇》、中華民國統計年鑑，2003 版。

在社會方面，國民黨實施「戒嚴」的非常體制來限定部份基本人權的行使，並透過各種黨組織滲透社會，達到監控的目的，以免重蹈大陸失敗的覆轍。在這種環境下，主流價值是大中國意識，外省統治菁英自認是中華儒家文化的正統。在政治、文化上充滿優越感，壓低台灣本土文化。另一方面，西方資本主義的文化價值和生活方式，隨著美國的經濟和軍事援助，大舉進入，逐步改變台灣人的社會文化價值。

光復後的台灣社會與經濟情勢，大致可劃分成兩個階段。前二十年是由風雨飄搖的不安狀態中逐漸安定下來；後面三十多年則由安定中求發展，達到富裕繁榮的階段。

（三）社會風俗

台灣光復後，大陸撤退，西方宗教傳教人士大批隨著國民政府遷移到台灣。1960、70 年代，知識份子把天主教、基督教當成是「進步、理性和現代

化」的象徵；主政者也有相當大的比例是基督徒，本土民間宗教往往有意無意的被看成是迷信和落伍的象徵，是「端正社會禮俗」的改革對象〔註37〕。

陳壬癸民國七十五年曾針對現行歲時節俗提出看法：（1）春節賭風頗盛；（2）民間過節及拜拜，燒冥紙頗多浪費，且易造成空氣污染；（3）民間放鞭炮習俗，弊多利少；（4）清明節掃墓宜改用清香、茶、菓、鮮花；（5）寺廟普渡及祭典賽豬公、豎燈篙、放水燈；（6）寺廟祭典外臺戲演出宜限制祭典日一天。〔註38〕

1989 年 6 月 21 日《首都早報》洪瑜發表〈台灣通俗宗教的庸俗性〉的文章，從神職人員的低劣、信徒之求財求平安的信仰行為、婚喪禮俗的吵雜擾人及廟宇的醜陋等方面，來批判台灣民間生活的庸俗性。〔註39〕

蔡相輝在討論〈寺廟與迷信〉一事時提到，寺廟功能的充分發揮，使社會得以穩定發展，但造成人民過份依賴神靈的心理，市井小民透過求筊、求籤或乩童指示等方式，將自身所有問題交給神靈決斷。……寺廟具有神秘色彩，被視為迷信淵藪，應與寄生於寺廟的行業，如乩童、紅夷等有關。……數年來，流行大家樂、六合彩等賭博性數字遊戲，各寺廟乩童紛紛扶乩提出明牌，頗為有識者詬病。〔註40〕

1970 年代，在台灣的近代歷史上，是一個由貧入富的轉型期。經濟發展迅速，使得人們有多餘或足夠財力支持民間宗教活動；而現代化社會，商業競爭壓力和恐懼心理，使人們更加借重超自然的民間信仰力量，驅除惡靈，確保公司、工廠和個人能順利運作。

1987 年政府宣佈解除戒嚴後，各項選舉活動極力拉攏，各種迎神賽會活動盛況空前，早年受約束的各種神媒更如脫韁之馬，毫無約束，大街小巷神壇林立〔註41〕。

光復後的台灣民間又逐漸獲得活力，但因政治、社會變遷快速，人口結構大幅改變，教育普及，知識提高，各種宗教蓬勃發展，文化價值趨向多元，都市快速成長，鄉村相對萎縮，農林漁牧傳統產業人口下降，工、商、服務、

〔註37〕宋光宇《宗教與社會》（台北：東大圖書公司，1995 年），頁 186。
〔註38〕陳壬癸〈台灣地區現行歲時節俗改進之研議〉（《台灣文獻》，37（1）：1986年），頁 35～54。
〔註39〕引自林美容《臺灣人的社會與信仰》（台北：自立晚報社，1993 年），頁 209。
〔註40〕蔡相輝《台灣人的祠祀與宗教》（台北，臺原出版社，1989 年），頁 191。
〔註41〕蔡相輝、吳永猛《臺灣民間信仰》（台北縣：空中大學，2001 年），頁 20、21。

高科技等產業持續發展，中產階級興起，……等等因素都影響民間習俗和社會的生活發展。

國民政府接收台灣後，台灣人自稱爲【蕃薯仔 han1-tsu5-a2】、稱外省老兵爲【老芋仔 lau7-oo7-a2】。根據亦玄的《台語溯源》記載：「台胞所以自稱爲【蕃薯 han1-tsu5】，並不是因爲台灣盛產甘藷，而是台灣島的地形兩頭小中間大，很像一隻大甘藷，所以人以地名。〔註42〕」後來，國民黨撤退來台灣，帶來了一百萬中國人，台灣人爲了區別中國人，就以【不識芋仔蕃薯 m7 pah8 oo7-a2 han1-tsu5】的俗語，稱呼 1945 年以後來台的中國人爲【芋仔-oo7-a2】，在台退伍外省老兵爲【老芋仔 lau7-oo7-a2】〔註43〕。另外還有【半山仔 puann3-suann1-a2】，指台籍人士，曾居留大陸，跟隨中國政府而受到信任、重用的人〔註44〕。像這樣，從這些台語名詞所反映的文化現象，是透過語言來表達，顯現這個時期的語言文化的特色。

諺語：【蕃薯毋驚落土爛，han5-tsi5/tsu5 m7 kiann1 loh8 thoo5 nua7，

　　　　只求枝葉代代湠〔註45〕。tsi2 kiu5 ki1-hioh8 tai7 tai7 thuann3。】

（押 uann 韻）

台灣先民有勇敢的精神，不斷爲這塊土地來奮鬥、歷盡委屈，受盡折磨，如同蕃薯被埋在土裡一樣，不怕自己犧牲，只求後代子孫不斷繁衍，能夠有出人頭地的一天。

從另一方面來看，台灣不同族群經過長時期的社會互動，無數的漢族、原住民族；本省、外省；本籍、外籍通婚所生下的子女，【蕃薯芋仔 han5-tsi5/tsu5 oo7-a2】滿街走。多元族群互動頻繁，新移民不斷加入，成爲現今台灣社會發展的特色。

第二節　台灣文化概述

一、族群文化

〔註42〕原文用「甘藷仔」，亦玄《台語溯源》，頁92。參閱黃瑞田，〈文化與語言相互研究的理論鉤沈〉。
〔註43〕董忠司《臺灣閩南語辭典》，頁967。
〔註44〕董忠司《臺灣閩南語辭典》，頁1051。
〔註45〕【湠 thuann3】，繁殖。董忠司《臺灣閩南語辭典》，頁1464。

　　台灣文化的領域很廣，可從不同角度探討，其中族群關係影響台灣最深。

　　台灣各族群人口：原住民（1.7%）、閩南人（73.3%）、客家人（12%）、外省人（13%）。〔註46〕

（一）南島語族文化

　　臺灣可能是南島語族發源地之一（這個理論目前尚在驗證中）。〔註47〕昔日，居住在平原的平埔族對亞、太地區南島語族發展上，可能曾經扮演過重要角色，而高山族較少與海外往來。從考古學，文化人類學、語言學的研究，可以推測臺灣原住民至少在 6000 年前就活躍於臺灣，並向外擴散遷徙。南島語族目前遍佈整個印度洋及太平洋，西起馬達加斯加島東至復活島，總人口約 2 億 5 千萬，臺灣僅 40 多萬，昔日與菲律賓群島的原住民來往較頻繁，由兩地語言的借字可以看出文化的關係。

　　臺灣平埔族漢化程度很深，幾乎隱沒不見；目前高山族中的阿美、卑南、泰雅、賽夏、布農、鄒、排灣、魯凱、達悟及邵族等文化特徵仍然明顯，其語言、物質文化、社會組織、祭典儀式等各方面都表現出多樣性，譬如紋身、缺齒、貫頭衣、腰機紡織、父子連名、親族外婚、老人政治、年齡分級、獵首、鳥占、靈魂崇拜、室內葬等，都與印度尼西亞古文化特質接近。

　　信仰方面普遍存在著「祖靈」信印，相信軀殼死亡的同時，靈魂可以永遠地獨立存在。族內的巫師可以降其旨意、命令，以為族人生活信條，而泰雅族「出草」獵人頭的習慣，在信仰的意義上，乃為透過儀式轉換的功能，經由靈魂崇拜的觀念，將被害者的生命「轉化」為守護其社群的靈能。「圖騰」方面，有以樹、箭竹，蛇、山貓、山羊，高山、大石、硫磺口、火山口等為崇拜對象，作為部族、或氏族血統識別的標幟。

　　臺灣土著族的語言分成三大群：泰雅群、鄒群、排灣群。費羅禮認為以語言作根據劃分土著族，才是唯一適合的方法〔註48〕。他的分類如下：

〔註46〕黃宣範《語言、社會與族群意識——台灣語言社會學研究》（台北：文鶴出版公司，1993 年），頁 21。

〔註47〕參閱賈德·戴蒙（Jared M. Diamond）〈台灣給世界的禮物〉〈Taiwan's gift to the world〉，Nature VOL403，17February 2000。或同作者《槍炮、病菌與鋼鐵》第十七章〈飛航大洋洲〉，374。

〔註48〕費羅禮《臺灣土著族的文化，語言分類探究》（台北：中央研究院民族研究所，1969 年）頁 436。

1、泰雅群：泰雅族、賽德克族。

2、鄒群：(1) 阿里山鄒族。(2) 卡那富族、沙阿魯阿族。

3、排灣群：

　　第一分群：(1) 魯凱族、拍宰海族、賽夏族、巴布薩族、道卡斯族、拍瀑拉族、和安雅族、邵族。(2) 排灣族、卑南族。

　　第二分群：布農族、阿美族、雅美族、西拉雅族、噶瑪蘭／凱達噶蘭。

在三大語群之中，泰雅群和鄒群間的差異最大，而這兩大語群又和所有其他南島語族差異也很大，甚至於在五、六千年前已跟南島語族分開。而排灣群則和其他太平洋地區的南島語言相近，可能在三千年前分開。

所有臺灣土著人民都是以農為業，種植小米、芋頭和其他作物，採用山田燒墾耕種方法。

（二）漢族文化

1、閩南文化（福佬文化）

台灣漢族則大多數是福建、廣東兩省的移民，其中，福建以漳、泉兩地移民約占80%，因此閩南語（又稱為「福佬話」）為台灣民間的主要方言，被稱為「臺語」，閩南文化又稱為「河洛文化」、「福佬文化」。請參見本章相關述說。

2、客家文化

一般而言，客家人原居中國北方（山西、河南、湖北），後因五胡亂華、宋朝南徙等歷代因素造成北人南遷，南方居民稱他們為客，於是就有了客家一詞出現。

台灣客家人主要來自中國廣東潮州和梅縣，目前分布於桃、竹、苗地區，或者高雄、屏東、美濃等地。

客家人適應力特別強，為了生活，可以四處為家，漂泊異地，早期的客家人保有傳統的客家精神——「勤儉」、「硬頸」、「念祖」、「團結」、「凝聚力強」。客家人較為保守，有強烈的「我群」意識，珍惜文字、尊重有知識的讀書人，比較重視教育成就。客家山歌具有獨特的藝術風格，與鮮明的地方色彩。客家人的祖先崇拜，是奉祀在公廳或宗祠。客家族群祭拜的神祇以義民爺、三山國王為代表，台灣各地只要有客家人開墾的地方，就會有三山國王廟。

二、信仰習俗

台灣漢人社會傳承自中國的固有信仰習俗、傳統家庭制度與宗族觀念，曾對早期的移民社會產生深遠的影響。但隨著時空轉換，對現代台灣人的束縛逐漸淡化。

信仰與習俗是一個民族或地區住民，因應自然、地理及人文環境，歷經長久的時間適應與調整，所形成的文化心理結構與生活行為模式。

在三百多年來的台灣社會發展與變遷之下，這些信仰習俗由早期的「內地化」傾向，經歷了日據「皇民化」破壞，再逐漸轉變成今日「在地化」的特色。移民對於新環境的不熟悉與掌握不易，通常以原鄉信仰習俗作為生活與生命秩序依歸，此即方志史籍常記載的「俗同中土（內地）」代表緬懷唐山故土的移民性格。而後隨著適應、穩定發展與落地生根之後，開始逐漸認同這塊土地，並經歷不同階段的移民與統治之後，與面對四、五十年來現代化的衝擊，在台灣在地發展出與原鄉信仰習俗互有異同的信仰生活方式，表現出信仰習俗的多元性與區域性特色。〔註49〕

受傳統文化信仰的中國人，從未出生、出生成長、到成年結婚與死後成為家族神，都跟民族文化禮儀習俗息息相關。台灣地區的信仰習俗主要受到儒家、道教、佛教的影響，而呈現出一種混合、多樣的模式。簡述如下：

（一）儒　家

儒家所倡行的諸多禮儀，在士庶的非日常性生活中，以其人文化的教化意義自是對於台灣人的社會生活模式深具影響力。不過儒家基於其合理主義的立場，對於靈魂、鬼神及他界等一類終極問題，一向採取一種存而不論的審慎態度，故其禮儀文化所表現的就較具人文關懷的精神。

儒家的五禮以吉、凶二禮最為重要，吉禮所涉及的祭法、祭義，衍變為禮生所司的祭典，至今仍是歲俗與廟祀的年例性禮儀活動。在繁簡不一的祭祀禮儀中，儒家採取「祭神如神在」的祭義原則，所傳承的就是獻禮，從三獻禮到九獻禮規模大小不一，所著重的是禮生引導地方頭人遵循禮節供獻祭品，以得禮合宜的理性態度表示其「崇德報恩」的報謝精神。

禮儀即是一套表現儒家精義的傳統，早在福建、廣東地區影響較大的，就有朱熹的《朱子家禮》，對於當地書生之制定家禮就頗有影響：如呂子振

〔註49〕謝聰輝〈臺灣歲時節慶內涵析論〉《人文及社會學科教學通訊》15 卷 3 期，2004.11，頁 6～19。

《家禮大全》、張汝誠的《家禮會通》之類，還有許多傳抄的「家禮簿」，就備載通用於民間社會的禮儀知識。〔註50〕

（二）道　教

道教是中國人的民族宗教，既繼承傳統中華博雜的文化精華，又在歷代不同政局的演變中和外來文化不斷的衝激下創新成長，終能具有完備的組織制度、嚴整的教義戒規、莊嚴的科教儀式及確可躬行實踐的性命修鍊方法。道教教義建立在「開劫度人」的宗教濟度論，作為宣教勸化的動力，並以素樸的組織形式救濟世人出於痛苦的困頓與世厄，帶領奉道者進入一個理想的太平世界。

道教影響台灣社會習俗最大的是敬神祈福的齋醮科儀與生命禮儀。它繼承了中華民族先民的祭神、祈禳、祝禱等禮儀，在歷代教派各高道的不斷精進踐行下，透過禮器法信、符文圖像，結合詩、歌、舞、樂以及神話為一體，成為莊嚴有序的儀式，所建構的神聖性儀式空間，形成系統的符號象徵，以此完成人神溝通的程序。〔註51〕

（三）佛　教

明鄭時期（1661 年）移民將佛教傳入台灣，迄今已有三百多年歷史。佛教主張因果報應的「輪迴」與「善有善報，惡有惡報」說法，認為人死後，依生前行為善惡轉世於「六道」之間，這觀念廣泛影響台灣民間，也規範了社會行為秩序。

佛教為外來宗教，為適合中國人習性而有諸多通俗作法，產生很多派系，因其教義影響，參與民間喪葬儀式最為頻繁。

受到儒、道、佛影響的台灣信仰習俗，在喪葬的相關禮儀中呈現出一種複合性禮儀，以儒家的喪禮為主體，因應各地的民間風俗，融合成為喪葬的禮俗，作為喪儀中的奠祭儀式；然後再依照地方上的習慣，分別配合道教的拔度儀或佛教（香火和尚）的超薦。

黃叔璥〈赤嵌筆談〉（1724 年）：

〔註50〕李豐楙〈禮生與道士：臺灣民間社會中禮儀實踐的兩個面向〉《社會、民族與文化展演國際研討會論文集》台北市：漢學研究中心，民國 90 年，頁 331～364。

〔註51〕謝聰輝〈道教與台灣家庭〉，發表於大陸茅山舉辦「二十一世紀道教的展望研討會」。2001 年 8 月。

> 喪禮，七日內成服，五旬延僧道禮佛，焚金楮，名曰做功果、還庫
> 錢；俗謂人初生欠陰庫錢，死必還之。〔註52〕

《安平縣雜記》：

> 喪禮，七日內成服，爲頭旬，名曰「頭七」。有力之家，請僧道誦經
> 者，名曰「開魂路」。其餘七日爲一大旬。富厚之家，或五旬、或七
> 旬、或十一旬、始做完滿功德。撤靈卒哭。凡做旬，延僧道禮佛，
> 焚金楮，名曰「做功果還庫錢」。俗謂：人初生，久陰庫錢，死必還
> 之。既畢，除靈。孝子卒，哭謝弔客。〔註53〕

從文獻來看，道教和佛教在民間喪葬儀式中，扮演主要角色，這種情形由來
已久。

在傳統家庭制度方面，著名學者金耀基先生指出：

> 中國傳統的社會結構是以家庭制度爲核心，在古典中國，家庭是
> 社會底、經濟底及政治底單元。它是「緊緊結合的團體」，它是「高
> 度特殊化」及高度「功能普化」的。但一百年來，由於技術的革
> 命及日益增加的工業化壓力，家庭制度已經受到根本上的破壞。
> 〔註54〕

傳統家庭制度積累中國數千年來文化習俗於一家，顯見對國人的生活影響深
遠。

漢族的固有信仰是敬天、尊祖，中國人以祭祀祖宗爲人道之大義、治國
之要道；而在昔日台灣，品官以上的家庭建宗廟，一般百姓則於正廳供奉父
祖的神位，定時舉行祭祀。昔日台灣人的每一家庭沒有不供奉神位者，只有
少數基督教徒例外。忌辰必定祭拜，且每天早晚上香拜神和祖靈。

宗族制的繼承。祖宗的祭祀稱宗祧，繼承祭祀者的資格叫立嫡子或立嗣。
繼承人的選定依男系主義、直系主義、嫡長主義，歷朝法制都有規定，甚至
於規定庶子不祭祀、女子及異姓者絕對不得爲繼承人。〔註55〕

中國社會傳統是以家族爲核心，而家族制度即建築在生子觀念上。含有
兩種意義：一爲生子防窮，目的在求自我的生存；一爲生子防絕，目的在求

〔註52〕黃叔璥〈赤嵌筆談〉《臺海使槎錄》（卷二）（台北：臺灣銀行經濟研究室編，
　　　　1958年），頁40。
〔註53〕《安平縣雜記》（台北：臺灣銀行經濟研究室編，1958年），頁3～8。
〔註54〕金耀基《從傳統到現代》（台北：時報文化公司，1990年），頁105。
〔註55〕梶原通好著，李文祺譯《台灣農民的生活節俗》，頁86。

家族的綿延。所以「防窮」、「防絕」，為男女生子觀念發生的動機。這一觀念支配幾千年來廣大民眾的生活。台灣習俗沒有例外，也一樣是這個傳統觀念。〔註 56〕

　　昔日台灣的家族制度為所謂的大家族制，例如祖父在世時，其子孫即使增加數十人，也不分居他處，視需要增加建築，原則上住在同一屋內。倘若祖父死亡分割財產，整個家族也居住原來房子，經濟則兄弟各自獨立。家族由家長統轄，家長具有絕對權限，縱使是家族其中一員的直接收入，也歸屬家長，其他人不能自由處理。

　　這種家族制度造成「有家族而無家庭」。例如，炊事都是女性的勞務，由媳婦輪流負責。其次，吃飯先由家族中的男人先吃，然後女人才吃，小孩則通常不上桌。因此，妻子想配合丈夫或孩子的嗜好調理食物，是不被允許，一如私有財產。再者，不可能期望夫婦孩子同桌共食和一家團圓。至於婦女輪流炊事，並非以家庭的妻子或母親身份而做，而是大家族媳婦的身份，換言之，以炊事婦女身份從事炊事。因此媳婦為了早點免除這項勞動，買來新婦仔、查某嫺乃至養女，幫忙或代理炊事。有錢人家嫁女兒時，大多有查某嫺隨行，乃是基於這項情況。〔註 57〕

　　受生活環境影響，台灣文化變遷快速，台灣信仰習俗由簡而繁，再由繁而簡、而多元。台灣社會發展，從移墾時期到清朝末期已逐漸本土化；日本統治帶來新的社會變革；受全球化影響和國民政府統治後，社會生活水準不斷在提升，工商社會競爭激烈，人們作息更加繁忙，各種現代休閒娛樂成為主流。

　　現代工商社會，人們大多數已脫離依賴土地的生活型態，隨工作地而遷徙，人際關係網絡跟舊社會完全不同。多族群、多語言接觸應用成為台灣人的生活常態。語言依存於社會生活的實際需要而產生，當人們面對新的環境時，自然而然產生新的詞彙或語言型態，來適應新的需求。所以同時有很多詞彙因新陳代謝，逐漸為人們所遺棄或淡忘。今天台灣傳統信仰習俗已因大環境的變遷而顯得相當的簡化，與民間人們生活相關最密切的台語詞彙，也是一樣情形，逐漸華語化了。

〔註 56〕何聯奎、衛惠林《臺灣風土志》（上篇）（台北：中華書局，1956 年），頁 65。
〔註 57〕梶原通好著，李文祺譯《台灣農民的生活節俗》，頁 94。

第三節　台灣語言與民俗

一、台灣語言

從歷史角度來看，曾經或還在台灣地區使用的語言，包括：南島語、荷蘭語、西班牙語、閩南語、客語、日本語、現代漢語，和 1945 年後隨國民政府撤退來台的其他各省方言。廣義的台灣話，目前指南島語、閩南語、客語、華語（普通話）。狹義的台灣話，專指台灣閩南語，即台語。台灣地區是一個多元族群、多元語言的社會。

（一）閩音系統

閩語，即福建語言，又可分成四種互相不容易溝通的次方言：（1）建甌話為代表的「閩北語」；（2）福州話為代表的「閩東語」；（3）廈門話為代表的「閩南話」；（4）汀州話（客家話）為代表的「閩西語」，這屬於客方言。前三者則統稱為閩語或閩方言，其中閩南話最佔優勢（使用人口最多、通行地域最廣）。閩南話除了在閩南地區使用外，更因隨同閩南人的遷徙而傳播到閩南以外的廣大地域。

王育德《閩音系研究》一書中指出：閩音系裡的文讀音，是反映七世紀以後的中原音體系，具體的年代是唐末五代。而白讀音並非由單一的語言層形成的，基本層至少有三個，白話音原則上是以個別的語彙傳承下來的。這些語彙是在漫長的歷史上，好幾次如浪潮般蜂擁而來的開拓移民所遺留下來的。〔註58〕

閩音系內部的分裂過程，如下圖（圖 2-2）：

「閩祖語」在第一階段就分裂為「閩南語」與「閩北語」。今日閩南語與閩北語到了互相不通的程度，這是因為很早就發生分裂的緣故。

在第二階段，「閩南語」分裂成漳州與泉州兩個系統。因為泉州的開發比漳州早，所以認為大概是從泉州分裂出漳州。但因地理位置接近，交流頻繁，差異卻出乎意料的並不大。

第三階段，從漳州分裂出潮州。此後潮州獨自形成一個方言圈，行政上也從福建分離出去，所以潮州分裂的意義很重大。

〔註58〕王育德，何欣泰譯《閩音系研究》（台北：前衛出版社，2002 年），頁 547、558。

第四階段，形成「不漳不泉」的台南、廈門。但雖同是「不漳不泉」，台南的漳州色彩較濃，廈門的泉州色彩較濃。〔註59〕

圖2-2　福建話系統圖

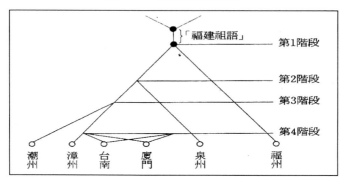

資料來源：王育德《台語入門》，頁8。

（二）台灣的閩南方言

　　早期來台的漢人移民中，大多數都是閩南泉州人、漳州人，原先的方言差異，傳入台灣後，漸漸互相影響、交流，形成不漳不泉，亦漳亦泉的特色，同時吸收了一些原住民語、日本話及華語的轉音，形成台灣閩南語，簡稱台語。也就是說，現在台灣閩南語雖與福建閩南語保持著密切關係，但產生分裂脫節現象，台語自成一個語言體系，成為台灣文化的一部份。

1、族群分佈與語言融合

　　早期台灣的土地開發，大致上由南而北，由西而東。雍正時代，肥沃平原，大多數已被漢人開墾，所以到了乾隆時代，大多開拓較為貧瘠地帶、交通不便地區，或山麓地帶。閩南移民台灣，以泉州人最早，主要分佈在台灣西部沿海平原和台北盆地；漳州人稍後，主要集中在台灣西部內陸平原、東北沿岸和蘭陽平原一帶。

　　正如施添福教授在《清代在臺漢人的祖籍分布和原鄉生活方式》一書的結論中所指出：

> 決定清代在臺漢人的祖籍分布的基本因素是：移民原鄉的生活方
> 式，亦即移民東渡來台以前，在原鄉所熟悉的生活方式和養成的生
> 活技能。〔註60〕

〔註59〕王育德，何欣泰譯《閩音系研究》，頁574。
〔註60〕施添福《清代在臺漢人的祖籍分布和原鄉生活方式》（台北：國立臺灣師範大

又由於台灣漳、泉移民有聚集的傾向，就是泉州移民偏愛海邊、港口、都市、茶山，而漳州移民偏愛平原、山坡地的農村，因此嘉南大平原以漳州人佔優勢。漳州腔原來有許多方言差，但是經過二、三百年的融合，事實上漳州腔早一步開始一致化了，而形成後來台灣混合腔的主要成分。相對於混合腔的一致化，台灣中、北部的方言則仍多保守閩南語原鄉方言特色，而呈現口音的多樣化。

早期台灣移民佔多數的漳、泉之間，曾經歷過嚴重械鬥，之後一百年來，漳、泉之間和平相處，漳州腔、泉州腔逐漸融合。〔註61〕戰後，由於以台北爲核心的北部地區逐漸形成爲台灣的經濟中心，隨著人口移動，各地口音都在北部匯集，北部原來清楚的漳、泉分界，逐漸被新移民入侵，漳、泉分區變成混沌不明。

漳州人口雖然不及泉腔人口，但是因爲漳腔方言早日在混合腔的融合過程中佔了優勢，當這個混合腔隨著經濟中心的北移而北移，並進一步領導台灣普通腔（General Taiwanese）的形成。〔註62〕

2、語言地圖證明混合腔的形成

第一張台灣的語言地圖<u>小川尚義</u>所畫的〈台灣言語分布圖〉，載《台日大辭典》（1907），收入洪惟仁《台灣方言之旅》（1994）附錄。

<u>小川尚義</u>並沒有做過全台灣的方言調查，他的語言地圖應該也是根據祖籍地圖製作，而不是經過調查語料所做的，日據時代所有的地圖都是根據總督府的戶籍調查資料所繪製的，只是<u>小川尚義</u>把戶籍資料當成語言資料而已。日據時代的人口統計非常詳細，還包括語言與祖籍，把這個統計資料展示在地圖上，就是〈台灣言語分布圖〉。所以這張地圖不但語種的分佈可以信任，也可以看成是台灣語言演變的重要「歷史文獻」。〔註63〕

比較日據時代的 1907 年〈台灣言語分布圖〉和洪惟仁 1992 年在《台灣方言之旅》所繪的〈台灣漢語方言分佈圖〉（參見附圖 1、2），我們也可以管窺閩南語演變的軌跡：

學地理學系，1987 年），頁 180。
〔註61〕洪惟仁〈台灣的語言戰爭及戰略分析〉，第一屆台灣本土文化學術研討會論文。（台北：國立師範大學，1994 年），頁 129。
〔註62〕洪惟仁《音變的動機與方向：漳泉競爭與台灣普通腔的形成》，國立清華大學博士論文，2003 年，頁 182。
〔註63〕洪惟仁《台灣方言之旅》（台北：前衛出版社，1992 年，1999 年），頁 70。

　　日據時代的地圖，沒有所謂「漳泉混合區」，小川尚義（1907）只分爲漳州、泉州二區；新光社的地圖更把所謂的「福建族」分佈區，即閩南語區細分爲「漳州」、「三邑」（南安、晉江、惠安）、「同安」、「安溪」等四區，所有的閩南語分佈區都是漳泉分明的，南部地區也是漳泉分明。但洪惟仁（1992）所繪的方言分佈圖把嘉義、朴子以南大片的嘉南平原以及台東地區都劃入「漳泉混合區」，因爲這個地區實際上已經分不清是漳是泉了。這一點可以看做是近百年來「混合方言」在南部形成的證據。

　　洪惟仁教授也從語言內在因素分析指出，漳、泉競爭並非方言的競爭，而是變體的競爭，漳音取得較大勝利，這是因爲：

（1）漳音是比較新的形式，泉音比較保守，老泉音延續了共同閩南語有標音的包袱，註定了失敗的命運。

（2）新泉音也不完全是失敗的，有些變體比漳音自然，還是取勝了，最明顯的是〈入〉字頭，雖然漳音和老泉音都一樣唸成 j，但是該變的還是要變，j 衰退了，新漳音也不得不讓給更自然的新泉音 l。

（3）有些新泉音分爲二種，其中一種和漳音相同，一種和漳音不同，這種情勢表示漳音得了部分新泉音的投靠，勢力大增，可以預期漳音的勝利。

　　在漳、泉變體的競爭中，誰勝誰負不是偶然的，能夠在競爭中取勝的變體一定是較無標的，其音變律也一定是較合乎語言普遍性的。在方言競爭中，越無標的音變律所產生的變體競爭力越強，越有機會成爲方言會同的中心，發生整流作用，成爲一個語言發展的新潮流；相對的，有標性較高的音變律所產生的變體，在方言競爭中必然會被截流而趨向「枯竭」。總之，台灣閩南語能夠成爲主流的音變律一定是比較普遍的、自然的、無標的。〔註64〕

3、漳、泉方言差異

　　漳、泉兩個方言差異性最大的是韻母，而韻母的差異性最大的在央元音韻類與鼻音韻類。台灣的漳腔方言沒有央元音，只有六個元音。但典型的泉腔方言多了兩個央元音，共有八個元音，這兩個央元音分別是 ir〔ɨ〕及 er〔ə〕。央元音較不易發音，屬於有標的，而逐漸消失中。

〔註64〕洪惟仁《音變的動機與方向：漳泉競爭與台灣普通腔的形成》，頁189。

圖 2-3　泉州方言元音圖

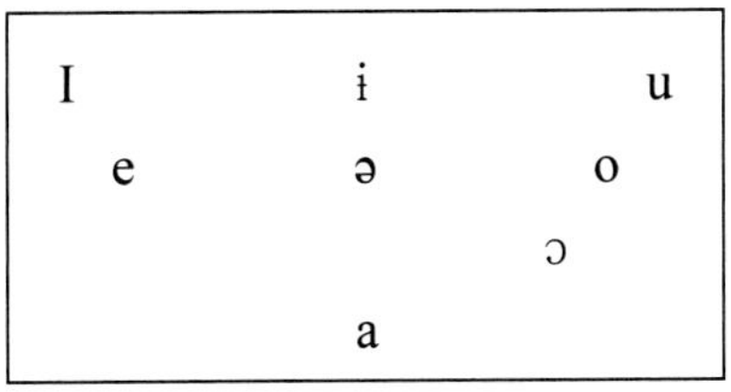

4、台灣優勢腔的形成

台語發展的一個方向是逐漸形成「台灣優勢（或共同）腔」。一般人都可以感覺出來，尤其是閩南語演員往往能夠領會，在演戲時，隱藏了自己的方言，而修改為台灣優勢腔。

「台灣優勢腔」是台灣大多數人使用的音讀或詞彙，它是一個新生的閩南語方言。它可說是南部「混合腔」發展到全台灣的表現。隨著台灣交通發達、人口流動、通婚、都市化、傳播發達……等等影響，台灣方言的「融合」會更迅速地繼續進行下去，它漸漸擴大分布範圍，成為絕大多數人的共同方言；反之非台灣優勢腔會漸漸縮小分布範圍，終至消失。

（三）台語特色與價值

台語作為閩南語次方言「漳泉土語」的一種腔，並不表示它同福建的泉州音、漳州音、廈門話沒有差異。事實上，不論語音、詞彙或句法，它都或多或少有些不同。相同的部份是保守，差異的部份是創新。

姚榮松教授指出：漢語中古音有 41 個聲母，300 個左右的韻類及四個聲調；現在閩南語只有 15 個聲母，60～90 個韻母，七個聲調，其中消長變化的幅度很大，雖然如此，它仍有許多存古的特色。〔註65〕

以唇音字聲母為例，中古後期有重唇、輕唇之別，現代閩南語只有重唇四母 p、ph、b/m，實際上部只有三個音位〔註66〕，它們的關係如下（表2-4）：

中古早期這些字都讀重唇，閩南語中根本沒有輕唇音。因此，它並非自中古後期演變而來，只有兩點是後期的演變：一是中古的並（奉）全濁聲母清化成 p、p′（條件並不清楚）；明（微）母有「去鼻化」的現象，形成 b/m

---

〔註65〕姚榮松〈臺灣語言源流、演變及特色〉收入《台灣語言通論》（上），頁22。
〔註66〕丁邦新《臺灣語言源流》（台中：臺灣省政府新聞處，1970，1972 年），頁43。

同位音的現象（鼻化韻母之前才讀 m-）。b/m、l/n、g/ng 都成互補的同位音，這是迥異中古音的。

表 2-4

現　代	中　古	例　　字
p	p（幫）	伯、鮑、布、拜、邊、筆
	f（非）	飛、富、斧、放、腹、分
	b´（並）	婆、平、盤、備、白、病
	v（奉）	肥、房、婦、飯
p´	p´（滂）	拍、騙、普、破、批
	f´（敷）	芳、蜂
	b´（並）	皮、菩、曝、鼻、被
	v（奉）	浮、縫
b/m	m（明）	馬、帽、棉、命
	ng（微）	尾、襪、萬、問

洪惟仁教授在《臺灣河佬語聲調研究》一書中，也指出台語的悠久特色：

1、台灣話的文讀音系統保持了隋唐音系的風貌。漢語各方言在語音上最大的變化就是入聲的消失，華語是消失得最徹底的一種。能夠完整保存入聲的只有三種方言：廣東話、客家話、閩南語。但在聲母和韻母上最接近中古音的要算是閩南語的讀音系統，其次是客家話，最後是廣東話。比如知、徹、澄三種聲母，全中國只有閩南語還保存了古音即〔t、th〕的塞音，其餘都變成齒音，也就是塞擦音。

2、台灣話的白讀音保存了上古音。各地方言零零星星的在語音上保存了上古音，如北京話的「的」，就是保存了「之」上古音聲母讀法，但沒有像台灣話保存那麼多。如「指」、「枝」讀喉音〔ki〕，就是上古音，中古以下都讀成〔tʃi〕音了。還有「蟻」〔hia2〕、「奇」〔khia5〕（臭奇奇 tshau3－臭極了，白話音）的韻母，在中古以下都變成高元音〔i〕（奇妙 ki5 biau7，文言音）了，只有台灣話的語音保存了上古的低元音。

3、台灣話的口語保存了古語。如「也」（啦）、「乎」、「來」、「嗟」。

4、台灣話保存了古義。如「行」、「走」二字，華語是同義，但台語「行」

〔kiann5〕（走的意思）、「走」〔tsau2〕（跑的意思）分別十分清楚，保存了古義。〔註67〕

（四）官話在台流行

鄭成功治臺，設官吏、定制度、辦學校、通商賈、興經濟，這一切政策的推動都有賴共同的語言——官話。沈葆楨、劉銘傳經營臺灣，致力建設，開闢海外航線，架設海峽兩岸的海底電路，創辦郵政電報，教育原住民漢語，使山地學童也能通讀四書，也說明當時官話的通行。當時的官吏、知識份子、商人都使用官話溝通，而人口佔大多數的平民、農民仍使用方言。

官話在台灣推行，從雍正時代開始。

雍正六年（1728年）勅諭內閣：「朕每引見大小臣工，凡陳奏履歷之時，惟有福建廣東兩省之人，仍係鄉音，不可通曉。……應令福建廣東兩省督撫，轉飭所屬，徧爲傳示，多予教導，務期語言明白，使人通曉。」

台灣府屬福建省，雍正七年起便設立許多正音書院，可是由於師資難求，民眾也不重視，乾隆十五年就停辦了。

直到劉銘傳治理台灣（1898年）設立番學，教導番童「官話、台語」。但一般學校還是以台語教學。〔註68〕

日本統治之初，日本人和臺灣人的溝通即依賴官話，據臺初期，日人欲與本島人說話，需先找個懂官話的日人，和能說官話的臺人溝通，並由他轉譯成方言，才能和農民溝通。後來，日本強行推行日語，這種漢民族的共同語被迫停止使用，直到光復才恢復〔註69〕。

台灣在淪入日本殖民統治前，社會尚未完全分化，識字率低，還停留在社會學者所稱的俗民社會（folk society）〔註70〕，現代化的腳步在清領臺的最後二十年雖已開始，但社會的變遷不大。

〔註67〕洪惟仁《臺灣河佬語聲調研究》（台北市：自立晚報社，1985年），頁146。
〔註68〕洪惟仁《臺灣河佬語聲調研究》，頁149。
〔註69〕竺家寧《中國的語言和文字》（台北：臺灣書店，1998年），頁229。
〔註70〕社會學者陳紹馨將臺灣社會發展分爲三個階段，初期是以血緣關係爲整合準則的部落社會（tribal society），其次爲以地緣關係爲整合準則的俗民社會（folk society），之後爲以社會功能或社會需要爲整合準則的國民社會或市民社會（national society or civil society）。1920年代前後臺灣的生產方式、人口組成，及生活方式等都有顯著改變，可見已漸步入市民社會，在此之前臺灣仍屬俗民社會。詳見陳紹馨《臺灣的人口變遷與社會變遷》（台北：聯經出版公司，1969年），頁93～177，頁495～520。

（五）官話與方言

台灣的語言文化，涉及中國的官話與方言關係。中國領域廣闊，人口眾多，各種方言五花八門，非常複雜，歷來就有南腔北調的說法。華夏民族以中央自居，視自己為「中」，所謂「方言」，就是「四方之言」。中央的話語就是官話，三千年前周王室使用的語言叫「雅言」，戰國時代，諸侯都尊周王為天下共主，相互之間要溝通、交流、朝聘會盟，便約定以雅言為政治外交場合的正式通用語言，雅言就是官話。庶民們沒有這個需要，只有諸侯和大夫才有需要。

一般民眾又都窩在家鄉，守著祖先傳下來的那一畝三分地過日子，誰也不輕易往外跑，沒什麼對外交流的需要。大家都是鄉裡鄉親的，會說土話，就足以打招呼、走親戚、娶媳婦，拿雞蛋換油鹽醬醋的了。〔註71〕

中國社會學者費孝通教授在《鄉土中國》一書中指出「鄉土社會」的特徵：

> 他們是土頭土腦的鄉下人，中國社會的基層。「土」是他們的命根。直接靠農業謀生的人是黏著在土地上的。世代定居是常態，遷移是變態。鄉土社會在地方性的限制下成了生於斯、死於斯的社會。常態的生活是終老是鄉。這是一個「熟悉」的鄉土社會，沒有陌生人的社會。……在鄉土社會中，不但文字是多餘的，連語言都並不是傳達情意的惟一象徵體系。鄉土社會中的文盲，並非出於鄉下人的「愚」，而是由於鄉土社會的本質〔註72〕。

婁子匡、朱介凡兩位先生也指出，鄉土社會老百姓從俗文學接受教育而構成人格的典型例子：

> 他的知識範圍狹窄，足跡不出二十里，他不曾見電燈，不曾看見火車，……。老李的知識淺陋，但他却具有一套倫理觀念，教他一些抽象意義的字，譬如忠孝節義，他一聽就知其含義。他這套倫理知識，乃是從俗諺、戲劇、唱本……等等而來。這些來源所湊成的信條，當然是不十分完整，但却構成了他的信仰與品格，並且十分堅

〔註71〕 易中天《西北風東南雨——方言與文化》（上海市：上海文化出版社，2002年），頁13～15。

〔註72〕 費孝通《鄉土中國》（1991年），頁5。《費孝通選集》（天津人民出版社，1988年），頁86。

　　　　強。〔註73〕

秦始皇統一文字（書同文），卻統一不了語音（語同音）。反倒是，文字統一後，溝通的困難少了許多，聽不懂，還可以寫出來看，大家也就賴得再去統一語音，所以方言持續存在。

　　漢語方言之間的分歧，主要表現在語音和詞彙方面。漢語方言與民族共同語之間，由於彼此有共同的歷史淵源，因而有許多的詞是相同的，只是讀音不同而已。但是，各方言有它自己的特殊詞語，這些特殊詞語往往都是有音無字（或者還沒找出本字）。方言區的人們，爲了解決有音無字的矛盾，除了按照自己的方音同音借用外，還採用一種訓讀的辦法。就是借用漢字的形、意去表示方言中的某些意義。如閩南語「lang5」，但寫不出字，於是就把這個音移到「人」字上，以「lang5」去讀「人」；「lang5」和「人」只是表示的意思相同，而不能說「lang5」音的字就是「人」。

　　方言中有音無字的詞，有些卻找不到同音字去代替，也找不到訓讀字去表示，或者出於其他的原因，於是方言區的人就仿照漢字的造字法，根據各自的方言另造新字——方言字。如閩南話的「脹 lo3」（身高）、「沧 tshiang5」（沖水）、「刣 tai5」　（殺，多指家畜）……等。

　　漢語和它的方言歷史發展特點，就是有統一的書面語。方言一方面從屬於統一的書面語，另一方面又與書面語脫節而處於半獨立狀態。但各方言在平行發展的同時，又不斷接受書面語的影響，某些字產生了文讀音和白讀音的差別。如閩南話：

例　字	文　讀　音	白　讀　音
公	kong1	kang1
紅	hong5	ang5

　　閩南話幾乎形成了文讀音和白讀音雙軌並存的兩個系統，兩者間有相當整齊的對應規律。閩南話文白異讀不僅反映方言書面語和口語的不同風格色彩，同時有區別詞義的作用。如「三國」讀「sam1-kok4」是指漢末魏蜀吳三國；讀「sann1-kok4」則指不特定的某三個國家。〔註74〕

〔註73〕婁子匡、朱介凡《五十年來的中國俗文學》（台北：正中書局，1963 年），頁19。原文見「暢流半月刊」1960 年 6 月，21 卷 9 期。

〔註74〕何九盈等主編《中國漢字文化大觀》（北京：北京大學出版社，1995 年），頁112～115。

二、信仰習俗與語言

在台灣信仰習俗生活中，人們透過語言與神明、鬼魂、他人溝通，形成特殊的以口語形式爲主的「俗文學」，如：儀式語言、吉祥話、俗諺、民謠、童謠、戲曲……等。利用語言表達了心理的悲、歡、喜、樂，反映了當時社會人們的心理願望與想法。

信仰習俗與民俗有密切關係，民俗即民間風俗習慣，是人類社會長久形成的習俗慣制、禮儀、信仰、風尚的總合，是社會約定俗成的民間文化模式〔註75〕。

民俗語言學，即以民俗語言及其現象爲研究對象的科學，也可稱爲民俗語言文化學。它所關注的內容有俗語、禁忌語、口彩語，以及各種巫術語言現象。民俗學與語言學中的口傳語言民俗的關係最爲緊密。所謂口傳語言民俗大致包括民歌、地方戲曲、曲藝、語言禁忌、語言巫術、語言迷信、語言遊戲等〔註76〕。

在昔日農業社會中，讀書識字是少數知識份子專擅的能力，中下階層的平民百姓多爲不識字的文盲，因此產生語言崇拜。其中又以「語音崇拜」最爲常見，因爲人們多靠口語傳遞訊息。

（一）語言巫術

在傳統生活中，民間信仰多少帶有巫術色彩，容易產生語言巫術〔註77〕和語言禁忌。語言巫術是企圖憑借語言、文字或圖畫而施行巫術，以達到臆想的目的。語言巫術和語言禁忌的不同在於語言巫術是積極的，希望能得到預想結果。

語言巫術可分爲以下幾種：

1、詛　咒

有許多民族相信某些語句具有某種特殊的法力可以使特定的對象產生特殊的影響，謂之「咒語」。巫師念咒語，企圖呼風喚雨，使作物豐收，使情人回心轉意，使病人康復，使敵人死亡等。日常生活中如惡語罵人和賭咒發誓。如：

〔註75〕曲彥斌主編《中國民俗語言學》（上海：上海文藝出版社，1996年），頁5。
〔註76〕曲彥斌主編《中國民俗語言學》，頁8。
〔註77〕語言巫術是巫術的一種。巫術可分爲感致巫術、染觸巫術和語言巫術三大類。

〔要死初一、十五；be2 si2 tshe1-it4、tsap8-goo7；

　要埋風俗雨；be2 tai5 hong1 kah1 hoo7；

　要拾骨尋無墓仔埔。be2 khioh4 kut4 tshue7 bo5 bong7-a2-poo1。〕

　（押 oo 韻）

習俗以初一、十五及風雨天都不利於喪葬，而要揀骨時找不到墳墓更是子孫最忌諱的事。〔註 78〕又有些咒語只是爲了減輕罪惡心理，譬如佛教深入民心，一般台灣人有不殺生的信仰，相信被殺的生靈將來可能會回來【討命 tho2-mia7】，所以台俗殺雞時口唸咒語：

〔做雞做鳥無了時，tso3 ke1 tso3 tsiau2 bo5 liau2 si5，

　早行早出世，tsa2 kiann5 tsa2 tshut4-si3，

　出世做好額人囝兒。tshut4-si3 tso3 ho2-giah8-lang5 kiann2-ji5。〕

　（押 i 韻）

相信這樣被殺的雞就不會來討命了。還有信佛的人走暗路，心唸【阿彌陀佛 a1 mi2 to5 hut8】，相信鬼魂也不敢來作祟了。

2、吉利詞語、字畫

在日常生活中人們往往希望說吉利的話，在過年過節或喜慶日子裡更是如此。春聯是一種淡化了的語言巫術，春聯上大多寫吉利語。諧音吉利年畫也是淡化了的語言巫術。這類年畫以畫面上的事物名稱的諧音來取吉利。「蝠（福）自天來」、「竹（祝）報平安」等等。

3、經　卷

各種宗教的教徒念經，是以爲經卷有一種神力能消災滅禍。如佛教徒口念「阿彌陀佛」，善男信女還有抄經書奉獻佛寺或善自珍藏的，以爲也能達到同樣的目的。有的經文字面內容已不可解，如水陸法會上念的「大悲咒」，也照念無妨。

台灣有些喪家在停柩時，播放「阿彌陀佛」佛經，祈望指引亡魂前往極樂世界。

4、靈　符

是一種圖畫文字，由巫師代神書寫，貼在家中可以避邪，帶在身上可以自衛，或用以解釋吉凶。掛在門前的八卦也有靈符性質。也有人把靈符焚燒

〔註78〕徐福全《福全台諺語典》，頁 532。

和水飲用以治病。

5、敬惜字紙

中國人對文字歷來有一種神秘感,認為文字是古代聖人所作。所以舊時認為字紙不能隨意棄置、任意污染或移作他用,而應收集在學堂或廟宇焚燬〔註79〕。

昔日台灣人基於對文字絕對尊敬的想法,上面寫了字的紙,絕對不隨便處理,用來擦屁股,更是天大的不敬。寫有文字的紙,就要燒掉。昔日台灣到處都設有字紙爐,用來燒寫過字的紙。燒後的灰也隨著水溝流入川海,絕對不會四處亂撒,造成不敬。〔註80〕

(二)語言禁忌

與語言巫術比較,語言禁忌是消極的目的是免於招致對己不利的後果。語言禁忌至遲在漢代已流行於民間。

1、稱謂禁忌

由於忌諱的原因,如擔心用常稱,會導致某種隱密的力量使孩子夭折;有的是擔心父母太年輕,叫重了,孩子不好養,而不使用正常的稱謂,故意換用別的名稱。

2、姓名禁忌

由於人們誤認為姓名與指甲、毛髮、等一樣是身體的一部份,靈魂附在姓名上,如果輕易暴露,容易被人利用巫術加害。古人在朋輩之間或對尊輩長者是禁忌直呼其名。故年長後另取「字」,以替代「名」。姓名禁忌在現代生活中的殘餘表現是,不能直呼長輩或兄長的名字,不能直呼師長的名字。

3、私隱詞禁忌

指有關人體的私處,以及有關性交和排泄的詞。這類詞因為已有專用,所以在日常口語中儘可能回避使用與之同音或諧音的詞。

4、不吉利的諧音禁忌

年節語言禁忌,如忌「死」;日常生活用語禁忌;社會分層用語禁忌。〔註81〕其中,死亡的避諱詞最多,【死 si2】是一個經常避諱的字,許多旅館

〔註79〕游汝杰《中國文化語言學引論》(北京:高等教育出版社,1993 年),頁 160～162。

〔註80〕山根勇藏《台灣民俗風物雜記》(台北:武陵出版社,1989 年),頁 117。

〔註81〕游汝杰《中國文化語言學引論》,頁 162～164。

沒有「四號房」、大樓沒有「四樓」。〔註 82〕

三、台灣俗文學

對早期台灣地區大多數不識字的平民大眾來說，他們的生活經驗乃至價值觀、情愛觀等，主要經口頭方式一代代的傳承下去，如詞彙、俗諺語、歇後語、歌謠、神話、傳說、民間故事等這些被今人稱爲「口頭傳承」、「民間文學」、「俗文學」，是庶民大眾生活的見證。

【俗文學 siok8 bun5 hak8】就是通俗的文學，就是民間的文學，也就是大眾的文學。俗文學就是不登大雅之堂的文學，不爲學士大夫所重視，而流行於民間，成爲大眾所嗜好、所喜悅的東西。它具有幾個特質：是大眾的、出於民間、是無名氏的集體創作、是口傳的、是新鮮的、粗鄙的，想像力比正統文學更奔放、而且勇於引進新的東西。〔註 83〕

本論文以「台灣信仰習俗中的語言文化」爲主題，相關的語料散播於台灣的民間文學中，也就是說相關的台灣「俗文學」正提供本研究豐富的研究素材。以下就本論文有關的俗文學類型，加以說明：

（一）諺 語

反映風土民情的常言，一般稱爲俗語或俗話，也有人稱爲【諺語 gan7 gu2】、【俚諺 li2 gan7】。在台語中通稱爲：【俗語話 siok8 gu2 ue7】、【古早話 koo2 tsa2 ue7】、【古早人講的話 ko2 tsa2 lang5 kong2 e5 ue7】、【老先覺講的話 lau7 sian1 kak4 kong2 e5 ue7】。

徐福全教授說：「某一地區或某一社會階層所流行的常言，就當時而言是俗話，也可稱爲諺語；說它是俗話比較側重在當時的流行面與口語狀態，淺近易懂；說它是諺語則側重它的意義可以傳諸久遠。準此而言，諺語的內涵便大於俗語，無怪乎相關論著幾乎都以諺語含括俗語」。「而諺語更是一個族群共通的經驗法則與價值觀念的載體，不僅同時代的人分享，更能成爲傳世的法則與觀念。」〔註 84〕

〔註 82〕游汝杰《中國文化語言學引論》，頁 164。

〔註 83〕鄭振鐸著，《中國俗文學史》（商務印書館，1938 年），頁 1～6。另見鹿憶鹿編著《中國民間文學》（台北：里仁書局，1999 年），頁 1。

〔註 84〕徐福全〈從諺語看台灣的生命禮俗〉，第一屆俗文學與通識教育學術研討會論文集。台北：大同大學通識教育中心，2007 年。

許筱萍將諺語與俗語作了較爲明確的界定：〔註85〕

表 2-5

	俗　　　語	諺　　　語
形式結構	含義明確但尙無完整論斷的短語。 單體結構。 多數爲五、六、七的音節數目	判斷明確的完整句子。 都是複體結構，多數是雙體結構。 部份前後兩句押韻。
表現內容	意義淺顯，描述一般生活現象	人們社會生活經驗的總結。 先民智慧的結晶。
語言風格	通俗、活潑，有時較爲粗俗。	平易近人卻不失莊重。
語言功能	描述和形容事物狀貌。	主要是傳授經驗和知識。
流傳方式	口語。	口語。
常用修辭	摹狀	借喻、對偶等

朱介凡說：「諺語是風土民情的語言，社會公道的議論，深具眾人的經驗和智慧，精闢簡白，喻說諷勸，雅俗共賞，流傳縱橫。」〔註86〕

由此看來，諺語是語言精華的結晶，它們充滿長期使用這種語言的人賦予的智慧、趣味。它是一種生動、通俗而又含義深刻的固定語句，又有句式勻整、音調和諧、節奏明快的特色，好記、好流傳，民間百姓喜聞樂見，又很愛用的語言形式。台語俗語或諺語是口傳語言，一般都會使用「押韻」或「修辭」，以求韻律協調，語句結構簡潔，達到易學、易記的效果。它除了具有台灣閩南人日常生活語言功能之外，更具有特殊的文化意蘊。

（二）歇後語

「歇後語」是運用語意和語音的雙關，達到指桑罵槐或「指著燈泡罵和尙」，表達玄外之音的語言藝術。又稱爲【激骨話 kik4 kut4 ue7】、【謔仔話 giak4 a2 ue7】、【孽譎話 giat8 khiat4 ue7】。

洪惟仁教授指出：「歇後語是一種藉由拐彎抹角的方式來表達語意的語句，其形式分成前、後兩部份：前半部主要在說明或引導，使聽者能直接聯想或推測出說話人所欲表達的意思；後半部則是前半部說明或引導的答案，通常說話人此處不說，待由聽者自行聯想或推測。」〔註87〕

〔註85〕參閱許筱萍《台灣閩南諺語修辭研究》，頁 30。
〔註86〕朱介凡《中國諺語論》（台北：新興書局，1964 年），頁 91。
〔註87〕林文平《台灣歇後語典》（台北市：稻田出版社，2000 年），頁 3，洪惟仁序

歇後語是在文法上用「歇後法」的結構，直接結論的語句沒有說出，將有關的意義或是相關的語音讓人去猜，是祖先的幽默與智慧的結晶。〔註88〕

表 2-6〔註89〕

	歇　　　後　　　語
形式結構	分為前後兩半，前半是喻體，後半是本體，前後是引注關係。
表現內容	表述事物性質、狀態和人物行為心理。
語言風格	俏皮、幽默、輕鬆、風趣。
語言功能	修辭作用強，多用於形象感染。
流傳方式	口語。
常用修辭	諧音雙關、譬喻、借喻，以類比方式說理。

（三）歌　謠

《詩經・魏風・園有桃》：「心之憂矣，我歌且謠。」《毛傳》：「曲合樂曰歌，徒歌曰謠。」《爾雅・釋樂》，「徒歌謂之謠。」也就是說，歌，以樂和曲曰歌。謠，徒歌而無樂也。〔註90〕

《古謠諺》凡例：「謠與歌相對，則有徒歌、合樂之分，而歌字究係總名；凡單言之，則徒歌亦為歌。」朱自清《中國歌謠》：「歌謠分為樂歌、徒歌；徒歌裡又有歌、誦之別，誦與歌稍異。」歌謠多有韻，也有無韻的，但無韻的究竟很少。〔註91〕

朱介凡說：「凡根基於風土民情，在山野、家庭、街市上，公眾所唱說的語句，辭多比興，意趣深遠，聲韻激越，形式定律或有或無，而雅俗共賞，流傳縱橫，這就是歌謠。」他同時指出：「歌謠與諺語乃為姊妹，更有謠、諺混淆難分的情況。」〔註92〕許筱萍將諺語與歌謠作了比較，有較明確的界定：〔註93〕

文。

〔註88〕溫惠雄《台灣人智慧歇後語》（台北市：宏欣文化事業公司，2002年），自序，頁6。

〔註89〕參閱許筱萍《台灣閩南諺語修辭研究》，頁53。

〔註90〕王靜芝著《詩經通釋》（台北：輔仁大學中國文學系，1968年，2005年），頁231。

〔註91〕引自朱自清《中國歌謠》（台北：世界書局，1958年，1999年），頁2、147。

〔註92〕朱介凡《中國歌謠論》（台北：臺灣中華書局，1974年），頁1。

〔註93〕許筱萍《台灣閩南諺語修辭研究》，頁59。

表 2-7

	歌　　謠	諺　　語
形式結構	句子多，可反復詠嘆。 押韻。	句子短。都是複體結構，多數是雙體結構。 部份前後兩句押韻。
表現內容	針對當時具體人和事有感而發。	人們社會生活經驗的總結。 先民智慧的結晶。
語言風格	重感情、可歌唱、多諷刺。	重理性、僅可傳述、常明言。
語言功能	主於情，直抒胸臆，表達愛憎情感。 抒發感情爲主，日常生活的調節與慰藉。	主於知，歸納與結論。 主要是傳授經驗和知識。 日常生活的規則與準繩。
流傳方式	口語。	口語。
常用修辭	排比、層遞、類疊、譬喻、押韻、摹寫等。	借喻、對偶、押韻、借代、誇飾等

　　漢人在十七世紀後隨移民潮一波波進入台灣的，他們不僅帶進了原鄉的生活方式，也將音樂歌舞活動傳入。不論來自福建或廣東，原鄉的民謠經過台灣風土的洗禮後，也形成具本土特色的民謠。〔註94〕

　　依歌詞內容來看，台灣漢人民謠大致可分爲以下幾類：（1）家庭倫理類，如「病囝歌」、「做人的新婦」、「滿月歌」等；（2）工作類，如「乞食調」等：（3）祭祀類，如「牽亡歌」、「道士調」等；（4）敘述類，如「勸世歌」、「時令歌」、等；（5）諧趣類，如「嫁翁歌」、等；（6）愛情類，情歌所占的比率甚高；（7）童謠類，童謠是兒童生活中所哼唱的歌曲，其內容相當廣泛，在學校教育不普及的前近代社會，童謠不僅是兒童們的娛樂，也具啓蒙的功能。〔註95〕

　　對於未有文字的民族來說，民間文學是當地文化傳統最主要的傳承媒介。也就是說，無文社會的傳統主要就是靠著口口相傳的方式傳承下去。對實際上生活於以「口傳」爲主要傳統的人來說，那些歌謠、故事，以及神話、傳說就是他們生活的一部分。〔註96〕

〔註94〕楊麗祝《歌謠與生活──日治時期臺灣的歌謠采集及其時代意義》（台北：稻鄉出版社，2000年），頁77。
〔註95〕楊麗祝，〈台灣歌謠與生活〉，網站資料。
〔註96〕胡萬川，〈民族、語言、傳統與民間文學運動──從近代的歐洲到日治時期的

　　早期台灣的文化、語言、信仰習俗……等，都源自閩粵原鄉，有的更還保存中原文化的遺迹，所謂「禮失而求諸野」。但隨著時空的遠離、不同移民的聚集、異族的統治，台灣已逐漸發展具有本土特色的新文化。

　　俗話說：【台灣人韮菜命 tai5-uan5 lang5 ku2-tshai3 mia7】、【台灣人新婦仔命 tai5-uan5 lang5 sin1-pu7-a2 mia7】〔註97〕，都是用來形容台灣人屢次受外來政權統治、身不由己、不能當家作主的情形。過去的不幸歷史遭遇，却也激發台灣人不斷地奮發向前、打拼的精神，而能建設成今天的現代化國家。

　　台灣是一個移民社會，承繼來自不同族群、不同時代、不同地域的多元文化影響，構成一個豐富多元的台灣語言文化。從某些方面來說，台灣像是一個「文化熔爐」，更提供研究者一個就近研究語言文化的便利環境。

　　台灣〉清華大學中國文學系，網站資料，頁 2。
〔註97〕陳憲國、邱文錫《實用台灣諺語典》（台北縣、樟樹出版社，2000 年），頁 172。

第三章　台灣的生命禮俗

在人類各民族的文化中，一般都非常重視社會成員的生命歷程；舉凡從出生、成年、結婚、生育到死亡各階段，都是不同的生命階段變化，為了區隔前一個生命階段的結束，並迎接下一個生命歷程的來臨，在不同的社會文化信仰習俗下，產生了各種的【生命禮俗 sing1-bing7-le2-siok4】。換言之，生命禮俗讓人在面對生命的一些關卡及生命的某些事務時，有規可循，有約定而成的習俗可以禮奉遵行〔註1〕。人生是按照直線遞進的方式向前發展，生命的起點與終點、各種人生禮儀可用一條直線來表示：〔註2〕

圖 3-1

```
        孕育期   過度期   過度期   過度期
起點 ·——— ·——— ·——— ·———→ 終點 → 駕鶴仙歸
（生命儀禮）誕生禮   成人禮   婚禮        喪禮（信仰儀禮）
```

〔註3〕

在人類學的研究中，有關人類的「生命禮儀」，從出生到死亡，凡是生命中重要的關口都需要經由儀式，幫助人的過渡、轉變，這就是 Van Gennep 所說的「通過禮儀」（rites de passage）〔註4〕，後來 Chapple and Coon 又提出了

〔註1〕 參閱阮昌銳，〈生命禮俗〉，臺北市政府民政局禮俗網站。
〔註2〕 參閱陶立璠《民俗學概論》（北京：中央民族學院出版社，1987 年），頁 200。
〔註3〕 依個人信仰不同而有差異，如通俗佛教信仰者認為是「輪迴轉世」，……等。
〔註4〕 芮逸夫主編《雲五社會科學大辭典第十冊人類學》，頁 107。

「加強儀式」（rites of intensification）加以補充說明。這些理論說明了儀禮的三個階段：隔離（separation）、轉移（transition）及重合（incorporation），從個人乃至群體（家庭以至家族），其人際關係都需經由調整而達到新的平衡關係，讓當事人獲致新的身分地位。〔註5〕因而整個儀式的過程也就具有一定的神話（語言）和儀式（動作），它長久流傳而成為民俗文化的一體。

台灣所傳承的閩、粵習俗，已有兩、三百年的歷史，民間禮俗藉由從「未出生」到「死後成神」的各種傳統禮俗的舉行，幫助個人與家庭通過種種關卡危難，更讓我們體認到生命的可貴，與生命共同體的重要。因為有生命禮儀，而讓人在生命的過程裡，不致於活得太潦草，有著起碼的模樣。

台灣生命禮俗受民間信仰，尤其是道教、佛教的影響很深，並已融入日常生活中，反映在台語文化裡，成為台灣社會的主要文化現象。它是一個民族的精神和命脈所在，其背後具有一套完整的價值觀。由於生命禮俗屬於個人或家庭性活動，所以語言行為顯示更為密集而呈現值得觀注的特性。

本章依次介紹相關的台灣出生、成年、結婚、喪葬等信仰習俗，並就其中所隱含的語言文化提出說明，同時就押韻現象加以標注。

第一節　出生禮俗

一、出生前

國人傳統著重家庭、家族的社會結構，初為人父母者在婚後能養兒育女，就被認為能傳宗接代、延續香火，因而在家庭中就能奠定其新的身分地位。在這種社會習俗下，生育子女的生物事實，常被賦予一種信仰、習俗上的意義，不管是生理、心理的情況如何，常會經由儀式行為，表達內心的深切願望：深信在法術（或巫術〔註6〕）的行使下，可以幫助男女結合後，較能順利受孕、生產及養育。

〔註5〕 芮逸夫主編《雲五社會科學大辭典第十冊人類學》，頁121。
〔註6〕 「巫術」（magic）是指一個信仰和行為的叢體，人們以之作為基礎，用來對環境作可能的控制，俾能達成目的；這類控制是不可證實的，在某些情形下，也不可能用經驗科學方法加以試驗。巫術是原始而非文明的特徵。《雲五社會科學大辭典第十冊人類學》，頁141。它是一學術用語，民間往往以「法術」稱之。

　　這就形成台灣地區的生育習俗，既有生育信仰，並有祈子諸種生育法術，都是農業社會祈求生子的願望。在當時醫藥較不發達的情況下，懷孕過程對於母子多有相當的危險性，故也產生諸多法術和禁忌，也都是在同一信仰習俗下所產生的。

（一）生育觀──不孝有三，無後為大

　　四代同堂，兒孫繞膝，一直被認為是一個中國人最有福分的象徵。一個人如果沒有後代，則被認為是最大的不孝。

　　古人還採取相應措施避免絕後的情況發生，如避免同姓結婚，因為「男女同姓，其生不蕃」（《左傳‧僖公二十三年》）。同時還採用法律和道德力量來保證子孫後代繁衍不絕。對於不育的婦女，丈夫有權休棄。古時有所謂「七出」，即出妻的七種罪名，「七出」之首便是「無子」。對於不娶不育的男子，也被認為是嚴重違反禮教的行為。《孟子‧離婁上》：【不孝有三，無後為大。put4 hau3 iu2 sam1，bu5 hau7 ui5 tai7。】。更深層的原因，還是古代農業生產需要大量勞動力，血緣宗族制度的生存、安全和發展也需要大量蓄育自己的後代。幾千年來形成的傳統意識還有一股慣性力量，還沒有完全消失。〔註7〕

　　人的出生，本來有一個專門的用詞，叫「育」。草木曰生，人曰育。今天對動物、植物都可說育，如育種、育苗；對人有說育齡、節育，而一般口語都說生。

　　華語稱「孕婦產子」，通常說「生產」、「生孩子」。「生」的說法比較直言無隱而不雅。在古老的閩南語裡，不說「生」而說「育」，意義仍是「生」，但較含蓄。金門「生孩子」叫【育囡仔 io1-gin2-a2】，囡仔是孩子。臺灣地區是直說「生」，和華語相同。閩南語說「養護孩子」也叫【育囝 io1-kiann2】，這「育」字即指「養育」，而不是「生」〔註8〕。

　　臺灣地區孕婦生孩子，通常說【生囝 senn1-kiann2】或【抾（扱、却）囡〔註9〕仔 khioh4-gin2-a2】，抾囡還有接生的意思。【育囝 io1-kiann2】、【育囡仔

〔註7〕　參閱洪成玉，〈斯文存古道〉，何九盈等主編《中國漢字文化大觀》（北京：北京大學出版社，1995年），頁184。

〔註8〕　洪乾祐《閩南語考釋》（台北：文史哲出版社，1992年，1999年），頁102。

〔註9〕　洪惟仁用「却」，《臺灣禮俗語典》，頁7。陳修用「扱」，見《台灣話大詞典》（台北市：遠流出版公司），頁1007。董忠司用「抾」，見《臺灣閩南語辭典》，頁745。

io1- gin2-a2】，則專指養育小孩。

福建地區孕婦生孩子，廈門、漳州、泉州用【生 senn1】、【邀 io1】〔註 10〕、或【拾〔註 11〕khioh4】。福州用【生囝 sang1-kiann2】或【養囝 yong-kian2】〔註 12〕。潮州用【生囝 senn1-kiann2】。閩北建甌用【洗囝 sai1-kying2】〔註 13〕。〔註 14〕海口也同樣叫生囝，但音差很多【生囝 tɛ1-kia2】〔註 15〕。

閩台部份地區都用【抾囝 khioh4-gin2】的原因，是舊時認為孩子是注生娘娘送來的，有福氣才能得到，所以生孩子要說成是撿到孩子〔註 16〕。

臺灣地區「子女」通常說【囝 kiann2、kan2】。「孩子」通常說【囡仔 gin2-a2】。

台灣人認為，出生和死亡都是天命，又以為南斗星掌生，北斗星掌死，授子之神乃是「註生娘娘」，所以婦女都非常信仰註生娘娘，希望祂能賜與她們好的孩子。生育的天命觀也反映在俗諺中。

俗語：【有囝有囝命，無囝天註定。u7-kiann2 u7-kiann2-mia7，bo5-kiann2 thinn1-tshu3-tiann7。】〔註 17〕。（押 iann）

　　　【命中有兒，何在早晚。mia7 tiong1 iu7 ji5，ho5 tsai7 tsa2 uann3。】〔註 18〕。

　　　【早早也三個囝，慢慢也三個囝。tsa2 tsa2 ia7 sann1 e5 kiann2，ban7 ban7 ia7 sann1 e5 kiann2。】〔註 19〕（押 iann）反映生子的「聽天由命」心態。

台灣民間流行一首向土地婆、土地公祈求生囝的歌謠，充分流露老人希望得子的心情。〈土地婆〉──【下願 he7-guan7】（許願）

〔註 10〕李榮、周長楫主編《廈門方言詞典》（江蘇省：江蘇教育出版社，1998 年），頁 89。

〔註 11〕李榮、周長楫主編《廈門方言詞典》，頁 300。

〔註 12〕李如龍等編《福州方言詞典》（福州：福建人民出版社，1995 年），頁 309。

〔註 13〕李如龍，潘渭水編纂《建甌方言詞典》（江蘇省：江蘇教育出版社，1998 年），頁 132。

〔註 14〕北大《漢語方言詞滙》（北京：語文出版社），頁 440。

〔註 15〕李榮、陳鴻邁主編《海口方言詞典》（江蘇省：江蘇教育出版社，1998 年），頁 77。

〔註 16〕陳正統主編《閩南話漳腔辭典》（北京：中華書局，2007 年），頁 363。

〔註 17〕溫惠雄《台灣人智慧俗語》（台北市：宏欣文化事業公司，2002 年），頁 160。

〔註 18〕徐福全《福全台諺語典》（台北市：作者自行出版，1998 年），頁 152。

〔註 19〕徐福全《福全台諺語典》，頁 303。

〔土地婆，土地公，tho2-ti7-po5，tho2-ti7-kong1，

定定聽我說，tiann7-tiann7 thiann1 gua2 kong2，（押 ong 韻）

說到今年五十八，kong2 kau3 kin1-ni5 goo7-tsap8-peh4，

好花來著枝〔註20〕，ho2-hue1 lai5 tioh8 ki1，

好囝來出世，ho2-kiann2 lai5 tshut4-si3，

亂彈布袋戲，luan7-tan5 poo3-te7-hi3，

紅龜三百二，ang5-ku1 sam1-pah4-ji7，

閹雞股，五斤四。iam1-ke-koo2，goo7 kin1 si3。（押 i 韻）〕

（二）生育信仰

生育信仰爲泛人類文化現象，盛行於遠古，其遺風猶存於今日。中國的生育信仰內容豐富，表現獨特，影響深遠。在過去，女人結婚、生子育女，以傳宗接代爲重要的職責。多子多孫被認爲是人丁旺盛，家道興隆的象徵，所以婦女對自己的產育莫不寄以極大的關懷，未生育者期盼早生貴子；有子者祈望保護子女無恙；有病時，期盼早日康復，這種關懷與寄望，自然產生了一種超乎人力的神，來保佑協助婦女的產育平安。

在中國古代節令中占有重要地位的「上巳節」〔註21〕，是一個求偶節、求育節。起初，上巳節是一種巫術活動，通過祭高禖、袚禊和「會男女」活動，除災避邪，祈求生育。漢代以後，上巳節雖然仍是全民求子的宗教節日，但已是貴族炫耀財富和遊春娛樂的盛會。魏晉以後，上巳節改爲三月三日，主要是娛樂活動，袚禊已退居次要地位。求子儀式日趨消失，「會男女」已絕跡。上巳節後來合併在清明節中，而清明節也變成以掃墓祭祖活動爲主，上巳節求育生子活動似乎就消失了〔註22〕。

中國求子習俗，古書有許多的記載，如《禮記》月令篇仲春之月：「是月也，玄鳥鳥至，至之日以大牢祈於高禖。」高禖就是求子之神，也是司生育之神〔註23〕。經過二千多年的演變，後世民間祈子有關的神有送子張仙、送子觀音、註生娘娘、臨水夫人、七娘媽……等等，在各地流傳廣大。由此可

〔註20〕「花來著枝」，意思是使婦女懷孕。「花」是胎兒的意思。
〔註21〕孫作云〈詩經與周代社會研究〉1966 年，頁 312。轉見宋兆麟《生育神與性巫術研究》，頁164。另見何九盈等主編《中國漢字文化大觀》頁259。
〔註22〕宋兆麟《生育神與性巫術研究》（北京：文物出版社，1990 年），頁28。
〔註23〕有學者認爲中國古代的始祖女神（女媧）、圖騰、高禖、祖先、娘娘神及張仙等都是生育之神。見宋兆麟《生育神與性巫術研究》，頁4。

看出,「不孝有三,無後爲大」,幾千年的封建傳統對世俗尤其是對婦女是條極其沉重的鎖鏈,他們不能不找幾位送子娘娘(甚至其中有張仙、彌勒之類的男性神明)來保佑自己。

(三)生育神

【註生娘娘 tsu3 senn1 niu5 niu5】,俗稱【註生媽 tsu3 senn1 ma2】,又作「注生娘娘」。專司生育之神,職責爲授子、保祐產婦和襁幼,亦即婦女從祈子、懷胎,一直到生產,嬰兒的成長,都與註生娘娘有關。

所謂「註生」就是執掌【生育 sing1-iok8】的事,【娘娘 niu5-niu5】是【后妃 hio7-hui1】稱呼。民間也俗稱爲【鳥母 tsiau2-bo2】,是專司生育的女神。早在商朝時代,就有主嗣之神的祭典,即所謂的高禖之祭。高禖爲主嗣之神,祭典必備牛、羊、豬三牲,相當隆重。相傳帝嚳時,有一女簡狄,因吞燕子鳥蛋而懷孕,產下商朝始祖「契」〔註 24〕。於是商人就將燕子視爲送子神,此即註生娘娘又稱【鳥母 tsiau2-bo2】的原因。

關於註生娘娘的由來,可謂是眾說紛云。在台灣民間的信仰中,則相信註生娘娘是臨水夫人。她是閩南、台灣一帶最受尊奉的生育之神,註生娘娘的造像,多是左手執簿本,右手持筆,象徵其記錄家家戶戶子嗣之事〔註 25〕。台灣許多大寺廟都有配祀註生娘娘,但是奉祀以註生娘娘爲主神的祠廟,並不多,大都擺在寺廟的右邊或後殿,如台北龍山寺的後殿祀有註生娘娘;松山慈佑宮(即媽祖殿)內配祀有註生娘娘。

臨水夫人,陳靖姑,生於唐代宗大曆二年(西元 767 年),幼年秉賦特異,有通幻之能,西元 791 年,臨水鄉大旱,靖姑祈雨解厄,不幸動了胎氣,流產而亡,年僅 24 歲,遺言:「死後爲神,救人產難」,此後,舉凡疾病、求子、祛邪、難產,有求必應,後世祀爲安胎保產之神,清咸豐加封爲「順天聖母」。

【註生娘娘,不敢食無囝油飯 tsu3-senn1-niu5-niu5,m7 kann2 tsiah8 bo5 kiann2 iu5 png7】,據說註生娘娘管生男育女,如果向祂許過願,以油飯還願,當然受之無愧。如果沒許願,她不敢接受油飯,有「無功不受祿」的意思。

註生娘娘的兩旁,有抱著嬰兒的女神,統稱【婆姐 po5-tsia2】或【婆娘 po5-niu5】數目不一,最多有三十六婆姐,普通有十二婆姐。一般民間相信婆姐中抱嬰兒姿勢是正的是好婆姐,斜的是惡婆姐,若惡婆姐賜子,則會夭折。

〔註24〕 宋兆麟《生育神與性巫術研究》,頁 24。
〔註25〕 參閱維基百科網站。

【床母 tshng5-bo2】是嬰兒的守護神。從嬰兒「三朝」起到「滿月」，每
三五天要拜一次，此後每當年節、初一十五、天公生、清明節、七娘媽生、
重陽節、冬節、過年，或是孩子有什麼病痛、愛哭、睡不著，都要拜床母。
拜床母要快，不能擺筷子，因為床母很忙，吃飯很快。一般認為胎記是床母
做的記號。

〔床母公、床母婆，tshng5-bo2-kong1，tshng5-bo2-po5，

保庇阮子賢大漢、賢佚迌〔註26〕po3-pi7 gun2 kiann1 gau7 tua7-han3、

gau7 thit8-tho5。〕（押 o 韻）

這是拜床母的禱詞。民間習俗，家有幼子，過年過節時要拜床母。〔註27〕

【觀音媽 kuan1-im1-ma2】佛教中，有六觀音、七觀音、三十三應現身、
三十三觀音等說法。觀音是大慈大悲的菩薩，而送子觀音更是掌管婦女生育
的神祇，無論是想生子女的，抑或懷了孕，祈求母子平安的婦女，多數會拜
送子觀音。

俗諺：【觀音媽面頭前，kuan1-im1-ma2 bian7-thau5-tsing5，

無一個歹囝仔。bo5 tsit8 e7 phainn2-gin2-a2。】

喻在觀音菩薩大慈大悲感化下，人人都會改過自新，以前的壞孩子，現
在都變好了。

【七娘媽 tsit4-niu5-ma2】，又稱七星娘、七姑等，是在閩南地區特別流行
的生育神明。另外，【天仙 thian1-sian1】也是中國民間較常被供奉的生育女神。
而【冬生娘仔 tang1 sing1 niu5 a2】是女孩子的守護神。

（四）生育巫術

結婚是夫妻組成家庭的開始，為兩姓同居和繁衍子女提供了可能。但是，
夫妻同居有兩種可能：一是孕育，二是不孕。當人們婚後不育之後，往往採
取納妾、借種、典妻、抱養等措施，也向各種生育神禱告，實行種種求子巫
術（或法術），以達到繁衍子女的目的。

所謂【巫術 bu5-sut8】是一種巫教活動方式，即人們相信憑藉自己的禱告、
詛咒等行為能直接或間接地影響和控制另一方行為的方式。這種巫術在生育

〔註26〕【賢大漢 gau7 tua7-han3】是快快長大。【賢佚迌 gau7 thit8-tho5】是活潑健康
　　　會遊戲。
〔註27〕徐福全《福全台諺語典》，頁250。

方面有充分的反映，幾乎所有民族都利用它〔註28〕。《金枝》一書的作者，英國人類學者弗雷澤（J.G.Frazer）舉例，在死海東南一個古國莫亞布的阿拉伯人，一個尚無孩子的婦女，經常借用一位多子女母親的罩袍來穿，希望能獲得與這件罩袍主人一樣的生育能力〔註29〕。

　　在台灣婚俗中有安床儀式，童子翻舖，意味著生子。還有在上元夜婦女偷拔別人的【竹籬 tik4-li5】與【得兒 tit4-ji5】諧音，作為生子的吉兆。另外，婦女多將供奉註生娘娘神前的花簪，乞插髮髻上，以求吉祥。信仰中以女人本質如花，每一株花冥冥之中註定要開幾朵花，花分紅白二色，生男生女由註生娘娘決定，因久婚不孕者，可求註生媽賜花，稱為【栽花 tsai1-hue1】。如果婦女儘生男孩或女孩，可以請註生娘娘換朵白花或紅花，這叫【移花，換斗 i5-hue1，uann7-tau2】。

　　【花 hue1】是胎兒的意思。男胎叫「白花」，女胎叫「紅花」，【花來著枝 hue1 lai5 tioh8 ki1】意即懷孕。習慣性流產叫【花袂著枝 hue1 be7 tioh8 ki1】。把紅花換成白花叫做【換花 uann7- hue1】，又稱【換斗 uann7-tau2】是變換胎兒性別的法術〔註30〕。如果流產，台語叫【落胎 lau3-the1】。打胎叫【拍胎 phah4-the1】。

　　民間求子的習俗或法術不少，有的是透過神媒施行法術。如：

1、探花叢

　　在民間傳說中，特別是法師行法的觀念中，婦女的元神是一株花樹，其生長的情況與婦女的身體及生育能力有關。所以閭山派的神圖上就畫著花樹開滿了花蕾，象徵生育能力良好：白花即象徵男嬰、紅花即象徵女嬰。凡婚後而久不生育、或只生男或生女的，就可到神壇，請法師進行儀式；或是配合尪姨或乩童作法，一旦進入入神狀態後，就是「進花園」，前去探看花欉，以之理解未能如願生育的原因，是否與花欉不整有關，然後再決定採取何種法術來解決問題。

2、栽花換斗

　　閩台地區所流行的祈子儀式之一，凡婦女連續生男或生女的就試行【栽

〔註28〕宋兆麟《生育神與性巫術研究》，頁39。另見弗雷澤（J.G.Frazer）著，汪培基（譯）《金枝》（上）〈巫術的原理〉，頁21。

〔註29〕弗雷澤（J.G.Frazer）著，汪培基（譯）《金枝》（上）（台北：桂冠圖書公司，1991年），頁48。

〔註30〕洪惟仁《臺灣禮俗語典》，頁1。

花，換斗 tsai1-hue1，uann7-tau2】法術。請法師或乩童、尪姨作法，設法壇，獻祭品，然後打通鼓採用法仔調誦唸經咒，如北斗、南斗經，然後焚香上疏，祈求賜子。並以蓮蕉花或芙蓉花一叢，祭拜後攜回，細心照顧，使之成長良好，一般相信即可如願得生子或女；或者由法師剪取白花或紅花施術後再讓祈求者帶回，以示生男或生女，都屬期望改變所孕子女的性別的法術。一旦如所許之願後，再到廟內或壇內燒香還願，這就是「栽花換斗」。

3、換肚、踏草青

由於連續多胎的生男或生女，為了祈求改變下一胎而能夠如願，即在生產後十天內，由外家（娘家）送一個煮好的豬肚作月子，相信食用後，就可將婦人的肚腹改變，叫做【換肚 uann7-too2】，而能如願地生女或生男，這一情況多以生男孩承子嗣者為主。

或者在生產後一個月，婦女即回娘家小住，俗語說【踏草青，生後生。tah8 tshau2 tsenn1，senn1 hau7 senn1。】〔註31〕（押 enn 韻）。也就是踏到青草以喻生育男孩。由此可知在重香火的傳統社會，婦人都有希求生子、特別是生男的壓力，才有這種與外家有關的習俗。

4、鑽燈腳、乞龜

台灣民間元宵節的節俗，有一些與【燈 ting1】有關的，由於諧音【丁 ting1】，即壯丁，就流傳有【鑽燈腳，生膦脬。tsng3-ting1-kha1，senn1-lan7-pha1。】〔註32〕（尾韻 a）的諺語。在元宵節的晚上，想要生產的女兒或媳婦，多由家人陪同，到廟裏燒香祈願，然後穿行於元宵花燈的燈下，期望來年可以「添丁」，就稱為「鑽燈腳」。也有在元宵節到廟裡「乞龜」的習俗，即卜杯祈回麵製的紅龜，祈願若能如願生男育女，即在明年加倍奉還。

5、送流霞

民間基於對婦人生產的安全所行的法術，乃有一種剋治血崩的【送流霞 sang3-lau5- he5（白）/ha5（文）】法術，凡是婦人的命中有【起流霞 khi2 lau5 he5（白）/ha5（文）】之虞的，就會在生產時遭遇危險。因此請紅頭法師作法，供祭小三牲、金紙及替身、孕婦所穿的衣服和鞋子；並有一種上印有【紅蝦 ang5 he5（白）/ha5（文）】的紙錢，或將一隻活蝦放在盆裏。法師依例先請神

〔註31〕林明義《台灣冠婚葬祭家禮全書》（台北：武陵出版社，1987年），頁92。
〔註32〕「lan7-pha1」即男性生殖器，有不同寫法，本文依董忠司《臺灣閩南語辭典》，頁797。

並稟明事因，誦唸經懺，然後請孕婦穿上衣服，將「送流霞」紙錢焚化，或將活蝦連盆移置床下，用火將蝦燙紅後丟棄，孕婦再穿好鞋子。這是以紅霞的紅或紅蝦的紅來隱喻女子血崩的帶紅，焚化印有紅蝦的紙錢，或將蝦子燙紅，即以之喻厄運的解除。

6、安胎術

民間相信婦女懷孕後就有【胎神 thai1-sin5】，一般通用曆書就說明胎神凡有「六甲胎神逐月所占定局」和「胎神逐日所占遊方定局」兩種，依照不同的月分、日期，胎神會佔據在房內、房外的某一方位上。若因觸犯了禁忌，使孕婦胎動不安，台語稱【動著 tang7-tioh0】，民間有一種說法【動著胎神就會落胎 tang7-tioh0 thai1-sin5 to7 e7 lau3-the1】，就需要趕快安胎以求母子平安。較簡易的就是服用一帖【安胎飲 an1-thai1 im2】（十三味中藥所合成）；或是特別到道壇請法師禳解後，求一張【安胎符 an1-thai1 hu5】回家服用，相信服後就可保胎兒的平安無事。

（五）生育禁忌

懷孕生子是延續家族的大事，且帶有神秘的色彩，自古以來，為了使胎兒正常，並使孕婦平安渡過這段期間，就有許多有關孕婦禁忌（taboos）、胎教等相關的習俗來規範人們，以避免逾越而遭不幸。

英國人類學者弗雷澤（J.G.Frazer）指出，所謂【禁忌 kim3-khi7】就是消極的巫術。意味著「別這樣做，以免發生什麼或什麼事」，它是一種消極性箴言。積極性規則是巫術或法術。它們是一體兩面。無論是所希望的或所不希望的結果，似乎都與相似律和接觸律相關連的，都歸類於交感巫術。他舉例說，在庫頁島的阿伊努人，產婦在產前兩個月內不能紡紗或搓繩子，因為他們認為如果她這麼做了，孩子的內臟也將像紗線一樣纏絞起來〔註33〕。

另外，胞衣、胎衣、胎盤〔註34〕叫做【衣 ui1】，過去台灣民間認為產婦胞衣不可亂丟，否則血汙會沖犯天地鬼神，招來不幸。民間認為胎衣乃嬰兒的元神，若元神走了，嬰兒就難以養育，所以當嬰兒出生後，就由父親偷偷的將胞衣和著石灰放置瓶中，並將其深放在床下或者自宅旁的土地，如此元

〔註33〕弗雷澤（J.G.Frazer）著，汪培基（譯）《金枝》（上）〈巫術的原理〉，頁32～33。

〔註34〕它是包育胎兒的一種物質，附著於母體的子宮，並有臍帶與母體相連，胎兒由此吸取養分。當胎兒降生後，胎衣就與胎兒分開，成為獨立的胞衣。

神就走不掉，嬰兒才能順利成長。胞衣如果隨便丟棄，被動物吃了，將不利於嬰兒。

在《金枝》一書中，作者弗雷澤（J.G.Frazer）指出，全世界許多地方我們都可以看到，臍帶，尤其是胞衣被當成一個活物，是這個孩子的守護神或靈魂的一部份。普遍認為，採用什麼方式來處理臍帶或胞衣，也將影響孩子未來的身分或事業。不同的處理方式將產生不同的後果。這些廣泛流傳的習俗清楚地表明，在人和他的臍帶或胞衣之間是被認定存在著某種交感聯繫的〔註35〕。

除了胞衣，台灣民間還流傳下來不少的懷孕禁忌，長輩們常說，懷孕禁忌要注意，以免觸犯胎神，所以有人也叫做胎神禁忌。而這些禁忌流傳至今，也隨著時代變遷、或地方不同，而呈現不同的內容。以現代的科學角度來看，是否仍存在其意義呢？以下是醫生從醫學角度做了部份的解析〔註36〕。

1、避免移動家中的器物——會觸犯胎神而流產

每間屋都有胎神，而且胎神在不同的日子會坐落屋裏的不同角落，因此若在牆上打釘，這樣可能會觸犯胎神，胎兒出世後有可能會有兔唇，或其他部位有凹位。若在屋內裝修動土或搬動物件的位置，剛巧衝撞了胎神，這樣也對胎兒帶來不利的影響，嚴重的更會動了胎氣，可能因此而小產。所以當家裏有人懷了孕，老人家一般都禁止家人在牆上打釘。也禁止子女媳婦在懷孕期間搬屋搬床。

區慶健醫師〔註37〕表示，孕婦因為體型改變的關係，加上懷孕後期，肚子明顯隆起，重心改變，自然有許多行動上的限制，譬如說不適合墊腳尖拿東西，抱太重的物品等。因此應盡量避免拿高處的東西。最好能將家中常用的物品，放置在與孕婦肩膀同高的高度，避免發生重心不穩跌倒的意外。

2、孕婦禁止使用『剪刀、針、鑽子』——會生下『兔唇』小孩，或使嬰兒失明

在傳統男耕女織的社會裡，女性需要負擔的工作量其實很大，為了讓懷孕的女性多休息，不要做過量的工作，讓心思和體力趁此時可以放鬆下來，也在無形中養成良好的胎教，所以勸孕婦平日不要做縫縫剪剪的工作，並演

〔註35〕弗雷澤（J.G.Frazer）著，汪培基（譯）《金枝》，頁59。
〔註36〕張采妮採訪，詳文請見2005年六月號《嬰兒與母親》雜誌。
〔註37〕台北醫學大學附設醫院婦產部醫師。

變爲民俗禁忌的說法。其最初的用意，就是希望孕婦不要過度勞累，容易動了胎氣造成流產。

區慶健醫師表示，寶寶的缺陷可能是因爲染色體異常或是因其他病變使然，孕婦應定期做產檢，保持身心健康，飲食均衡，自然就可以生個健康寶寶囉。

3、孕婦宜避免入喪家或看喪家做法事

心理影響生理，沒事正常人不會跑去不認識的喪家，一般都是親朋好友，悲傷情緒與燃香跟燒紙錢對孕婦與胎兒健康有傷害。

孕婦不能觀看人家喪葬行列或自家棺柩封釘及入土儀式。不食喪家食物或使用喪家毛巾，皆防沖煞。其實遠離喪家哀傷氣氛也是讓孕婦心情平靜的理由，因恐哀悽傷及胎兒。

諸如此類有關孕婦的禁忌很多。胎神信仰是台灣過去非常普遍的習俗，婦女懷孕，從開始「有喜」，直到嬰兒出生，這小生命都要祈求胎神的保護。這雖是迷信，但許多善意的行事，正合著胎教的道理。胎教是今天科學所承認的。舊日家庭，媳婦難做，操勞家事，身心交瘁，有了胎神禁忌，那種惡婆家就不會任意作踐人了。則這種迷信，實在大有功於兒童保育，減少婦女的痛苦〔註38〕。不過有人也認爲【禁忌 kim3-khi7】在今日的社會已成爲迷信的消極迴避，反而容易引起孕婦不健全的心理妄想，故有害無益〔註39〕。

在醫療不發達的時代，懷孕和生產的過程只能依賴神祇，爲了母子均安，民間才會流傳一些禁忌，記載於黃曆中，成爲長輩耳提面命的提醒。以現代科學的眼光審視，其實有些禁忌是有道理的，孕期小心絕對正確，只要不是太離譜，可順從老人家的意見。另外，現代醫院林立，若準媽媽不是很確定時，可跟婦產科醫師討論，解決心中疑問，以免某些疑神疑鬼的問題，造成無端的心理壓力。

二、出生過程

從女人懷孕、生產到小孩成長，這一段期間，因爲是重要的危機期。人類社會歷經長期發展，累積相當豐富的經驗，所以產生很多的【過關 kue3--kuan1】通俗禮儀，協助人們渡過關口。

〔註38〕朱介凡《中國謠俗論叢》（台北：聯經出版公司，1984年），頁52。
〔註39〕董芳苑《認識臺灣民間信仰》（台北：長青文化公司，1986年），頁282。

（一）懷　孕

生命從婦女懷孕開始。台灣話稱【婦女儂 hu7-jin5-lang5】（婦人）懷孕為【有身 u7-sin1】，俗稱【大腹肚 tua7-pat-too2】、【有囝仔 u7-gin2-a2】、【有啊 u7-a0】、【有花 u7-hue1】〔註40〕、【有胿也 u7-kui5-a7】〔註41〕。

「身」字形原本像一個人肚子隆起的樣子，指女子有孕的意思〔註42〕。《說文》：从人申省聲，視為形聲字，不若從字形上直接了解，更通俗易懂。《詩經・大雅・大明》：大任有身。《一切經音義》作「太任有娠」。其中的「有身」，就是「有娠」，也就是「有孕」的意思。〔註43〕

《史記・淮南・厲王長傳》：「厲王母得幸焉，有身。」可證明「有身」一詞，使用很早。其他如有喜、懷孕、懷胎等說法，當較後起。閩南語一提到女子懷孕，必說「有身」，可見閩南語來源的古〔註44〕。

陳修的《台灣話大詞典》中「有身」通「有娠」，都指女子懷孕〔註45〕。林西莉的《漢字的故事》中也指出：

> 如果它是一個孕婦的形象，小點表示孩子，那就合乎邏輯，啊，幾乎是漂亮。有什麼能把「身」這個概念描繪成一個挺著大肚子的孕婦更好呢？當肚子裡有了一個活蹦亂跳的生命時，確實身子會感到很沈重！如果這種解釋正確，詮釋金文的「身」字大概就可能了，象形文字的「身」不僅表現了孕婦那沈重的肚子，還表示了乳房。
>
> 有趣的是，中國人也使用「有身」一詞表示懷孕了。〔註46〕

由外國人眼裡看漢文，有時比國人來得更細緻、真確，顯現另一種文化見解，也充分表露漢文的表意功能。

宗教學者伊利亞德（Mirtsea Eliade）指出，空間具有兩種存在模式——神聖與凡俗。從凡俗的經驗來看，空間是同質的，是中性的； 但對宗教人（民間信仰者）而言，空間卻具有非同質性，他會經驗到空間中存在著斷裂點或突破點。這就是宗教人所體驗到的神聖空間。建構神聖空間的一道「突

〔註40〕洪惟仁《臺灣禮俗語典》（台北市：自立晚報社，1987年），頁1。
〔註41〕陳修《台灣話大詞典》，頁954。
〔註42〕大陸版《辭源》（台北市：遠流出版公司，1988年），頁1637。
〔註43〕竺家寧《中國的語言和文字》（台北：臺灣書店，1998年），頁113。
〔註44〕洪乾祐《閩南語考釋》（台北：文史哲出版社，1992年，1999年），頁95。
〔註45〕陳修《台灣話大詞典》，頁1606、1609。
〔註46〕林西莉著，李之義譯《漢字的故事》（台北：貓頭鷹出版社，1998年），頁39。

破點」，往往是因為「聖顯」（hierophany，神聖的介入），使一地由凡俗轉為神聖〔註47〕。

這或許可幫助我們了解，當婦女懷孕後，【胎神 thai1-sin5】降臨，這個家成了一個神聖空間（或特別空間），所以家裡行事必須特別小心，待產婦女要尊守很多禁忌，以免觸犯「胎神」動了【胎氣 thai1-khi3】。另外，產婦被認為「污穢」，其住房間【月內房 gueh8-lai7-pang5】也被視為「污穢」，因此月內產婦不可出外見天，不得已出門時，不論日夜雨晴，須戴笠或撐傘以遮天；常人不可進入月內房，凡進過者，便禁入寺廟，禁幫人料理婚喪事宜。

較有錢人家，會以雞鴨、豬肝、排骨等燉中藥為孕婦進補，叫做「補胎」，俗稱【補胎，較好做月內。poo2 thai1，kha3 ho2 tso3 gueh8-lai7。】〔註48〕（押 ai 韻）。

女人懷孕之後，會引起身心雙方面的變化，容易出現頭昏、欲嘔、畏葷腥等妊娠現象，俗稱【病囝 penn7-kiann2】（為子生病），即害喜。有如病中，其實不是病。在初期，常會無故反胃，為克服這種情形，孕婦通常喜歡吃鹹酸甜，情緒上也較希望獲得丈夫或家人的關懷照料，為人公婆者籍此可知道婦媳【有身 u7-sin1】。

臺灣在清代時就有一首民歌【病囝歌 penn7-kiann2-kua1】深刻描述懷胎十個月的生理變化。內容非常純真可喜而傳神。

〔正月花胎龍眼大，tsiann1-gueh8 hue1-thai1 ling5-ging2 tua7，
父母有身大受磨，hu7-bo2 u3-sin1 tua7 siu3 bua5，
袂食要吐真坐掛〔註49〕，bue7 tsiah8 be2 thoo2 tsin1 tse7-kua3，
真真艱苦無快活〔註50〕。tsin1 tsin1 kan1-khoo2 bo5 khuann3-uah8。
（押 ua 韻）
二月花胎肚圓圓，ji7-gueh8 hue1-thai1 to7-inn1- inn5。
一粒親像大荔枝，tsit4-liap8 tshin1-tshionn7 tua7 lai7-tsi1，
田螺吐囝為囝死，tsan5-le5 thoo3 kiann2 ui7 kiann2 si2，

〔註47〕伊利亞德（Mirtsea Eliade）著，楊素娥（譯）《聖與俗——宗教的本質》（台北：桂冠圖書公司，2001年），頁 28。
〔註48〕洪敏麟，洪英聖《臺灣風俗探源》（台中：臺灣省政府新聞處，1992年），頁279。
〔註49〕【坐掛 tse7-kua3】，受罪。
〔註50〕【無快活 bo5 khuann3-uah8】，不容易。

生囝性命佇水墘，senn1-kiann2 senn2-mia7 ti7 tsui2-kinn1。（押 i 韻）

三月花胎人眞瘥，sann1-gueh8 hue1-thai1 lang5 tsin1 sian7，

父母懷胎艱苦年，hu7-bo2 huai5-thai1 kan1-khoo2 lian5，

跤酸手軟規身變，kha1-sng1 tshiu2-nng2 kui1-sin1 pian3

倒落眠床咳咳喘。to2 loh4 bin5-tshng5 hai3 hai3 tsuan3。（寬韻 ian、uan）

四月花胎分腳手，si3-gueh8 hue1-thai1 hun1 kha1 tshiu2，

肚尾親像生肉瘤，too7-bue2 tshin1-tshionn7 senn1bah4-liu5，

為著生囝偓 〔註51〕 得求，ui7 tioh4 senn1-kiann2 oh4 tit4 kiu5，

三分腹肚不時憂。sann1 hun1 pak4-too2 put4 si5 iu1。（押 iu 韻）

五月花胎分鼻嘴，goo7-gueh8 hue1-thai1 hun1 phinn7 chui2，

好物任食却未肥，ho2-mih8 jim7 tsiah8 khioh4 bue7 pui5，

跤盤宛然若膭水 〔註52〕 ，kha1-phuan5 uan2-jian5 na7 kui7 tsui2

腰骨親像佇要開。io1-kut4 tshin1-tshionn7 ti7 beh4 khui1。（押 ui 韻）

六月花胎分男女，lak8-gueh8 hue1-thai1 hun1 lam5-lu2，

恐驚胎神會摻滋，khiong2 kiann1 thai1-sin5 e7 tsham2 tshu1，

三分若是有世事 〔註53〕 ，sann1 hun1 na7-si7 u7 se3-su7，

靜符緊食結身驅 〔註54〕 。tsing7-hu5 kin2 tsiah8 kiat4 sin1-khu1。

（押 u 韻）

七月花胎會徙位，tsit4-gueh8 hue1-thai1 e7 sua1-ui7，

一日一日大肚膭 〔註55〕 ，tsit8 ji2 tsit8 ji2 tua7 too2 kui7

行著有時大心氣 〔註56〕 ，kiann5 tioh4 u7 si5 tua7 sim1 khui3

一個腹肚圓錐錐。tsit8 e5 pak4-too2 inn5 tsui1 tsui1。（押 ui 韻）

八月花胎肚胖胖，peh4-gueh8 hue1-thai1 too7 phong3 phong3，

早暗事志著知防，tsa2-am3 tai7-chi3 tioh8 ti1 hong5，

〔註51〕【偓 oh4】，難得。

〔註52〕【膭水 kui7-tsui2】，水腫。原文用「匱水」。

〔註53〕 三分若是有世事：即稍有一點忌諱。

〔註54〕 靜符緊食結身驅：吃安胎符水，並把符佩在身上。

〔註55〕 大肚膭，肚子大。

〔註56〕【氣 khui3】，氣息、呼吸。原文用「愧」。董忠司《臺灣閩南語辭典》，頁 777。

這號艱苦不敢講，tsit4 ho5 kan1-khoo2 m7-kam2 kong2，
穡頭〔註57〕著叫湊來摸。sit4-thau5 tioh4 kio3 tau3 lai5 moo1。
（押 ong 韻）
九月花胎會振動，kau2-gueh8 hue1-thai1 e7tin2-tang7，
為著病囝不成人，ui7 tioh8 penn7-kiann2 bo5 sing5 lang5，
花粉減抹規斗籠〔註58〕，hue1-hun2 kiam2 buah4 kui1 tau2-lang2
無食腹肚亦袂空。bo5 tsiah8 pak4-too2 ia7 bue7 khang1。（押 ang 韻）
十月花胎可憐事，tsap8-gueh8 hue1-thai1 kho2-lian5 tai7，
一個腹肚者大界。tsit8 e5 pak4-too2 tsiah4 tua7 kai3。
想著要生流目屎，siunn7 tioh4 be2 senn1 lau5 bok8-sai7，
求會順序生出來。kiu5 e7 sun7-si7 senn1 tsut4-lai5。（押 ai 韻）〕
　　　　〔註59〕

說明：在古時，醫科知識尚未普及之時，病囝歌實含有很深厚的知識普及味道，尤其對初次即將為人母的女性來說特別有意義。另外，不同類型的病囝歌也被用在佛教或道教的喪葬儀式中，作為孝思、感恩、懷念親人的表示。

俗語：【十月懷胎，tsap8 gueh8 huai5-thai1，
　　　　艱苦無人知。kan1-khoo2 bo5-lang5-tsai1。】〔註60〕（押 ai 韻）。

閩南傳統習俗認為肚中的十月，不是白過的，所以嬰兒一出世就算一歲了，一般稱為〔虛歲〕。另外，也有很多偏方，辨別胎兒性別，其中之一，以孕婦懷孕的那一個月數加上四十九，減去孕婦年齡再加十九，若得到是奇數，則是男嬰，偶數就是女嬰，如果是偶數但卻生男嬰，則這個男嬰在三、五個月內就會夭折。如以下俗諺，

〔七七四十九，tsit4-tsit4 su3 sip8 kiu2，
問娘何月有，bun7 niu5 ho5 gueh8 iu2，
除去母生年，ti5 khi3 bo2-sing1 lian5，
再添一十九。tsai3 thiam1 it1 sip8 kiu2。

〔註57〕【穡頭 sit4-thau5】，工作。
〔註58〕【斗籠 tau2-lang2】，挑在肩上的竹籠，舊日通常是小販所用。《臺灣閩南語辭典》，頁1284。
〔註59〕洪敏麟，洪英聖《臺灣風俗探源》，頁282～283。
〔註60〕溫惠雄《台灣人智慧俗語》，頁27。

是男逢單位，si7 lam5 hong5 tan1 ui7，

是女必成雙，si7 li2 pit4 sing5-siang1，

算男若是女，sng3 lam5 nah4 si7 li2，

三五入黃泉。sam1 ngoo2 jip8 hong5-tsuan5。〕〔註61〕

歇後語：【十月懷胎有身——大肚

tsap8 gueh8 huai5-thai1 u7-sin1——tua7-too2】

【產前、產後（猜兩地名）——大肚、基隆 san1-tsing1 san1-au7——tua7-too2、ke1-lang2】產前是「大肚」，產後【加人 ke1-lang2】與「基隆」同音。〔註62〕「大肚」在台中市。

（二）生　產

孕婦臨盆待產時；舊俗產房都在家中，富有的家庭設在臥房的床上，比較貧困的家庭設在沒有床舖的房間，產房內禁止一般人出入。

孕婦從開始陣痛起，就要在產房受到照顧，快要生產時才躺到產褥上，生產時要請【抾（扱、却）囝婆 khioh4-kiann2-po5】、【產婆 san2-po5】（民間多為世代相傳有經驗的婦人）及另外兩三位在旁協助。現在生產都到醫院。

嬰兒出生後，用剪刀將臍帶剪斷，然後用布把傷口包好。四、五天後將脫落的臍帶收藏，胞衣有男女之分。舊俗男孩的胞衣裝進瓶裡，拌以石灰，放在床下保存四個月，不能移動，否則嬰兒會吐奶。現在胞衣多埋於地下。

剛生下的嬰兒是用軟布，蘸著熱水擦拭，用麻油塗身，並以舊衣包上，再用棉花蘸鹽水擦嘴，並餵以甘草水和糖水，最後再餵「白蝴蝶花頭」汁。〔註63〕

〈註生娘媽送孩兒〉

〔註生娘媽送孩兒，tsu7-senn1-niu5-ma2 sang3 hai5-ji5，

互阮全家轉笑意，hoo7 guan2 tsuan5-ke1 tng2 tshio3-i3，

眉清目秀又伶俐，bai5 tshing1 bak8 siu3 iu3 ling2-li7，

揚名顯親著靠伊。iong5 mia5 hian2 tshin1 tioh8 kho3 i1。〕〔註64〕

〔註61〕林明義《台灣冠婚葬祭家禮全書》，頁92。

〔註62〕溫惠雄《台灣人智慧歇後語》（台北市：宏欣文化事業公司，2002年），頁86、98。

〔註63〕參閱阮昌銳〈生命禮俗〉國立臺北藝術大學傳統藝術研究所兼任教授，臺北市政府民政局禮俗網站。

〔註64〕陳義弘、陳郁汝編註《台灣四句聯》（屏東：安可出版社，2002年），頁159。

（押 i 韻）

婦女【生產 senn1- san2】委實經歷人生的一大苦難，也是家庭要經過的大關口，產婦要經過漫長的陣痛才能分娩，老人家有時急得求告天公、祖先的協助，口中念著〔天公祖著來保庇，是男是女緊出世 thinn1-kong1-tsoo2 tioh4 lai5 po2 pi3，si7 lan5 si7 lu2 kin2 tshut4-si3〕〔註65〕（押 i 韻）的禱詞。

婆婆常會以【人生咱，咱生人 lang5 senn1 lan2，lan2 senn1 lang5】〔註66〕來安慰產婦。早期閩南婦女大多在婆家生產，俗話說：【借人死，不借人生 tsioh4 lang5 si2,bo5 tsioh4 lang5 senn1。】〔註67〕閩南人認為生產是喜事，家中借人生產，福氣就分掉了一分，而死亡是禍事，借人死，家中的災禍就會減少一分。

古時，女人生孩子是生命交關的大事。難產危險性非常大，下列幾種情形都非常可怕：

1、腳先出來，叫【倒踏蓮花 to2 tah8 lian5-hue1】。台語有一句惡毒罵人的話，叫【倒頭生 to2 thau5 senn1】。因為正常順利嬰兒的頭先出產道。

2、屁股先出來，叫【坐斗 tse7 tau2】嬰兒的頭腳對折，體積大難出產道。

3、頭側出的偏產，叫【坦敧生 than2 khi1 senn1】。

4、嬰兒的手先出來的側產，叫【坦橫生 than2 huainn5 senn1】〔註68〕。或作【討鹽生 tho2-iam5-senn1】。

5.【血崩 hueh4-pang1】，大量流血。

以上種種難產是孕婦和死神博鬥的可怕情景〔註69〕。由於女人生產過程驚險萬分，才出現【生贏，雞酒香；senn1 iann5，ke1-tsiu2-phang1，生輸，四片板 senn1-su1，si3 phinn3 pang1 】〔註70〕（押 ang 韻）這句俗話。

〔註65〕董芳苑《認識臺灣民間信仰》，頁 282。

〔註66〕洪惟仁《臺灣禮俗語典》，頁 17。

〔註67〕李秀娥《台灣的生命禮俗——漢人篇》（台北：遠足文化事業公司，2006 年），頁 25。

〔註68〕原文作「躺斜生」。董忠司《臺灣閩南語辭典》，作【坦橫生 than2 huainn5 senn1】。

〔註69〕鄭正忠編著《諺語故事》（作者自行出版，2005 年），頁 59。

〔註70〕李秀娥《台灣的生命禮俗——漢人篇》，頁 23。

另有，【芎蕉吐囝爲囝死 kin1-tsio1 thoo3 kiann2 ui7 kiann2 si2】、【田螺吐囝爲囝死 tsan5-le5 thoo3 kiann2 ui7 kiann2 si2】。這兩句諺語則以香蕉、田螺吐子生子，卻爲子而死。描寫母愛的偉大與悲壯。還有【芎蕉吐囝害母身 kin1-tsio1 thoo3 kiann2 hai7 bo2 sin1】，很多母親是爲生子而病痛一生〔註71〕。

以前，如有懷孕在身的婦女因故去世，其家人都會在墓上種一棵香蕉，讓它長大吐子。俗以爲婦人既已有孕在身而未生即死去，是其在世欲生子的心願未了。所以，必須藉香蕉的吐子，來把肚子裡的孩子轉化生出。香蕉如吐子，表示其子已生出，心願完了，靈魂乃得安息〔註72〕。

而在宋代道教的破獄燈儀中，已出現了專超度女性亡靈的破血湖燈儀。產死血屍婦人，死後入血湖地獄，備受苦難，不得出離。元始天尊爲濟度眾生罪魂，命太一救苦天尊率領諸大神清蕩血湖，超度罪魂。

在中國古代社會生活中，婦女遭受疾病、生育中的種種磨難，需要宗教安慰與救度，所以道教創設破獄燈儀，以蕩滌血湖地獄，其意蘊就是解除婦女苦難。燈儀充分表現出道教對光明的追求，道教燈儀演習至今已歷經一千六百多年。〔註73〕

三、出生後

（一）三朝、報酒

台灣舊習俗，在小孩初生時並不用水洗浴，而是用麻油擦拭後，用父親的舊衣包裹，到第三天【三朝 sam1-tiau1】才爲嬰兒洗浴，換上新衣。洗浴時，腰桶內放入桂花、柑葉及龍眼（象徵子孫滿堂）；一粒小石頭（象徵頭殼堅硬、膽子壯）及十二文銅錢（財運亨通），浴後就抱到廳堂，由祖母抱嬰兒以雞酒、油飯、牲醴祀神祭祖，並將已取好的名字稟告神明與祖先，既是謝恩也示傳嗣有後，嬰兒就有了名字。

民間在「三朝」禮中，爲了讓外家知道這一喜訊，便用盤子裝油飯、雞酒送到外家，稱爲【報酒 po3-tsiu2】或【報喜 po3-hi2】。回來時外家在盤中放一粒石頭和一把白米，相信可使嬰兒頭骨堅固，好養育。

《廈門方言詞典》已將【洗三朝 sue-sam-tiau】〔註74〕（舊時嬰兒出生後

〔註71〕呂自揚《台灣民俗諺語析賞探源》（高雄：河畔出版社，1994年），頁113。
〔註72〕呂自揚《台灣民俗諺語析賞探源》，頁113。
〔註73〕張澤洪《道教神仙信仰與祭祀儀式》（台北，文津出版社，2003年），頁308。
〔註74〕李榮主編，周長楫編纂《廈門方言詞典》（江蘇省：江蘇教育出版社，1998

第三天給他洗澡）列為專門詞條。

（二）取　名

　　嬰兒的名字有未出生之前即取好，家長往往取男，女兩個名字，若生男則用男名，若生女則用女名，民間相信八字，也有在出生之後，由算命先生命名。

　　俗諺：【未生囝，先號名。bue7 senn1-kiann2，sian1 ho7-mia5。】
　　　　　（押 iann）（意思是顛倒先後次序）。〔註 75〕

　　早期台灣移民開墾型態的農業社會，生活不易，醫藥缺乏，加上普遍迷信，反映在【號名 ho7-mia5】（命名）上。【囡仔花草物 gin2-a2 hue1-tshau2-mih8】，意即小孩如同花草般，很容易凋謝。有些缺乏育兒常識的人，因不慎導致幼兒死亡，認為是被惡物因妒忌而將命取走。故將家中的小孩叫做：「豬屎、狗屎、垃圾……」，比喻他們微賤如螞蟻、豬屎、狗屎、垃圾……等，毫無貴氣，以免被邪魔惡物看中而沒命。有些男孩命名為【查某 tsa1-boo2】，並為他戴上耳環，讓人家以為是查某囝仔以逃避厄運。有些男孩則命名為「阿九子」，台語「九」音同【狗 kau2】，就是把他當小狗來養的意思。

　　日治時代，戶籍法規定，嬰兒出生後十日內申報戶口，1905 年起採行一人一名登記主義，但民間例有乳名資以厭勝以求【好育飼 ho2-io1-tshi7】（好飼養）。男名多有：乞食、羅漢、查某、豬屎、狗屎、啞口、知高……，以為不如此會被邪魔帶走。知高乃【豬哥 ti1-ko1】之意，取這種名的人例貫單耳掛一耳鉤。又經相師的指點，盛行五行命名。女名是不號花名的，因為花名屬查某嫺名，將遭賤視〔註 76〕。

　　一般人若生個兒子，希望兒子為他帶來財富的，便為兒子【號名 ho7-mia5】叫「來富、來發、來春……」。財、子、壽乃人生極樂之事，因此，命名也有取「進財、添財、添壽、添福、添丁……」之類的名字。金、木、水、火、土為八卦中的五行。小孩出生以後，有人將其生辰八字拿去請人占卜，若五行缺火，則命名「阿火」或以火為部首的名字；缺金則命名「阿金、阿欽……」等，因此，如「阿木、阿水……」的名字，也隨處可見。

　　一般人的觀念，認為女孩子是賠錢貨，養大了遲早要嫁人。所以，女孩

年），頁 116。

〔註 75〕吳瀛濤《臺灣諺語》（台北市：台灣英文出版社，1975、1979 年），頁 55。
〔註 76〕林曙光《打狗歲時記稿》（高雄：高雄市文獻會，1984 年），頁 77。

子是討人厭，而且多餘的。窮人家生了女兒，更是窮上加窮，因此，只好咬緊牙根，勉強養她。台語就叫「【罔市 bong2-tshi7、罔育（腰）bong2-io1】（姑且餵養）」。如果接連生下幾個女兒，就取名為「阿滿、阿足⋯⋯」，表示太多的意思。有的還會被送去當人家的新婦仔。以前，「XX 花」是查某嫺仔（婢女）的命名方式，只有有錢人才有婢女，因此，「XX 花」的命名都被認為有錢人家的派頭。演變至後代，「阿花、阿蘭」則未必指婢女。

【阿 a1】是台語叫人時的一種暱稱，自然的音調，無特殊意義。譬如：名叫「正義」的，就叫「阿正」或「阿義」。女孩子如「阿秀」，與「秀阿」同。

（三）做月內

產婦在產後一個月內不可出門，不能外出受到風寒，而且要吃滋養的食物，稱為【做月內 tso3-gueh8-lai7】（坐月子），娘家在「報酒」之後，在十二朝時，就要準備將雞及其他禮品送給女兒，為女兒「做月內」。本家也需準備雞酒、油飯，分贈親朋好友及左右鄰居，以之通知好消息並分沾喜氣。而一般親朋也會回贈紅包，或備辦一些補品來為產婦「做月內」。

民間以產婦在生產後，一個月內不准外出，每天坐在房內。若不慎外出，民間相信會冒瀆神明，會使產婦生病，為避免犯忌。因此有坐月子的習俗。其實，這是因為在傳統農業社會非常忙碌，產婦產後身體虛弱，宜加調養休息，不宜工作，因此，用禁忌的方式來規定，是對產婦身體的保護。

【做月內 tso3-gueh8-lai7】的另一個動機與婦女的出血有關。「血」對宗教人來說是生命力的象徵，它具有神聖的記號與禁忌的對象。產婦的出血與婦女的經期使古人視婦女的生命力特強，這個時期她們具有神聖特質，男人不能接近她們。慢慢地婦女出血期間由神聖而演變為不潔，因而發生時間性的禁制〔註77〕。但「做月內」的風俗就婦女衛生和健康上看，倒也合理〔註78〕。

（四）剃　頭

台俗對嬰兒出生後的第一次【剃頭 thi3-thau5】稱【剃胎毛 thi3-thai1-mng5】。多特別注意，因為胎髮曾沾染產血，剃頭後才可抱到戶外，以免沖

〔註77〕弗雷澤（J.G.Frazer）著，汪培基（譯）《金枝》（上）〈婦女月期和分娩期間的禁忌〉，頁 317。
〔註78〕董芳苑《認識臺灣民間信仰》，頁 283。

犯天地神明，俗信，胎毛有污穢，未剃頭不可拜佛〔註79〕。剃頭的時日不定，或滿月、或在十二、十六及二十四朝。產後二十四天剃毛，是取二十四孝的數目，希望將來孩子是個孝子。這一天也要分送紅雞蛋等給親朋好友。

【剃頭毛 thi3-thau5-mng5】一般由剃頭師擔任；若親族中的長輩會剃頭的，就請尊長擔任，若為剃頭師，剃好頭之後，贈送紅包一個。剃頭毛的水是取用煮雞蛋、鴨蛋的水，也有加一種退火的草藥臭青藤一起煮沸的水，待水冷卻後，倒到臉盆裡，再在盆中加一塊小石子、十二個銅錢、雞蛋一個、蔥少許，然後把蔥搗碎與蛋黃一起塗在頭髮上，但也有將蛋只作塗抹一下，接著就開始用刀剃光頭毛。

臉盆內的物品都有象徵性的意義：

石子：是希望嬰兒「頭殼硬」，頭殼硬好育飼。

錢：表示錢財、富有、孩子長大之後生活富裕。

【蔥 tshong1（文）】〔註80〕：一則表示孩子將來【聰 tshong1】（蔥的諧音）明，一則希望嬰兒以後的頭髮，長得像蔥一樣的濃密。

蛋：表示身體強壯和面目清秀。在剃頭時有用蛋來抹臉，希望嬰兒的臉長得像蛋一樣的白嫩和圓滑。

剃頭毛時，要念吉利話祝賀：

〔鴨卵身、雞卵面、Ah4 nng7 sin1、ke1 nng7 bin7、

好親成、來相伨。ho2 tsin1 tsian5、lai5 sio1 thin7。〕〔註81〕

（押 in 韻）

（身體像鴨蛋大，臉像雞蛋般美，將來有好的姻緣來結成夫婦）。

也有剃完頭髮後，取壁土在其頭上比一比，並唸：

〔抹壁土，不驚風，不驚雨，buah4 piah4 too5，m7 kiann1 hong1，

m7 kiann1 hoo7，

不驚厝邊頭尾大腹肚。m7 kiann1 tshu3 pinn1 thau5 bue2 tua7 pak4

too2。〕〔註82〕（押 oo 韻）

〔註79〕林曙光《打狗歲時記稿》，頁77。

〔註80〕【蔥 tshang1】，白讀音。【聰 tshang1】，也是白讀音。董忠司《臺灣閩南語辭典》，頁234、296。

〔註81〕林明義《台灣冠婚葬祭家禮全書》，頁105。

〔註82〕洪敏麟，洪英聖《臺灣風俗探源》，頁287。

以祛除日後可能遇到的沖犯。

四句聯〈嬰仔剃頭〉

〔嬰仔出世新鮮頭，inn1-a2 tshut4-si3 sin1 sian2 thau5，

胎毛剃光卡有孝；thai-moo5 thi3 kng1 khah4 iu2 hau3；

暝日平安卡袂哮，mi5-jit8 ping5-an1 khah4 be7 hau2，

大漢讀冊嘛卡賢。tua7-han3 thak8-tsheh4 ma7 khah4 gau5。

（押 au 韻）〕〔註83〕

古時候，嬰兒初次理頭髮，長輩都會說一些好話來祝賀。讚美嬰兒長得可愛、惹人愛，盼望小孩無憂無慮的快快長大，長大後又很會讀書。

嬰兒剃頭毛之後，由祖母或尊長抱到門外（或由親人背著過橋以壯其膽量），並拿著一支雞筅（趕雞的竹竿）敲地，對著空中喊鴟鴞（老鷹）。（民間養雞，老鷹常來抓小雞，用雞筅敲地，一方面趕雞，另一方面也趕走老鷹，保護小雞。）

祖母邊敲邊喊：

〔鴟鴞〔註84〕鴟鴞，飛上山，lai7-hioh8 lai7-hioh8，pue1 tsiunn7 suann1，

囡仔緊做官，gin2 a2 kin2 tso3-kuan1，

鴟鴞飛高高，lai7-hioh8 pue1 kuan5 kuan5，

囡仔中狀元，gin2 a2 tiong3 tsiong7 guan5，

鴟鴞飛低低，lai7-hioh8 pue1 ke7 ke7，

囡仔緊做父。gin2 a2 kin2 tso3-pe7。〕〔註85〕（前四句押 uan 韻，後二句押 e 韻）

如果是女嬰僅喊「鴟鴞，鴟鴞！」因為女孩以前不能做官，也不能中狀元和做爸爸。

（五）做滿月

嬰兒出生後一個月為【滿月 mua2-gueh8】。這一天要【做滿月 tso3-mua2-gueh8】，也是生育禮俗中較隆重的，需要準備雞肉、油飯及湯圓，在廳堂上祭拜神明及祖先。若曾向註生娘娘祈子許願者，滿月日也要用油飯、雞

〔註83〕陳義弘、陳郁汝編註《台灣四句聯》，頁 155。

〔註84〕鴟鴞，老鷹，讀音：lai7-hioh8 或 ba7-hioh8。鴟，讀音：lai7 或 la7。鴞，讀音：hioh8 或 ba7。

〔註85〕林明義《台灣冠婚葬祭家禮全書》，頁 105。

酒和紅龜粿前往答謝。另外尚需備飯菜祭拜床母，此後每年五日節、七夕、過年等大年節都要拜床母，直到小孩滿十六歲行成年禮為止。

【新婦不離灶，查某囝不離後頭。sim1-pu1 put4 li5 tsau3，tsa1-boo2-kiann2 put4 li5 au7-thau5。】（押 au 韻），外公、外媽要來做滿月，娘家依照習慣會送來【頭尾 thau5-bue2】，這些禮物是指嬰兒從頭到腳所穿的全部衣物，包括帽子、衣褲、鞋襪和飾物，帽子即一般所謂的童帽（虎頭帽、獅帽或鳳帽）。飾物有銀牌、鎖片等胸飾，手鐲、項鍊（墜子上刻「長命百歲」）、腳環等銀飾，此外尚贈送香蕉、紅龜粿、紅蠟燭等禮品。

諺云【頭胎，二胎，食外家。thau5-the1，ji7- the1，tshiah8 gua7-ke1。】（押 e 韻），一般賠綴是一男一女為限，有些地方是生後十二日剃頭兼做月內。嬰兒父母則以油飯、米糕、酥餅或糰子為答禮。娘家，台灣話叫【外家 gua7-ke1】、【外家厝 gua7-ke1-tshu3】、【後頭 au7-thau5】、【後頭厝 au7-thau5-tshu3】。

嬰兒滿月，若為長子長孫，民間有為嬰兒過滿月而宴客。親友送禮書寫「彌月之敬」，現今主人每以【油飯 iu5-png7】答謝。

產婦做月子也到此結束，可外出和從事家事。

（六）做四月日

嬰兒產後四個月，民間要為嬰兒【做四月日 tso3 si3 gueh8 jit8】，這天要祭祖先、神明，同時舉行收涎禮。祭祖先神明的供品除牲醴之外，要用「紅桃」（紅色桃形饅頭，以花生、砂糖為餡）、「紅龜粿」和「酥餅」。而外家也會送「頭尾」，包括有服飾，虎仔帽（上繡「財子壽」的虎頭形帽子）、涎垂（掛在胸前垂涎之用，也稱頷涎）、鞋襪（上用紅絲線繡卍字，護佑平安）和紅桃來祝賀。一般親友也送禮祝賀，主人以紅桃來答禮致謝。

【收涎 siu1-nua7】，意謂可使嬰兒涎水不會常垂在嘴角，長得更順利。家長準備酥餅十二個、廿四個、或卅六個皆可，用紅線穿起來，掛在嬰兒脖子上，然後由母親抱著嬰兒到親友家中，由親友以嬰兒脖子上拿下一個酥餅，在嬰兒嘴邊擦抹一下，同時口說吉祥話，如：

〔收涎收離離，siu1 nua7 siu1 li7 li7，

　明年招小弟；me5 ni5 tsio1 sio2 ti7；（押 i 韻）

　收涎收乾乾，siu1 nua7 siu1 ta1-ta1，

明年生膦脬。me5 ni5 senn1 lan7 pha1。（押 a 韻）〕〔註 86〕
最後把酥餅分給鄰童吃，即算完禮。這些吉祥話是藉著眾人之力共同祈求嬰
兒不流口水、身體健康，並祝來年再添丁。這天除宴請親友外，也以湯圓分
贈鄰居，即稱爲「四月日圓」。此外嬰兒又可「開臊」吃葷腥，從滿桌葷食中
任意挾取，並口說吉祥話。

　　「做四月日」的習慣，顯然與數字發音的迷信有關。按照閩南語【四
si3】的發音乍聽起來類同【死 si2】，所以是最不吉祥的數字。因此嬰兒要渡
過第四個月這個不吉利的大關口，就必須借重宗教禮俗來協助其【過關
kue3--kuan1】〔註 87〕。

（七）做度晬

　　嬰兒出生後滿一週歲，要【做度晬 tso3-too7-tse3】。這天，要準備牲禮及
紅龜粿祭拜神明、祖先，娘家以【頭尾 thau5-bue7】及紅龜粿爲賀禮，但女嬰
常略不做，接受「頭尾」的夫家送紅包還禮。

　　四句聯〈度晬〉

　　　　〔囡仔度晬有古禮，gin2-a2 too7-tse3 u7 koo2-le2，

　　　　　帽頂屶字祝寶貝，bo7 ting2 ban7 ji7 tsiok4 po2-pue3，

　　　　　衫褲壽字賀福壽，sann1-khoo3 siu7 ji7 ho7 hok4 siu7，

　　　　　鞋襪新穿配好勢。e5 bueh8 sin tshhing7 phue3 ho2 se3。〕〔註 88〕

　　　　（押 e 韻）

　　嬰兒在週歲以後開始餵食米穀類食品，一般認爲已經是囝仔，也就是小
孩了。所以在度晬這天，有拿米香糖給小孩吃的習俗，表示到週歲，小孩就
可以吃各種東西，表示是另一個時期的開始。

【註解】

　　【度晬 too7-tse3】是台灣話，【晬 tse3】是嬰兒周年的意思。唐顏眞卿《顏
魯公集・九茅山玄靖先生・廣陵李君碑銘》：「先生孩提則有殊異，晬日獨取
孝經如捧讀焉」〔註 89〕。從文字的構造上來看，從日從卒就是指四時周而歲
盡，有些古書也把晬字解釋爲「周歲子」。由此可以知道，度晬這一名詞，雖

〔註 86〕林明義《台灣冠婚葬祭家禮全書》，頁 107。

〔註 87〕董芳苑《認識臺灣民間信仰》，頁 285。

〔註 88〕陳義弘、陳郁汝編註《台灣四句聯》，頁 158。

〔註 89〕大陸版《辭源》，頁 778。

然是台灣話所慣用，但是源自於古書，是十分典雅的一個詞。

　　從前還有在這天，以盤盛紙筆刀箭等物，聽其抓取，以占其將來的志趣，謂之【試兒 tshi3-ji5/li5】，也叫「試晬」、「試週」、「抓周」，又稱「選才」。盛物之盤叫晬盤〔註90〕。

　　「顏氏家訓」風操篇記載：「江南風俗，兒生一期，爲製新衣，盥浴裝飾，男則用弓矢紙筆，女則刀尺鍼縷，並加飲食之物及珍寶服玩，置之兒前，觀其姿意所取，以驗貪廉愚智，名之爲試兒。……〔註91〕」

　　這項試兒的習俗在台灣過去也有，但以男孩爲主。台灣民間是把十二種象徵性的物品放在米篩中或桌面上，在大廳神桌龕之前，當孩子祭祖完畢後，就任孩子在米篩內任取一種，以鑑定成人後的行業。這十二種物品是：

1、書：拿書則將來成爲學者。

2、筆：有讀冊命。

3、墨：書畫家。

4、雞腿：就是顧食。一般以爲【闊喙 khuah4-tshui3】就是顧食，

　　　　【闊喙查甫食田園，khuah4-tshui3 tsa1-poo1 tsiah8 tshan5-hng5，

　　　　闊喙查某食嫁妝。khuah4-tshui3 tsa1-boo2 tsiah8 ke3-tsng1。】

　　　　〔註92〕（押 ng 韻）。

5、豬肉：有口福的人。

6、算盤：抓算盤就是當商人。（現在有用電子計算機代替算盤）

7、秤：商人

8、銀：富翁、有錢財的人

9、柴㧪：【柴㧪 tsha5-mua2】是引火之材，與【才滿 tsai5-mua2】諧音，意爲聰明之人。

10、田土：農夫

11、蔥：聰明的人

12、印章：做官

　　現在則有用以下物品取代以上十二項中的物品如：

〔註90〕大陸版《辭源》，頁778。

〔註91〕顏之推，「顏氏家訓」，《顏氏家訓選譯》，黃永年譯注（台北市：錦繡出版事業公司，1992年），頁62。

〔註92〕林曙光《打狗歲時記稿》，頁79。

　　齒輪：工程師

　　麥克風：歌星

　　花卉：美容師、藝術家

　　聽筒：醫師

　　孩子取得一物之後，就預卜他的未來。

　　抓週之後，並以包子來擦孩子的嘴，並唸吉語：【嘴臭去，香的來。tsui2 tshau3 khi3，phang1-a0 lai5。】並把包子丟給狗吃。同時也有給孩子吃「米香」（爆米花），希望孩子將來是個很吃香的人。

四、成長過程

　　嬰兒成長快，到兒童階段心態變化很大。

　　俗語說：【三歲乖，四歲歹，sann1 hue3 kuai1,si3 hue3 phai2/ phainn2，

　　　　　　　五歲著押去刣。goo7 hue3 tioh4 ah4 khi3 thai5】〔註93〕

　　　　　　　（押 ai 韻）

古人以為未發痲疹的兒童，大難未過不敢算數。大約五、六歲時發痲疹，過後要宰豬屠羊敬天公，也叫做度晬〔註94〕。

　　〈拔牙的訣術歌〉

　　　〔雙跤倚齊齊，siang1-kha1 khia7 tse5 tse5，

　　　　狗齒換金牙〔註95〕kau2 khi2 uan kim1 ga5/e5。〕（押 e 韻）

從前沒那麼多牙醫；也沒有錢看牙醫拔乳牙。都是大人幫忙拔，或是小孩自己拔。大人為了要讓小孩乖乖的拔掉乳牙，就會唸這首訣術歌謠，一方面轉移小孩的注意力，減輕痛苦；一方面也有祝福的意思。〔註96〕

（一）過　關

　　在孩童成長的過程中，民間相信需要渡過諸種關限，始能順利成長。每一關限都有厄難，諸如各種疾病、或年歲中諸如天狗之類。俗信，凡命底過硬，為免禍延其夫（或妻）、剋父（或母），或命帶災煞的孩童，父母須為其

〔註93〕徐福全《福全台諺語典》，頁48。

〔註94〕林曙光《打狗歲時記稿》，頁79。

〔註95〕「牙」有兩讀：文讀音 ga5，白讀音 ge5。在這裡配合「齊」押韻，所以用白讀音 ge5。

〔註96〕胡萬川、陳嘉瑞總編輯《潭子鄉閩南語歌謠集》，頁94。

施法,使其通過【囡仔關 gin2-a2-kuan1】,即可化解。相關人等可免遭剋;這孩童也將可平順成長,安度終身。

過關的儀式多由紅頭法師主持,在廟埕上安設紙紮的關限,上書度厄關、疾病關、保童關等,即由法師吹角、持劍前導,以法仔調吟唱,先淨壇請神,並請造橋仙人造橋,乃用木板或板凳搭橋,下置七盆火以象七星,然後孩童或自己或由家人攜帶過橋過關,即表示過十二元辰及諸災厄關等。一般也將這種「進錢補運」,稱為「過囡仔關」,在年頭的臨水夫人廟都常有此種通過儀式。

所謂【過關 kue3-kuan1】,計須通過:天、地、水、火四關;車、路二關(車禍災難關);太歲,天狗,白虎,五鬼四關(沖犯凶神惡煞關);天羅關(意外災厄關),官府關(牢獄災厄關),刀箭關(父子、或母子相剋關)及破財、病痛、活鬼三關(遭遇陷害關),合計十六關。〔註97〕

民間常流傳一句話:【囡仔無收過驚,飼無大漢。gin2-a2 bo5 siu1 kue3 kiann1,tshi7 bue7 tua7 han3。】(押 an 韻),從小孩夜哭、拉青屎或成人受到驚嚇,【收驚 siu1-kiann1】曾是極普遍的民俗療法。收驚來自驅邪、押煞的信仰層次,也是父母無助或心慌意亂的求安行為,毫無矯飾地反應天下父母的真摯情懷,應算是另類的心理治療吧!

小孩受驚時,有的大人會牽他的耳朵,口唸咒語:

〔鼠驚、牛驚、虎驚……su2 kiann1、gu5 kiann1、hoo2 kiann1……
十二生相驚了了,tsap8-ji7-senn1-siunn3 kiann1 liau2 liau2,
干但〔註98〕阮孫無驚。kan1-na7 gun2 sun1 m7 kiann1。〕

人們相信這則咒語有「收驚」的效果。

(二)捾絭、作契子

過去對小孩子在成長過程中多事端多病痛,就認為是【歹育飼 phainn2 io1 tsi7】,台灣話也叫做【厚頭路 kau7 thau5 loo7】。對於這樣的孩子,多半會讓孩子認個契父母(乾父母或義父母),有的是契神為父母,有的是契人為父母,這樣叫作【拜契 pai3-khe3】。

〔註97〕 蕭達雄《台澎地區禮俗禁忌論說——台語說禁忌》(高雄:復文圖書出版社,2003年),頁57、58。
〔註98〕 【干但 kan1-na7】,或作【干焦 kan1-ta1】,只有、唯有的意思。董忠司《臺灣閩南語辭典》,頁568。

因為孩子成長中經常生病，為了養活孩子，才給人家當假孩子，認契父母，契父母稱這孩子為【契囝 khe3-kiann2】。目的在祈求這小孩身體健康、長命百歲，而契父子的關係在法律上並無任何親屬關係。

依習俗契父子之禮，先由契父贈送契子龍眼及其他牲醴，契子收到以後，要供在神明前，焚香燒金帛膜拜，向神明報告結為契父子的事情。

如果是拜神明為契父母，則是到廟裡許願，分一點香火，將香灰或紙灰包在紅色袋子裡，掛在小孩頸上，然後每年要去廟裡換一次香火。有的還向廟方買一串絭，在香爐上過一下煙香，然後就在神明前掛上，就是【搤絭 kuann7-kng3】。絭乃由多種材質所作，上刻神像及神明所敕符令、或八卦等，或書「護身平安」諸字。

（三）拜床母

在原始萬物有靈論的傳統下，連婦人及孩童所睡的床也有【床母 tshng5 bo2】，為了表示感謝護佑之恩，在七夕時也會備辦簡單的供品，在房內的床前燒香祭拜。其中特別供祭一種「床母衣」的紙錢，多是粉紅色，上刻有花的紋樣，是燒給床母作衣裳之用的。多是由婦女祭拜，並要孩童也跟著祭拜，表示謝恩、祈求之意，目前這一習俗已逐漸流失了。

五、成年禮

（一）做十六歲

台灣漢人習俗中，常將較難養育的孩童許給七娘媽或其他神明作契子，經神明護佑並能順利長大到十六歲時，便要舉行【做十六歲 tso3 tsap8 lak8 hue3】的成年禮，即表示已達成年的階段。隆重的還會敬獻一座七娘媽亭〔註99〕，將其供奉於神桌前，然後由家人高持著，讓成年者穿過，男左女右，即表示已經【出婆姊 tsut4-po5-tsi2/tse2】，從此成年可以自立。有的地方則是由家人帶著滿十六歲的孩子與豐盛的祭品，在神誕日時前往廟中向誼父或誼母等稟告謝恩，並將契子書燒化，表示已成人，足可脫離婆姊宮或神明的特別照顧。

做十六歲，相傳是從台南府城五條港一帶發展出來的。早年府城以盧、

〔註99〕七娘媽亭是由竹片和紙糊成的 2、3 層樓亭，代表七娘媽的住所，高約 100 公分，由下而上分別是「蓬萊宮」、「百子亭」和「七媽殿」，五顏六色、雕樓畫棟，非常美麗。

郭、黃、蔡、許、五姓宗族為主的「五條港」碼頭人家，以十六歲為成人的標準。十六歲以前，在碼頭工作，只能算打零工的【囡仔工 gin2-a2-kang1】，只能領半薪，過十六歲生日才能領全薪——【大人價 tua7-lang5-ke3】。按古例，府城作十六歲成年禮，應在五條港碼頭舉行，再步行至開隆宮或臨水夫人媽廟祭祀『鳥母』，感謝鳥母婆姐的照顧，為成年禮之始。

（二）七娘媽亭

【做十六歲 tso3 tsap8 lak8 hue3】的習俗中，主要的就是敬獻後並鑽過、爬過一座七娘媽亭。這種紙紮的神亭多由糊紙店製作，材料多以細竹條及色紙糊成，亭內貼一張七娘媽神禡、或用紙糊成的七尊七娘夫人像。較簡單的為一層；也可作兩層，並加底座，成為一種整面或平面的款式，尺寸凡有尺六及尺四，並有六柱、四柱的區別，一般稱為大座與小座。多由許願者向糊紙店或七娘廟預定，也有臨時購買的。先將它供奉於神桌前，然後連同牲禮、鳥母衣等祭拜。拜完後即由家人高持著，讓成年者穿過，男左女右，接連三次，即表示已「出婆姊間」，從此成年而可以自立。

（三）鳥母衣、床母衣

供獻七娘媽的紙錢，除了一般的福金、刈金等，表示向七娘媽或床母的神誕祝壽，並謝恩之外；另外還需供獻鳥母衣，為粉紅色紙錢，上面印有花紋圖案，或一疊或作卷狀，是作為燒化給七娘媽的服飾，所以都備有七只。另有床母衣則是燒化獻給床母的，民間相信孩子能順利成年，也多託床母夫人的照顧，平常七夕要「拜床母」；等長大成人也要借此表示謝恩之意。所以鳥母衣、床母衣都是燒給女性娘娘神的一種紙錢。

（四）揹絭、脫絭

【絭 kng3/kuinn3（漳）】為台灣民間用以指稱絭牌的護符，凡是幼童的身體欠安、或父母許願孩童能順利平安的長大，就要到所崇奉的神前，諸如七娘媽、媽祖或其他神明，通常以娘娘神居多。在備辦牲禮供品祭拜後，即填寫乙張文疏，成為該神的契子，然後即可戴上一串絭牌，其上印有神像，或刻上八卦及相關的護符，先在爐香上過一下，即可帶在頸項上或手腕上，叫【揹絭 kuann7-kng3】。依例每年都要到廟內過一下爐香，以之護佑平安長大，叫【換絭 uann3-kng3】。至十六歲時不再掛絭牌，因為已經成人了，再在神前謝恩，即可脫下，就是【脫絭 thuat4-kng3】。

（五）拜天公

台灣民間一向尊天，常向天許願，爲了讓孩童平安長大，就常許願：等長大成人或結婚就要【拜天公 pai3 thinn1 kong1】，多在七夕或婚禮前舉行；也可選天德、月德日等吉日。時辰則一定是在子時，在庭院向天處擺設頂下桌，頂桌上置三或五座燈座，稱爲「天公座」，兩旁綁著連頭帶尾青的甘蔗，上繫高錢，供品則有香、花、燭、酒、茶外，需有十二或二十四、三十六碗菜碗；金紙則爲天公金及盆金等。下桌則是祭拜三界神明，多供三牲酒醴等。下桌旁邊則有一付生而全的三牲，以拜尊崇的天公。道士或法師在帶領成年者或準新郎及其雙親等燒香叩拜後，即爲之「上疏文」以謝天恩，故爲一種還願的拜謝習俗。

（六）傀儡戲

在拜天公時，泉籍移民也有敬獻傀儡戲，即俗稱【嘉禮戲 ka1-le2-hi3】的習俗，將成年者或新郎所用的衣物和太極金、盆金等放在米笞內，祈求賜福。戲臺多設於門口，開始拜天公時就同時演出，多是以吉慶戲爲主的短齣：如狀元及第、狀元遊街；或是洞房花燭、七子八婿之類。演師也常會提戲偶進入廳堂或洞房拜謝，以討吉利。謝天也有演大戲的，是富貴人家才有的排場，一般是在台灣中南部比較常見到這種習俗。

許多民族的成年禮儀式中，其主題都會強調通過考驗、學習族史等，作爲轉變爲團體中一個成員的身分地位。而在中國三《禮》中對「士冠禮」的記載，在宗廟的列祖列宗前接受成人的告誡與勉勵，主旨與女子「笄禮」一樣都在強調成人後的社會文化責任感。

臺灣民間社會由於社會變遷之故，原本「作十六歲」的成人習俗僅遺存在雲林、台南等沿海地區，而目前台南市開隆宮每年七月七日的「七娘媽生」，民眾前往舉行「出婆姐關」，則爲少數尚存的民俗。其儀式的旨意乃在於謝恩——答謝孩童保護神的庇佑，也象徵其身心發展健全可以獨立，因此類似穿過、鑽過的七娘媽亭動作即是一種民俗性的「通過」儀式；包括脫絭也是象徵脫離七娘媽的隨時護佑，也寓有已成人的通過意義。

六、生育禮俗與台語

昔日台灣環境不像今天這麼進步，生小孩、育小孩都是不簡單的事，而每個家庭又都偏偏希望多生小孩，並且養一堆小孩。所以在台語裡面很多跟

生育有關的詞彙。

以前醫療不發達、不普遍，知識水準不像今天這麼進步、普及，所以婦女祈求神明保佑、賜予子女，成為重要的心理寄託，在民間有眾多的生育神明、嬰兒守護神。如：【註生娘娘 tsu3 senn1 niu5 niu5】、【媽祖 ma2-tsoo2】、【觀音媽 kuan1-im1-ma2】、【七娘媽 tsit4-niu5-ma2】、【床母 tshng5-bo2】、【婆姐 po5-tsia2】或【婆娘 po5-niu5】、【姐母 tsia2/tsiau2-bo2】、……等。

婦女懷孕可說是一個家庭裡不小的大事，所以有很多詞彙可使用。如：【有身 u7-sin1】、【大腹肚 tua7-pat-too2】、【有囡仔 u7-gin2-a2】、【有啊 u7-a0】、【有花 u7-hue1】、【有胿也 u7-kui5-a7】、……等。

舊時，小孩不容易順利生產，於是【抾囡仔 khioh4-gin2-a2】，形容生孩子是撿到的。並認為孩子是注生娘娘送來的，有福氣才能得到孩子。

以前生產靠民間世代相傳有接生經驗的婦人。所以也有不少的詞彙可使用。如：【拾囝婆 khioh4-kiann2-po5】、【拾囝母 khioh4-kiann2-bu2】、【拾媽 khioh4-ma2】、【拾姐 khioh4-tsia2】、【拾姐母 khioh4-tsia2-bu2】〔註100〕、【產婆 san2-po5】……等。

昔日女人生孩子，危險性非常大。難產經常發生，所以有種種形容嬰兒出生的詞彙。如：【倒踏蓮花 to2 tah8 lian5-hue1】、【倒頭生 to2 thau5 senn1】、【坐斗 tse7 tau2】、【坦敧生 than2 khi1 senn1】、【坦橫生 than2 huainn5 senn1】、【討鹽生 tho2-iam5-senn1】……等。

嬰兒平安落地後，又有各式各樣的儀式進行，希望神明、祖先，能保佑小孩平安、順利長大成人。如：【三朝 sam1-tiau1】、【做滿月 tso3- mua2-gueh8】、【剃胎毛 thi3-thai1-mng5】、呼【鴟鴞 lai7-hioh8/la7-hioh8/ba7-hioh8】、【做四月日 tso3 si3 gueh8 jit8】、【收涎 siu1-nua7】、【做度晬 tso3-too7-tse3】、【試兒 tshi3-ji5/li5】……等。

【歹育飼 phainn2 io1 tsi7】的小孩，會把大人累壞，不得不【拜契 pai3-khe3】，契神或人為父母，來度過難關。有的還要施法度過【囡仔關 gin2-a2-kuan1】，而最平常的是【收驚 siu1-kiann1】。

所以昔日帶小孩依賴神明保佑，拜神【揜絭 kuann7-kng3/kuinn3】、每年【換絭 uann3-kng3】，到【做十六歲 tso3 tsap8 lak8 hue3】時【脫絭 thuat4-

〔註100〕王順隆新編，台灣總督府原著《新編台日大辭典》（出版：王順隆，2004年），頁658、659。

kng3】，大人才能鬆一口氣。有關小孩的生、育禁忌也是多如牛毛，反映當時的社會環境和人們的各種想法。

台灣民間從囡子出世，到人老過世，台語詞彙非常細分而豐富〔註101〕，反映台灣人重視每一階段的人生過程。以下依年齡可以分爲幾個階段：

嬰兒在懷中，【胿囡仔 kui5-gin2-a2】〔註102〕，即【懷孕 hoai5-in7】。

新生兒是【出世囡仔 tshut4-si3-gin2-a2】，剛出生的娃娃。

四個月內，是【紅嬰仔 ang5-inn1-a2、ang5-enn1-a2】。

度晬以內是【幼囡仔 iu3-gin2-a2】；如果還在吃奶是【食奶囡仔 tsiah8-ling1-gin2-a2】，還不會走路的是【手裡抱仔 tshiu2-lai7-pho7-a2】。

一到二歲是【嬰仔 inn1-a2、enn1-a2】。

三、四歲是【老嬰 lau2-enn1】。

兒童、小孩子是【囡仔 gin2-a2】。女孩子是【查某囡仔 tsa1-boo2-gin2-a0】，男孩子是【查甫囡仔 tsa1-poo2-gin2-a0】，如果特地和【大儂 tua7-lang5】比較，也可以說【囡仔儂 gin2-a2-lang5】。人稱小孩是【囡仔嬰 gin2-a2-enn1】，女孩是【查某囡仔嬰 tsa1-boo2-gin2-a2-enn1】。當面稱呼男孩叫【囡仔兄 gin2-a2-hiann1】（愛稱），如爲女孩可叫【姑娘仔 koo2-niu5-a2】，新式的多半稱「小妹妹」（國語）。如果要特別強調其小，則稱【囡仔疕 gin2-a2-phi2】（小鬼）、【囡仔囝 gin2-a2-kiann2】、【囡仔豚 gin2-a2-thun5】、【囡仔胚 gin2-a2-phe1】，如強調是要做種的，可稱【囡仔栽 gin2-a2-tsai1】。年輕人，如【庄跤囡仔 tsng1-kha1-gin2-a0】。

十六歲以後是【少年兄 siau3-lian5-hiann1】（尊稱）、【少年儂 siau3-lian5-lang5】、【少年家 siau3-lian5-ke1】，【少年个 siau3-lian5-e0】、臺灣古禮十六歲「成丁」。年輕的女孩是【少女 siau3-lu2】。

滿二十歲是【青年儂 ching1-lian5-lang5】，未婚女人稱【小姐 sio2-tsia2】，已婚婦女可稱「屋送」（日語），一般而言，【大儂 tua7-lang5】狹義指青年時代。

步入中年，則稱【中年儂 tiong1-lian5-lang5】，男的當面稱「呵爾送」（日語）、【阿叔 a1-tsik4】或【阿伯 a1-peh4】，女的稱「呵肉送」（日語）、【阿姨

〔註101〕參見洪惟仁《臺灣禮俗語典》，頁68。
〔註102〕原文用【胿弄仔 kui5-gin2-a2】。陳修《台灣話大詞典》，頁955。

a1-i5】或【阿姆 a1-m2】。

五十幾歲的人叫【半老个 puan3-lau7-e0】，將老未老的意思。

六十歲以上的老人叫【老儂 lau7-lang5】、【老大儂 lau7-tua7-lang5】，男的當面稱【老前輩 lau7-tsian5-pue3】、【老阿伯也 lau7-a1-peh4-a0】、【老阿公也 lau7-a1-kong1-a0】；不禮貌的稱呼是【老歲（伙）仔 lau7-hue3-a0】、【老猴 lau7-kau5】、【老查甫 lau7- tsa1-poo2】、【老不休 lau7-put4-siu1】。

女的稱【阿婆 a1-po5】、【老阿婆 lau7- a1-po5】、【老阿媽 lau7- a1-ma2】。不禮貌的稱呼是【老查某 lau7- tsa1-boo2】、【老柴耙 lau7- tsha5-pe5】。〔註 103〕總共有 51 個詞彙。

總之，語言是人類看待世界的一種樣式，一般來說，對於一個民族越是重要的東西，這個民族對它的「語言分割」越是細密。屬於文化中心的詞彙比屬於文化邊緣的詞彙詳盡，反映文化現象的詞彙其數量與它在文化上的重要性成正比〔註 104〕。

有關出生的台語文化大致反映出，在早期傳統農業社會裡，一般人都希望有「子」繼承衣缽，且是多子多孫、重男輕女、望子成龍的心態，每個人似乎不等值，長子或長孫的出生受到最大、最好的待遇，相反女孩受到輕視。所以每位婦女在這種社會文化背景下，所承受的壓力是可想而知，她們能做的只有求助萬能的神明庇佑，以達成心願。

現代的台灣出生禮俗，簡單而淡化。過去重視生男孩「傳宗接待」的觀念，已被「生男生女一樣好」的宣傳教育所取代。想生小孩的人家可由醫院提供專業協助，而不少受過高等教育的婦女或夫婦，甚至抱持不婚、無子或少子的觀念，以省去麻煩。現代婦女多在醫院生產，安全可靠，生產過後有「坐月子中心」休養，嬰兒可由外籍女傭看僱，很快又可投入上班行列。生孩子人家為答謝親友或同事關心，則致送專業食品公司生產的油飯或蛋糕。

現代的台灣小孩子，在醫療、衛生制度普及情況下，已受到完善照顧。同時由於「少子女」觀念日漸普及，獨子、獨女的情況增多，相對地可以受到更好的生活照顧。而台灣社會制度健全，保護兒童也受到觀注。在這多重環境變遷下，民間生育禮俗已逐漸退出已往所扮演的重要角色。

〔註103〕參閱洪惟仁《臺灣禮俗語典》，頁 68～69。以及董忠司《臺灣閩南語辭典》。
〔註104〕申小龍《中國文化語言學》（吉林省：吉林教育出版社，1990 年），頁 12。

第二節　結婚禮俗

　　【結婚 kiat4-hun1】是人生大事。古代【婚禮 hun1-le2】有固定儀式，稱爲六禮。男女結婚要經過繁複的程序，才能結爲連理。今日結婚儀式洋化、簡化、多樣化，除宗教婚禮仍具備應有莊嚴性外，跳傘、騎馬、坐牛車、潛水等，都與傳統婚禮大異其趣。目前公證結婚、集團結婚則成爲婚禮的另一種形式。

　　古代婚禮分爲六個階段：納采、問名、納吉、納徵、請期、親迎，稱爲「六禮」，指舊時從議婚到完婚的手續與過程。始於周代。《儀禮・士昏禮》載其內容：「男家請媒人至女家提親謂之**納采 lap8-tsai2**；男家請媒人問女方名字和出生年月日以占卜吉凶謂之**問名 bun7-bing5**；男家卜得吉兆後，備禮告女家，決定締結婚姻謂之**納吉 lap8-kiat4**；男家給女家送聘禮謂之**納徵 lap8-ting1**；男家擇定婚期，備禮告女家，求其同意謂之**請期 tshiann2-ki5**；新郎至女家迎娶謂之**親迎 tshin1-ging5**。〔註105〕」六禮多行於貴族豪門，民間則因陋就簡。

　　《儀禮》有〈士昏禮〉，古時【婚姻 hun1-in1】稱「昏因」，乃是指黃昏才迎親而舉行婚禮。在原始社會盛行搶婚，容或因女家不同意這門婚事，男家以強抑弱的方式搶走新娘而成婚的事例。後來的婚姻也延續這種習俗，而於黃昏迎親。

　　這個過程雖歷經三千多年，但改變不多，直到四十多年來，男女自由戀愛風氣盛行，西洋觀念和作法引進台灣，於是結婚禮俗發生合併與變化。傳統婚禮大致仍可分爲：議婚、訂婚、結婚三大階段，以合乎現代人的要求。

　　台灣傳統婚俗傳自閩、粵，多半仍沿襲自周朝的「六禮」，其制定了結婚的過程與儀節，隨時代變遷，名稱及程序稍有改變，簡述如下——

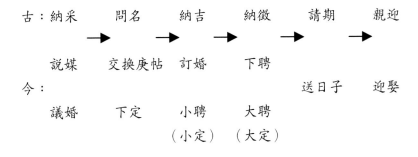

〔註105〕未著名《中國民俗辭典》（台北市：智揚出版社，1990年），頁62。

一、早期婚姻現象

清朝的法制規定，男子十六爲丁，女子十四爲口。一般早婚，但婚姻不需要男女雙方的共同承諾，通常照父母的意思結婚。換言之，在家族制度下，女子並非結婚作爲一位妻子，而是結婚作爲一位媳婦，特別是有【新婦仔 sin1-pu7-a2】（童養媳）的風俗，被強迫接受沒有愛的婚姻。昔日台灣是徹底的男尊女卑社會，女子出生被視爲「他人家神」出生，意指女子即非娘家的人，而是祭祀於他家的神佛。通常以【新婦仔 sin1-pu7-a2】或養女乃至查某嫻賣在他處，但從他家爲兒子買來【新婦仔 sin1-pu7-a2】。〔註106〕

在民風保守的年代，受到儒家思想的影響，因爲【男女授受不親 lam5 li2/lu2 siu7 siu7 put4 tshin1】的限制，婚姻大事全憑【父母之命，媒妁之言 hu7-bo2 tsi1 ming7，bue5-tsiok4 tsi-gian5。】，有所謂【明媒正娶 bing5 mui5 tsiann3 tshua7】（經過公開合法正式手續而結合的婚姻）〔註107〕。【媒人 mue5/hm5 lang5】扮演重要角色，因此產生許多與媒人有關的俗諺。

【媒人喙，糊累累。mue5/hm5 lang5 tshui3，hoo5 lui3 lui3。】（押 ui 韻），意謂媒人之言不可信。【三人共五目，日後無長短跤話。sann1 lang5 kang7 goo5 bak8，jit8 au7 bo5 tng5 te2 kha1 ue7。】〔註108〕、【媒人保入房，無保一世人 muai5 lang5 po2 jip8 pang5，bo5 po2 tsit8 si3 lang5。】〔註109〕（押 ang 韻），意謂媒人的推卸責任，凡是替人作仲介的都喜歡引用，一方面是開玩笑，一方面預先找下臺階。

不過一般人也相信，作媒促成良緣會有福報，所謂【做一擺媒人，卡好食三年清菜。tshoe3 tshit1 pai2 mue5/hm5 lang5，kha1 ho2 tsiah8 sann1 ni5 tshing1 tshai3。】。請媒人提親，台語叫【講親情 kong2-tshin1-tsiann5】。

除了常見的【媒人婆 mue5/hm5 lang5 po5】之外，臺灣習俗，新娘出嫁，因不熟習禮儀，因此請一位有經驗而且專業的女人陪伴，隨時指導，並且隨時隨處，不管出門進門、上車下車，飲食奉茶要說一些吉祥的話，俗稱【婆仔 po5-a2】。

台灣人先【揀新婦 king2 sin1-pu7】（選媳婦），然後【娶新婦 tshoa7 sin1-pu7】（娶媳婦）。【新婦 sin1-pu7】是個古漢語詞，在《後漢書·周郁妻

〔註106〕梶原通好著，李文祺譯《台灣農民的生活節俗》（1989 年），頁 99。
〔註107〕徐福全《福全台諺語典》，頁 303。
〔註108〕陳憲國、邱文錫《實用台灣諺語典》（台北縣、樟樹出版社，2000 年），頁 66。
〔註109〕陳憲國、邱文錫《實用台灣諺語典》，頁 482。

傳》中，周郁的父親將兒媳婦稱作「新婦」，後來北方改稱「媳婦」，而「新婦」這個古漢語詞一直保存在南方方言裡，「新婦」即家裡「新來的婦人」，它反映了漢族長期以來妻子到夫家落戶的婚姻制度〔註110〕。

日治時期，日本人梶原通好觀察到：

> 台灣有「愛」這字眼，卻沒有相當於「戀」的話。本島人的學校當局不太需要注意男女間的問題，據說是因爲完全不會發生所謂戀愛問題。

台灣從日據時代後期自由【戀愛 luan5-ai7】才在少數知識份子階層之間流行起來，但是光復初期，大約是五零年代以前，一般人對於自由戀愛還是不太同意，尤其是偏僻的鄉下〔註111〕。民間的說唱歌謠反映了當時的婚姻現象。

七字歌仔：〈婚姻歌〉

〔舊式結婚用命令，ku7-sik4 kiat4-hun1 iong7 bing7-ling7，
買賣價錢先聲明，be2-be7 ke3-tsinn5 sing1 sing1-bing5，
採用第三者〔註112〕爲正，tshai2-iong7 te7-san1-tsia2 ui7 tsing3，
價錢不好事袂成。ke3-tsinn5 bo5 ho2 su7 bue7-sing5。（押 ing 韻）
舊式婚姻講體面，ku7-sik4 hun1-im1 kong2 te1-bian1，
富窮絕對袂結緣，hu3-king5 tsuat8-tui3 bue7 kiat4-ian5，
如今禮數若無變，ju5-kim1 le2-soo3 na7 bo5 pian3，
有害眞濟的青年。iu2 hai7 tsin1 tse7 e7 tshing1-lian5。（押 ian 韻）
不管農家的貧女，put4-kuan2 long5-ka1 e5 pin5-lu2/li2，
無分富家的孩兒，bo5 hun1 hu3-ka1 e5 hai5-ji5，
愛情標準有主義，ai3-tsing5 pio1-tsun2 u7 tsu2-gi7，
最合現代的時期。tsue3 hap8 hian3-tai7 e7 si5-ki5。（押 i 韻）
家長心境著轉向，ka1-tiunn2 sim1-king2 tioh4 tsuan7 hiong3，
專制主義是無長〔註113〕，tsuan1-tse3 tsu2-gi7 si7 bo5 tng5/tiong5，
雖是兒女咱生養，sui1-si7 ji5-lu2 lan2 senn1-iong2，
親事〔註114〕得對囝相量。tshin1- su7 tit4 tui3 kiann2 siong3-liong5。

〔註110〕曲彥斌主編《中國民俗語言學》（上海：上海文藝出版社，1996 年），頁 99。
〔註111〕洪惟仁《臺灣禮俗語典》（台北市：自立晚報社，1986 年），頁 110。
〔註112〕採用第三者，即央人說媒。
〔註113〕無長，沒有好處。但也有無法長久的意思。

（押 iong 韻）〕〔註 115〕

二、婚禮儀俗

（一）議　婚

目前男女多自由戀愛，互訂終身，多不用議婚。

俗話說：【揀啊揀，king2 a0 king2，

揀著一个賣龍眼 king2 tioh8 tsit8 e5 be7 ging5 ging2。】

（押 ing 韻）

指女孩子選丈夫，選來選去，挑得很精細、很挑剔，最後卻挑到一個賣龍眼的。比喻婚姻是天所註定的緣份，憑自己怎麼挑怎麼選，不一定是最好的。〔註 116〕

過去由父母做主，憑媒妁之言，議婚為結婚禮俗的開端，首先由媒人尋找對象，一般擇偶所考慮因素包括：姓氏、年齡、容貌、教育與品德……等。

俗語說：【第一門風，te7-it4 mng5-hong1，

第二祖公。te7-ji7 tso3-kong1。】〔註 117〕（押 ong 韻）

【第一身體健康，te7-it4 sin1-the7 kian7-khong1，

第二學問普通，te7-ji7 hak4-bun1 pho3-thong1，

第三門戶相當，te7-sann1 bun5/mng5-hoo7 siong1-tong1，

第四待人春風。te7-si3 thai3 jin5 tshun1-hong1。】〔註 118〕（押 ong 韻）

【全姓不婚 kang5 sinn3 put4 hun1】（同姓不婚），是周朝以來三千多年的傳統，甚至異姓同祖也不婚，台灣的周、蘇、連；陳、胡、姚；徐、余、涂等各三姓，蕭、葉；柯、許等各二姓，因始祖相同，也不婚。

但在清代台灣宜蘭地區因為紛爭，「同姓不婚」的傳統被打破，諺語為證：

【陳林李，結生死。tan5 lim5 li2，kiat4 senn1 si2。】（押 i 韻）

〔註 114〕【親事 tshin1- su7】，婚姻之事。

〔註 115〕簡上仁《臺灣民謠》（台北市：眾文圖書公司，1992、1996 年），頁 156。吳瀛濤《臺灣諺語》（台北市：台灣英文出版社，1975、1979 年），頁 406。

〔註 116〕董忠司《臺灣閩南語辭典》，頁 633。

〔註 117〕溫惠雄，2002 年，《台灣人智慧俗語》，頁 146。

〔註 118〕溫惠雄，2002 年，《台灣人智慧俗語》，頁 146。

【陳無情，李無義，tan5 bo5 tsing5，li2 bo5 gi7，

姓林仔娶家己。senn3 lim5 a2 tshua7 ka1-ki2】〔註119〕（押 i 韻）

　　清同治年間，羅東、冬山地區，林、李兩家發生糾紛，陳姓居中調解，但林姓不從，遂使陳、李兩家聯合對抗林姓家族。從此陳、李與林姓家族之間，形成水火，不相往來，造成陳、李與林姓不通婚的家規。就林姓而言，陳、李兩姓無情無義，林姓家族只好自相通婚，使得宜蘭地區，林姓家族不避諱「同姓不婚」的習俗。

　　說媒擇偶的條件要視對方的社經背景是否相當－

【龍交龍，鳳交鳳，liong5 kau1 liong5，hong1 kau1 hong1，

隱龜交棟憨。un2-ku1 kau7 tong3-gong7。】〔註120〕

（押 ong 韻），否則就會

【娶著好某，tshua7 tioh8 ho2 boo2，

卡好天公祖。khah4 ho2 thinn1-kong1-tsoo2。

娶著歹某，tshua7 tioh8 phainn2 boo2，

一世人艱苦。tsit8 si3 lang5 kan1 khoo2。】〔註121〕。（押 oo 韻）

　　俗語中的【一个某，卡贏三身天公祖 tsit8 e5 boo2，kah4 iann5 sann1 sian1 thinn1-kong1-tsoo2】（押 oo 韻），是因爲台灣早期是外來移民的社會，在清朝統治台灣初期，規定「渡臺者一律不准攜家帶眷，既渡臺者，也不准招致家眷」，在供需不均衡的情況之下，當時平埔族的女兒家變得「物以稀爲貴」，所以才將「某」比喻做百姓最敬畏的天公，由此可見當時女兒家的行情。

　　基本條件符合後，媒人便居間穿梭，雙方家長也開始打聽對方個人及家庭情況，俗稱【探家風 tham3-ka1-hong1】。彼此初步都滿意，接著便正式【相親 siong3-tshin1】，也就是【對看 tui3-khuann3】或【對相 tui3- siong3】。相親滿意，進一步就要【合八字 ho5- peh4-ji7】。便要將女子的【八字 peh4-ji7】，就是生辰八字寫在紅紙，叫【庚帖 kinn1-thiap4】，由媒人交給男方去合婚，俗稱【提婚字仔 theh8-hun1-ji7-a0】或叫【提字 theh8- ji7】。男方收到女子八字後，將它陳放在大廳神桌上，並燒香祝告神明、祖先，經過三天，家中平安無事，表示是【好彩頭 ho2-tshai2-thau5】即好吉兆。才進一步把男女八

〔註119〕陳進傳〈宜蘭漢人家族文學初探〉《臺灣古典文學與文獻》東海大學中國文學系編。（台北：文津出版社，1999年），頁167。
〔註120〕陳憲國、邱文錫《實用台灣諺語典》，頁633。
〔註121〕陳憲國、邱文錫《實用台灣諺語典》，頁428。

字一起送到相命館請擇日師合婚，只要合於五行的金木水火土，謂之【三合 sam1-hap8】，沒有刑剋，【八字會合 peh4-ji7 e7 hah8】，即是天定良緣，親事便敲定了。如果八字袂合，婚事即告吹。「八字」的格式是：

男ＸＸＸ乾造○○年○○月○○日○○時建生

女ＸＸＸ坤造○○年○○月○○日○○時瑞生

台灣地區民眾認為「八字」會影響婚姻的幸福與否，所以要看彼此的八字是相符或相沖，於是傳出

【男命無假，lam5 mia7 bo5 ke2，

女命無真。li2 mia7 bo5 tsin1。】〔註122〕的俗諺。

由於女性八字事關幸福甚鉅，如果命中剋夫或帶【剪刀炳，鐵掃帚 ka1-to-ping，thih-sau3-tshiu2】，一定嫁不出去，所以會取假八字給對方，但男方則無須作假。【八字 peh4-ji7】是如此的受重視，只要知道生年月日時，就可判斷人的命運相性，俗語說：【落塗時，八字命 loh3 thoo5 si5，peh4 ji2 mia2】〔註123〕。一般人往往在女兒出生時，請算命先生偽造一個最符合命運相性的八字，所以女人的出生年月日和實際的大有出入。

（二）訂　婚

【訂婚 tiann7-hun1】又分為【小訂 sio2-tiann7】、【大訂 tua7-tiann7】兩步驟，如加上聘金即包括【完聘 uan5-phing3】的三個手續，現在多以「三合一」一併進行，通稱【送定 sang3-tiann7】或【搢定 kuann7-tiann7】。送定、完聘之後，決定婚期，叫做【看日子 khuann3-lit8-tsi1】或【乞日 khit4-lit8】。通常只要選在偶數的「雙日」即可，也有人請【看日師 khuann3-lit8-su1】擇日，來決定婚期【好日 ho2-lit8】。

在【送定 sang3-tiann7】送聘禮戴戒指時，由準新娘獻茶，男方可仔細觀看新娘的身體、容貌、走路姿態等，最主要的還是看看手相有無「斷掌」（即手掌中有無一條橫線），走路有沒有鴨母蹄。

俗語：【斷掌查甫做相公，tng7 tsiang2 tsa1-poo1 tso3 siunn3-kang1，

斷掌查某守空房。tng7 tsiang2 tsa1-boo2 siu2 khang1-pang5。】

〔註124〕（押 ang 韻）【相公 siunn3-kang1】古時妻子對丈夫的尊

〔註122〕林明義《台灣冠婚葬祭家禮全書》（台北：武陵出版社，1987年），頁132。

〔註123〕洪惟仁《臺灣禮俗語典》，頁116。

〔註124〕林明義《台灣冠婚葬祭家禮全書》，頁134。

稱，歌仔戲常用詞。〔註125〕在此要讀白話音才能對句。

是說有斷掌的男人有官運，而有斷掌的女人卻是個寡婦，這樣的女人自然不受歡迎。原因可能是斷掌的人有決斷力、較能幹，古時認爲「女子無才便是德」，太厲害的女人不好控制，所以不受歡迎。女子如走路鴨母蹄，俗話說【鴨母蹄，土跤趖 ah4-bu2-te5，thoo5-kha1-so5】（賤骨頭）。如果準新娘有這兩項破相，男方認爲不能聯姻，就以紅包壓茶盤，就此告辭。婚姻也告吹了〔註126〕。

另外也有【嫁著讀冊翁，ke3 tioh8 thak8 tsheh4 ang1，

　　　　　床頭睏，床尾芳。tshng5 thau5 khun3，tshng5 bue2 phang1】

　　　（押 ang 韻）俗語等。

訂婚當天早晨，由男方或家長或委託媒人送一對金戒指、小訂聘金及檳榔等禮物到女家，女子掛上戒指，即算【小訂 sio2-tiann7】、【小聘 sio2-phing3】。【大訂 toa7- tiann7】、【大聘 toa7-phing3】較隆重，禮品較豐富，有金戒指、聘金、檳榔、豬半隻或一腿、酒等。完聘通常包括聘禮、聘金和婚書三部分。男方送給女方的婚書叫【乾書 khian5-su1】，女方的【回婚書 hue5-hun1-su1】叫【坤書 khun1-su1】。

日本人梶原通好在《台灣農民的生活節俗》一書中，對於昔日台灣婚姻聘金現象有非常深刻的描述：

> 台灣婚姻聘金制度，本來是作爲禮物相授，但由於民間逐漸重視財物，現在流於所謂買賣婚姻。中產階級以上者大多拿出相當多的資財當聘金，那是新娘的私有財產。像這樣，兩家往往向其他人誇耀大量的聘金或嫁妝。下層階級完全視聘金的多寡，透過媒人協商，完全無異於物品的買賣。聘金的額度當然沒有固定，但即使是小農階級亦需數百圓，因此產生「新婦仔」的風俗。無論什麼場合，沒有聘金則不能娶妻，貧困者可能一生未娶，這是本島人在青年期拼命蓄財的原因之一。〔註127〕

另一位日本人山根勇藏也指出：

〔註125〕洪惟仁《臺灣禮俗語典》注【相公 siunn3-kang1】，今習慣讀 siong3-kong1，白話音逐漸沒落，頁 152。
〔註126〕姚漢秋《台灣婚俗古今談》（台北：臺原出版社，1991 年，1994 年），頁 19。
〔註127〕梶原通好著，李文祺譯《台灣農民的生活節俗》，頁 96。

從前台灣青年大多有一個嚴重的煩惱，並非青年期常見的對人生懷疑的苦惱，而是聘金的煩惱，娶妻難。台灣人想要娶妻的話，需要巨額的聘金，而聘金額數常受女方教育程度所左右。譬如說，要娶公學校畢業的女孩，至少要送三百圓給女方的家長，中等女子學校三年的，聘金一躍為八百圓，再讀一年師範科畢業，就增加兩百圓，變成一千圓。至於容貌美好的，則可以提高到一千二百圓、甚至二千圓。家長為了增加聘金，千方百計將女孩送進中學就讀，這是中下層社會現象。在紳士階級，女方會準備與聘金相當，或高出聘金的嫁妝。其中有人帶著田畑山林出嫁，也有人帶著股票嫁過去。〔註128〕

兩位日本人的記錄充分反映昔日台灣婚姻聘金現象的嚴重，以致閩南盛行的【新婦仔 sin1-pu7-a2】（童養媳）的風俗，同樣在台灣舊社會非常流行。

訂婚戴戒指

在舉行戴戒指儀式時，女訂婚人先坐在椅子上，再把腳擱在矮凳子上，這時媒人在旁邊唸：

〔懸椅坐，低椅靠腳，kuan5-i2 tse7，ke7-i2 khua3 kha1，

腳焦〔註129〕手焦，食飯配豬腳。kha1 ta1 tshiu2 ta1，tsiah8 png7

phue3 ti7- kha1。〕（押 a 韻）

祝福女訂婚人未來能過著少奶奶般優裕的生活。

女方收到禮品時，要將食品及禮餅供在神桌上祭祀神明和祖先，然後把禮餅分送給親友。女家要以餅包、米香、香蕉及芋種、銑炭回禮。

所謂：【好歹粿著會甜，ho2 phainn2 kue2 tioh4 e7 tinn1，

好歹查某著會生。ho2 phainn2 tsa1-boo2 tioh4 e7 sinn1。】〔註130〕

（押 inn 韻）

意思是粿不管其餡的好壞，最要緊的是皮要甜的；婦女不管外表長得美醜，最要緊的是能生育。

男方所送的食品中，各項都須退回一些，豬肉必將腿部奉還。

俗語：【肉要乎你食，bah4 ai3 hong5 li2 tsiah8，

〔註128〕山根勇藏《台灣民俗風物雜記》，頁 93。

〔註129〕【焦 ta1】，乾，沒有水份。

〔註130〕林曙光《打狗採風錄》（高雄：春暉出版社，1993 年），頁 312。

骨不使乎你哨。kut4 be sai2 hong5 li2 ge3。】〔註131〕。

因為婚嫁乃人生大事，男女雙方常為了面子、排場，大肆張羅備辦厚禮、聘金、嫁妝，造成男方【賒豬賒羊，無賒新娘 sia1 ti1 sia1 iunn5，bo5 sia1 sin1 niu5】〔註132〕（押 unn 韻）；女方則【嫁查某囝，卡慘著賊偷 ke3 tsa1-boo2-kiann2，khah4 tsham2 tioh8 tshat8 thau1】〔註133〕的現象。

古時，婚姻被認為是人生另一階段的大事，不得不認真依循古禮來進行，當然要耗費金錢與人力來辦理。因此，民間遂有【未富，毋通起大厝；未有，毋通娶新婦 bue7-hu7 m7-thang1 khi2 tua7-tshu3；bue7-u7 m7-thang1 tshoa7 sin1-pu7】〔註134〕（押 u 韻）的說法，事實也確然如此。

根據台灣習俗，女嬰養大，他日出嫁，定聘就要送來豬腳、大餅、檳榔等等禮物，以分贈親友。所以就有如童謠的盼望：

〈搖金囝〉

〔搖呀搖，搖金囝，搖金囝，io5 a2 io5，io5 kim1 kiann2，io5 kim1 kiann2，

搖豬跤，搖大餅，io5 ti7-kha1，io5 tua7-piann2，

搖檳榔，來相請。io5 pin1-nng5，lai5 sio1-tshiann2。〕〔註135〕（押 iann 韻）

這首是三言歌，節奏簡短，排偶句富韻律感，語言淺顯易懂。把孩子比喻為「金囝」反映了閩南人把孩子看得像金子一樣貴重的傳統思想。

押 iann 韻，聲調也一樣，而句首都以「搖」開頭，也形成特殊的聲音重複效果。「搖金囝」是一首傳統唸謠的搖籃曲。屬於母親哄騙小孩入睡的歌曲，旋律相當柔美，用溫柔的語調來唱。

（三）結 婚

現代一般大訂完聘之後，快者一個月即結婚，大都不超過四個月。結婚月份，除了農曆七月以外，都比較不忌諱。婚期決定後，男、女雙方都要進行各項準備工作，男方要佈置【新娘房 sin1-niu5-pang5】、【安床 ang1-tshng5】，

〔註131〕洪敏麟，洪英聖《臺灣風俗探源》，頁 297。
〔註132〕陳憲國、邱文錫《實用台灣諺語典》，頁 584。
〔註133〕陳憲國、邱文錫《實用台灣諺語典》，頁 535。
〔註134〕姚漢秋《台灣婚俗古今談》，頁 14。
〔註135〕廖漢臣《臺灣兒歌》（台中：臺灣省政府新聞處，1980 年），頁 129。

女方要【辦嫁妝 pan7-ke3-tsng1】縫製新娘服、【挽面 ban2-bin7】等。現代人也忙著拍婚照。

古人十分重視婚姻，古人認為「不孝有三，無後為大。」都盼望能「兒女滿堂」，和所謂的「多兒多女多福貴」。女子出嫁後若無法生子會被夫家休棄，因此女子的生育能力是婚姻幸福與否的關鍵，而娘家為了女兒婚姻美滿，總會在嫁妝中放上一些討吉利的物品。

如在新娘被子裏放上桂圓、核桃、紅棗、栗子、柿子、柏子、花生。桂圓，諧音【圓 uan5】，象徵夫妻圓圓滿滿；核桃，諧音【和 ho5】，意味著夫妻和諧；紅棗 ang5-tso2 華語棗諧音「早」，栗子諧音「立子」，象徵「早立子」，早生兒子；柿子諧音「事」，取「事事如意」；柏子有取「百子」的諧音；花生，諧音「花著生」，是交替著生，生了男孩再生女孩。

還有的地方習俗，如果嫁妝中有【櫃子 kui7-a0】，一定要抬在前面，表示【早生貴子 tsa2 senn1 kui3-tsu2】、【貴子在先 kui3-tsu2 tsai7 sian1】；如果把新郎和新娘的鞋套在一起，象徵兩人和諧到老；另外，我們常在戲劇中看到新郎用秤桿挑下新娘蓋頭，【秤 tshin3、tshing3】諧音【稱 tshing3】，圖的是新郎新娘「稱心如意」。

【安床 ang1-tshng5】時，除拜【床母 tshng5-bu2】外，央請一位父母兄弟俱全，最好又是肖龍的男孩在床上翻滾幾遍，【好命婆仔 ho2 mia7 po5-a2】在旁念著：

〔翻落舖，生查甫；ping2 loh8 phoo1，senn1 tsa1 poo1；（押 oo 韻）
翻過來，生秀才；ping2 kue3 lai5，senn1 siu3 tsai5；（押 ai 韻）
翻過去，生進士。ping2 kue3 khu3，senn1 tsin3 su7。（押 u 韻）〕

〔註 136〕

吉祥語。「安牀」後，新郎就不能單獨睡這張床，必須請位男孩陪睡，叫「煖房、壓床」，希望新娘入門後，早生小男孩。這裡的「去」要讀〔khu3〕才能與「士」押韻。

結婚前夕，新娘要和姊妹手帕交餐聚，就是【食姊妹桌 tsiah8-tsi2-muai7-toh4】。這時年長有福氣者和姊妹們都要在席間要說吉利話，祝福待嫁新娘婚姻美滿、幸福。

〔註 136〕鍾福山主編《禮儀民俗論述專輯（第五輯）婚禮禮儀篇》（內政部，1995 年），頁 251。

1、吃雞肉時唸

〔食雞，即會好起家。tsiah8 ke1，tsia2 e7 ho2 khi2 ke1〕。（押 e 韻）
因【雞 ke1】和【家 ke1】同音，所以要新娘吃雞肉才能使家運發達。

2、吃魷魚時唸

〔食魷魚，生囝好育飼。tsiah8 jiu5- hi5，senn1-kiann2 ho2 io1 tshi7〕。
（押 i 韻）
要新娘吃魷魚，就能讓生出來的小孩好撫養。因為魷魚的【魷 jiu5】和溫柔的
【柔 jiu5】同音，代表將來所生的小孩性情溫柔。

3、吃鹿肉時唸

〔食鹿，全壽福祿。tsiah8 lok8，tsuan5 siu7 hok4 lok8〕。（押 ok 韻）
吃鹿肉，能讓新娘壽福祿齊全。【鹿 lok8】和【祿 lok8】（古時稱官俸）同音。

4、吃豬肚時唸

〔食豬肚，囝婿大地步。tsiah8 ti7- too7，kiann2-sai3 tua7-te7-poo7〕。
（押 oo 韻）
吃豬肚，能讓丈夫創立大事業。【肚 too7】和【步 poo7】諧音。

5、吃肉丸時唸

〔食肉丸，萬事圓滿。tsiah8 bah4-uan5，ban7su7 uan5 buan2〕。（押
uan 韻）
吃肉丸，能讓新人萬事圓滿。【丸 uan5】和【圓滿 uan5- buan2】諧音。

6、吃魚肉時唸

〔食魚尾叉，緊做大家。tsiah8 hi5 bue2- tshe1，kin2 tso3 ta1-ke1〕。
（押 e 韻）
給新娘吃魚尾部的肉，祝福她早日「媳婦熬成婆」。因為魚尾都是呈扇形向外
張開，代表將來子孫眾多，自能很快的升格當婆婆。

7、吃福圓時唸

〔食福圓，生囝生孫中狀元。tsiah8 hok4- uan5，senn1-kiann2 senn1-
sun1 tiong3 tsiong7- uan5〕。（押 uan 韻）
福圓即龍眼乾，而【圓 uan5】與【元 uan5（白）/guan5（文）】同音，藉此聯
想祝福新娘的子孫能高中狀元。

8、吃紅棗時唸

〔食紅棗，年年好。tsiah8 ang5-ts<u>o</u>2，ni5 ni5 h<u>o</u>2〕。（押 o 韻）
因紅棗呈現代表吉祥的紅色，再加上【棗 tso2】和【好 ho2】諧音，使人興起好的聯想。

9、吃冬瓜時唸

〔食多瓜，大發花。tsiah8 tang1- k<u>ue</u>1，tua7-huat8- h<u>ue</u>1〕。（押 ue 韻）
因【瓜 kue1】和【花 hue1】諧音；而冬瓜的體型很長，象徵長壽；大發花就是大發財的意思。

10、吃芋頭時唸

〔食芋，新娘快大肚。tsiah8 <u>oo</u>7，sin1-niu5 kin2 tua7- t<u>oo</u>7〕。（押 oo
韻）
新娘吃了芋頭，就能很快懷孕。因【芋 oo7】和【肚 too7】諧音。

11、吃甜豆時唸

〔食甜豆，夫妻食到老老老。tsiah8 tinn1- t<u>au</u>7，ang1-bo2 tsiah8 ka3
lau7 lau7 l<u>au</u>7〕。（押 au 韻）
吃甜豆，能讓夫妻活到老，祝福新人白頭偕老。

12、吃橘子時唸

〔食甜桔，好尾結。tsiah8 tinn1-k<u>iat</u>4，ho2 bue2-k<u>iat</u>4〕。（押 iat 韻）
吃橘子能福壽全歸，有個好的晚年。

食姊妹桌的菜色並不固定，只要是六葷六素即可，因此所唸的吉祥話也就各不相同。但是最忌諱吃蔥、吃鴨，因為【蔥 tshang1】和【娼 tshiang1】同音，被認為是很不吉利的字眼；【鴨 ah4】和【押 ah4】諧音，也不吉利。在姊妹們說過吉祥話後，新娘須賞以紅包答禮，以示吉利。

【娶新娘 tshua7 sin1-niu5】，即舊禮的迎親或親迎。迎娶之日，須以全紅甜湯圓，款待賓客。紅表示喜氣，甜期許新人情蜜，圓表示幸福圓滿。

結婚當日要拜別父母，婆仔或媒人要視典禮進行的程序隨時【講好話 kong2-ho2-ue7】祝福新人一生幸福美滿。從拜別父母、蓋頭紗、上轎、啓程、灑緣粉、出轎、過火、過戶檻、入廳堂、拜堂、入洞房、結婚酒、喝新娘茶，到歸寧、正式洗手作羹湯，都有不同的四句聯來提醒或祝福新人。

結婚當天，新郎前往親迎，且有「新郎伴」相陪，男方除了帶豬腿、雞、魚、轎頭圓等供女方祭祖外，且要準備六份紅包。

1、女兒拜別父母

新娘拜別祖先的燭火，須由母舅點燃。俗諺【母舅，天公大 bo2-ku7 thinn1-kong1 tua7】，請由母舅點燃，意在尊崇舅父；母舅係其母娘家人，母舅點燭，意在誡囑新娘婚後，毋忘娘家。

四句聯

〔吉日良時來娶親，kiat4 jit8 liong5 si5 lai5 tshua7 tshin1，

拜別父母養育恩，pai3 piat4 pe7-bu2 iong2 iok8 un1/in1，

今日過門從孝順，kim1-jit8 kue3 nng5 tsiong5 hau3-sun7

雙竹透尾發萬金。siang1 tik4 thau3 bue2 huat4 ban7 kim1〕（押寬韻）

2、蓋頭紗

新娘須由女父挽出，交與新郎娶回。由女父（長兄或長輩）親自交與，意示其結合正當，並表示祈其疼愛如已。

四句聯

〔紗巾掀過來，sa1- kin1 hian1 kue3 lai5，

添丁大發財，thiam1-ting1 tua7 huat4-tsai5，（前二句押 ai 韻）

紗巾遮頭前，sa1- kin1 tsa1 thau5 tsian5，

囝孫代代出人前。kiann2-sun1 tai7 tai7 tshut4 lang5 tsian5（後二句押 ian 韻）〕

3、新娘上轎

〔新娘坐乎正，sin1-niu5 tse7 hoo7 tsiann3

入門才會得人痛。jip8-nng5 tsiah4 e7 tit4 lang5 thiann3〕（押 iann 韻）

4、花轎起程

新娘一出門，家人馬上潑水於地上；新娘上轎或車，即將一把夾有紅包的摺扇向外丟出，由其弟撿起，潑水表示不會休妻回娘家，丟扇表示從此屬於他姓人。

擲扇，台語意即【放性地 pang3-sing3-te7】，【扇 sinn3、sian3】和【性 sing3、sinn3】諧音，新娘係閨女，性多嬌不講理，父母憐惜不加計較；今天出閣，

爲人妻子、媳婦，須從夫教子，尊舅事姑，性情務必收歛。另外取意，去舊【姓 sinn3、sing3、senn3】存新（姓）、留【善 sian7】給娘家。

擲扇，象徵丟掉新娘在娘家的「小姐脾氣」。到了夫家，才會溫順的孝敬公婆，相夫教子。這是傳統上對女性性格的要求與期許，換句話說，也是一種壓制。

潑水，意味「水既潑，絕不收回」、「嫁出去的女兒，如潑出去的水」、「覆水難收」，從此女兒成了別人家的人，和娘家畫清界線。也在勉勵女婿疼愛女兒，夫唱婦隨，白頭偕老。從前大家庭制度非常重視姓氏宗親，同姓的人視爲一家，不同姓則爲外人。新娘雖是母親所生，但嫁入夫家之後，冠上夫姓，就不再是娘家的人了，因此用「潑水」儀式宣示此關係的變化。

傳統上，新娘嫁人之後，除了第三天歸寧回娘家作客外，從此便只能在每年的大年初二回娘家，平時不可以隨意回娘家。如果回娘家的次數頻繁，夫家人會猜疑媳婦把東西帶回娘家，爲了避嫌，娘家也不希望女兒常常回來。此外，娘家也希望女兒扮演好夫家人的角色，不要常回來牽扯，引人議論。

現在的人隨時都可以回娘家，十分自由，那是因爲女權伸張，小家庭制度流行，法律也不再規定太太冠夫性，以及社會結構觀念改變的關係。

四句聯

〔佳偶良緣天註定 ka1-ngoo2 liong5 ian5 thinn1 tsu3 <u>tiann</u>7
目屎流落心著驚 bak8 sai2 lau5 loh8 sim1 tioh4 <u>kiann</u>1
轎內坐椅要端正 kio7 lai7 tse7 i2 ai7 tuann1 ts<u>iann</u>3
阿母吩咐著愛聽 a2-bu2 hun1-hu3 tioh4 ai7 th<u>iann</u>1
向望入門翁姑痛 ng3-bang7 jip8-nng5 ang1 koo1 th<u>iann</u>3
勤儉富裕有名聲 khin5-khiam7 hu3-ju7 u7 mia5-s<u>iann</u>1
期待翁婿有官名 ki5-thai7 ang1-sai3 u7 kuann1-<u>mia</u>5〕
水潑落地轎起行 tsui2 phuat4 loh8 te7 kio7 khi2 k<u>iann</u>5。〕
（押 iann 韻）

迎親隊伍回程時，走在最前面的是一株帶有根和尾端的枝葉的青竹，叫做【竹梳 tik4-se1】，上面用紅絲線綁一塊豬肉，由一個人挑著在前面走，由於竹枝很長，尾端總會拖在地上，所以又稱爲【拖青 thua1-tshenn1】。據說這是爲了驅避「白虎神」，同時表示：新娘的貞節有如這枝青竹，不論在任何情況，都不改變。也有人用有節的甘蔗取代青竹。

5、撒緣粉

當花轎或喜車抵達男方家門時，男方立即鳴炮歡迎，媒人先下轎（或車），進入大廳，取出預備的鉛粉，一邊潑灑，一邊唸：

〔人未到，緣先到；lang5 bue7 kau3，ian5 sian1 kau3；（押 au 韻）

　入大廳，得人緣。jip8 tua7 thiann1，tit4 lang5 ian5。（押 ian 韻）〕

【鉛 ian5】和【緣 ian5】同音的聯想。民俗以為撒佈緣粉，意示有緣來聚，新娘與夫家易於投緣，相處融洽，新娘能得到眾人的疼愛

〔緣粉澎澎坱 ian5-hun2 phong7 phong7 ing1，

　錢銀滿厝間 tsinn5-gin5 buan2 tshu3 king1〕（押 ing 韻）

6、新娘出轎（新郎扇打轎頂，腳踢轎門）

新娘抵達男家，出轎與入房必選時辰，新郎扇打轎頂，腳踢轎門，其父母忌在現場觀禮。（舊時，新娘花轎抵達男方門口，新郎須前去腳踢轎門，如不慎一腳未能踢中轎門，則新娘氣勢必然高漲，凌駕公婆之上，日後家庭將難得和諧。）

接著由轎夫打開轎門，說四句吉祥話，如

〔今著轎門兩旁開，tann1 tioh8 kio7 mng5 siang1 ping5 khui1，

　金銀財寶做一堆，kim1-gin5 tsai5-po2 tso3 tsit8 tui1，

　新娘新婿入房內，sin1-niu5 sin1-sai3 jip8 pang5 lai7，

　生囝生孫進秀才 senn1-kiann2 senn1-sun1 tsin3 siu3 tsai5。〕〔註137〕

（前二句押 ui 韻；後二句押 ai 韻）

通常由一位男童用盤子捧多瓜糖、椪柑等請新娘出轎或車，接著由一位好命婆仔牽引出來，再由一位好命公仔手持八卦米篩遮在其頭上，入屋之前，要跨過一爐炭火，且忌踩門檻。

新娘接受男童祝福，婚後生活「甜蜜」；恭迎然後下車，藉以表示新娘並非急急投奔而來。

7、新娘【過火 kue3-hue2】

新娘跨火爐——置【生炭 senn1-thuann3】表示會【生湠 senn1-thuann3】（繁殖），且能去除不祥。新娘踏破瓦——瓦破人不破；【瓦 hia7】和【邪

〔註137〕林明義《台灣冠婚葬祭家禮全書》，頁 150。

sia5、ia5】諧音，瓦碎，意即：諸邪逐去。諺語：【瓦破人無破，錢銀挂厝蓋 hia7 phua3 lang5 bo5 phua3，tsinn5 gin5 tu7 tshu3 kua3】（押 ua 韻）

【過火 kue3-hue2】民俗信仰活動，地上舖上碳火，通常抬神轎先行通過，再由人赤足踏過，主要在顯現神威，有避邪、驅病的作用〔註138〕。

新娘在進入夫家時，必須跨過一盆火爐，爐內燒著木炭，火勢旺盛。象徵迎娶新人，家運和火勢一樣【旺旺 ong7 ong7】的意思。

同時，新娘在進入夫家時，必須準備一片瓦片放置地板，由新娘將其踩破，象徵新娘如同那瓦片一樣是完好如初的，直到進了夫家才破處女之身。這個儀式可以看出夫家對新娘貞潔的要求，可見是一種兩性不平等關係中的產物。婆仔唸：〔入門踏瓦全家攏勇健，jip8-nng5 tah8-hia7 tsuan5-ke1 long5 iong3-kiann7，（押 ia 韻）入門踏火才會有傢伙。jip8-nng5 tah8-hue2 tsiah4 e7 u7 ke1-hue2。（押 ue 韻）〕

8、新娘入門檻（不可踏到門檻）

新娘入大門時，腳不能踏到大門的【戶橂 hoo7-ting7】（門檻），否則會被視為剋公婆，【戶橂 hoo7-ting7】是家主人的象徵。所以在新娘入門時，腳要提高跨過，這時媒人或好命婆適時提醒她：

〔戶橂跨乎過，hoo7-ting7 khuah4 hoo7 kue3，

新娘吃甲百二歲。sin1-niu5 tsiah8 kah4 pah4-ji7-hue3。〕（押 ue 韻）

〔跤踏落地，kha1 tah4 lo7 te7，

金銀賰甲無地袋。kim1-gin5 tsun1 kah4 bo5 te7 te7。〕（押 e 韻）

新娘進入新房時，腳也不能踏到新房的【戶橂 hoo7-ting7】，否則會被視為剋丈夫，因為新房的門檻正代表新郎。這時媒人或好命婆唸：

〔跤仔提得懸，kha1-a0 the5 tit4 kuan5，

生囝生孫中狀元。senn1-kiann2 senn1-sun1 tiong3 tsiong7-guan5〕（押 uan 韻）

〔跤若舉得起，kha1 na7 giah8 tit4 khi2，

紅眠床金交椅。ang5-bin5-tshng5 kim1-kau1-i2。〕〔註139〕（押 i 韻）

〔註138〕董忠司《臺灣閩南語辭典》，頁 690。

〔註139〕【交椅 kau1-i2】有扶手有靠背的椅子，太師椅。金交椅，比喻過安穩幸福的生活。

過了門檻，房內若擺有竹圈，新娘須從中踏過，這時媒人或好命婆又唸：

〔跤踏入箍，頭胎生查甫。

kha1 tah8 jip8 khoo1，thau5 the1 senn1 tsa1-poo1。（押 oo 韻）

跤踏入圈，新郎緊做狀元，kha1 tah8 jip8 khuan1，sin1-long5 kin2 tso3 tsiong7- uan5，（押 uan 韻）

新娘緊做乾家。sin1-nioo5 kin2 tso3 ta1-ke1。〕

此時，媒人將自女家帶來的一瓶水倒入男家地上，表示祈求不會水土不服。

昔日在宜蘭，新娘進門時還有【倒腰 to3（白）/to2（文）-io1】的奇俗，現在沒有了。倒腰是指新娘到了夫家，進門時一群中年婦女擋在門口，由全福婆用手撐在新娘的背後，吩咐新娘向後仰，將肚子挺起弓形似的，讓這些圍觀的婦人鑑定她的肚子，甚至於還有人用手去摸摸新娘的肚子是否珠胎暗結。這是因為以前的鄉下人，男女一起在田野工作，怕婚前有不軌的行為，遂有這項奇俗。林衡道教授指出，風俗習慣都是由社會需要而產生出來的，有它們固有的功能。〔註140〕

9、提子孫桶（吉祥之人提子孫桶）擔尾擔者要入門，過門檻時要喊吉祥話：

〔子孫桶提（縣）起起，tsu2 sun1 thang2 kuann7 khi2 khi2,

前花園後果子。tsing5 hue1-hng5 au7 kue2 tsi2。

子孫桶過戶橂，tsu2 sun1 thang2 kue3 hoo7-ting7，

夫妻和合萬年興 hu1-tshe1 ho5 hap8 ban7 ni5 hing3。

尾擔提到戶橂頭，bue2-tann3 kuann7 kau3 hoo7-ting7 thau5，

新娘生囝真正賢。sin1-niu5 senn1 kiann2 tsin1 tsing1 gau5。〕

（前二句押 i 韻；中二句押 ing 韻；後二句押 au 韻）

子孫桶是洗澡用的桶，又稱為腰桶，古時用來生產，所以又稱為子孫桶。舊時女子出嫁時，嫁妝中都有一具子孫桶，由專人抬著放在行列的最後面，所以又稱為【尾擔 bue2-tann3】。

新郎、新娘進入新房後，坐在椅子上休息。這時抬子孫桶的人，就把子孫桶抬進洞房，一邊走，一邊唸：

〔尾擔提（縣）懸懸，bue2-tann3 kuann7 kuan5 kuan5，

〔註140〕林衡道口述，鄭木金記錄《臺灣史蹟源流》，頁440。

　　　　新娘生囝中狀元。sin1-niu5 senn1 kiann2 tiong3 tsiong7- <u>uan</u>5。

　　　　尾擔提（縣）浮浮，bue2-tann3 kuann7 <u>phu</u>5 <u>phu</u>5，

　　　　新娘生囝卡大牛。sin1-niu5 senn1 kiann2 khah4 tua7 <u>gu</u>5。〕

　　　（前二句押 uan 韻；後二句押 u 韻）

10、新娘入廳堂

　　〔新娘帶入門 sin1-niu5 tua3 jip8 m<u>ng</u>5，

　　　金銀財寶滿滿床 kim1-gin5 tshai5-po2 buan2 buan2 tsh<u>ng</u>5）

　　　新娘帶入廳 sin1-niu5 tua3 jip8 th<u>iann</u>1，

　　　新郎好名聲 sin1-long5 ho2 mia5-s<u>iann</u>1

　　　新娘牽入房 sin1-niu5 khan1 jip8 p<u>ang</u>5，

　　　囝孫代代出賢人 kiann2-sun1 tai7 tai7 tsut4 gau5-l<u>ang</u>5。〕

　　　（前二句押 ng 韻；中二句押 iann 韻；後二句押 ang 韻）

11、拜堂完婚

　　〔一拜天地謝恩典，it4 pai3 thian1-te7 sia7 un1 t<u>ian</u>2。

　　　再拜高堂福壽長，tsai3 pai3 ko1-tong5 hu3 siu7 t<u>ng</u>5，

　　　三拜乾坤生貴囝，sann1 pai3 khian5 khun1 senn1 kui3 k<u>iann</u>2，

　　　榮華富貴蘭菊芳。ing5 hua5 hu3 kui3 lan5 kiok4 ph<u>ang</u>1。〕〔註141〕

往昔，新娘入洞房，三天後才出廳拜神明公媽，晚近則先入廳，祭拜神明公媽，才入洞房。洞房內置兩張交椅，上覆一條黑長褲，每人各坐一條褲管，褲下置銅幣或鈔票，錢是財，褲與【庫 khoo3】同音，兩人坐財也坐庫，將來一定有財有庫。家人送來一顆豬心供兩人合吃，俗語稱【食豬心，才會同心 tsiah8 ti1-s<u>in</u>1 tsiah4 e7 kang5 s<u>in</u>1】〔註142〕（押 sin 韻）。其次是食圓仔，一開始，新郎、新娘各自吃一碗，接著互換著吃，好命婆在旁唸：

　　〔圓仔食一雙，inn5-a0 tsiah8 tsit8 s<u>iang</u>1，

　　　生囝生相公。senn1 kiann2 senn1 siunn3-k<u>ang</u>1。

　　　圓仔食一粒，inn5-a0 tsiah8 tsit8 l<u>iap</u>8，

　　　生囝生兩粒。senn1 kiann2 senn1 sun1 nng7- l<u>iap</u>8。〕

　　（前二句押 ang 韻；後二句押 iap 韻）

〔註141〕鍾福山主編《禮儀民俗論述專輯（第五輯）婚禮禮儀篇》，頁 265。

〔註142〕洪敏麟，洪英聖《臺灣風俗探源》，頁 300。

【兩粒 nng7- liap8】或【卵粒 nng7-liap8】即「兩粒睪丸」，也就是生男孩的意思。另外，俗話說：【新娘毋食，婆仔額 sin1-niu5 m7 tsiah8，po5-a2 giah8】〔註143〕（押 iah 韻）新娘害臊不敢吃東西，結果便宜了媒人。

接著共進酒食，俗稱【食酒婚桌 tsiah8-tsiu2-hun1-toh4】，即古代同牢合巹的遺意。菜色六葷六素，共十二道，略同新娘在家時所吃的食姊妹桌。從前由好命婆挾菜餵新娘，每吃一道菜，就唸一句吉祥話，以討吉祥。其中有道菜——魚頜，是專給新郎吃的，這時好命婆唸：

> 【食魚頜腮下〔註144〕，tsiah8 hi5 am7 e7，
>
> 　緊做老爸。kin2 tso3 lau7 pe7。（押 e 韻）
>
> 　食礁礁，生膦脬〔註145〕。tsiah8 ta1 ta1，senn1 lan7-pha1。（押 a 韻）】

合巹：古代結婚之夜，新郎與新娘各以半個匏（巹）盛酒漱口，以示親愛。

巹，（音ㄐㄧㄣˇ同緊），亦稱合巹，為婚禮中最後一個程序。鄭玄、阮諶所著《三禮圖》：合巹破匏為之，以線連柄端，其制一同匏爵。匏是匏瓜，剖分為二，象徵夫妻原為二體，用線把其柄連在一起，又象徵婚姻結合，將二人連成一體。據研究，合巹，在宋代已使用「交杯酒」，做法為兩盞以絲結連之，互飲一盞，謂之交杯〔註146〕。

12、送入洞房

> 〔送入洞房入房內，sang3 jip8 tong7-pang5 jip8 pang5 lai7
>
> 男女做陣天安排，lam5-lu2 tso3-tin7 thinn1 an1-pai5
>
> 今夜花燭千日愛，kim1-ia7 hua1-tsiok4 tshing1 jit8 ai3
>
> 生育貴子大發財。sing1-iok8 kui3-tsu2 tua7 huat4 tsai5。〕（押 ai 韻）

俗話說：

> 【頂半暝食你的粟，ting2-puann3-mi5,tsiah8 li2-e5-tshik4，
>
> 　下半暝食咱的粟。e5-puann3-mi5,tsiah8 lan2 -e5-tshik4。】〔註147〕
>
> 　（押 ik 韻）

〔註143〕周長楫、林鵬祥、魏南安編著《臺灣閩南諺語》（台北市：自立晚報社，1992年），頁193。

〔註144〕魚頜腮下，指魚下巴。

〔註145〕男人的陰囊。在此指兒子。礁礁，指吃乾淨。

〔註146〕張紫晨〈漢字與民俗〉見何九盈等主編，《中國漢字文化大觀》，頁254。

〔註147〕林明義《台灣冠婚葬祭家禮全書》，頁154。

意思是說在半夜十二點時，新娘對新郎說：「老鼠正在吃你家的米！」，半夜十二點後，新娘卻對新郎說：「老鼠正在吃我們家的米！」，不同時間說不同的話，把入床以後的互為一體，表達出來。

13、食婚酒桌（福壽之人唸喜句）

〔食魷魚，生囝好育飼。tsiah8 jiu5- hi5，senn1-kiann2 ho2 io1 tshi7。（押 i 韻）

食魚尾叉，緊做大家。tsiah8 hi5 bue2- tshe1，kin2 tso3 ta1-ke1。（押 e 韻）〕

14、鬧洞房

〔新娘真古意 sin1-niu5 tsin1 koo2-i3

鬧久會生氣 nau7 ku2 e7 siu7-khi3

大家轉來去 tai7-ke1 tng2 lai5 khi3

互因做把戲 hoo7 in1 tso3 pa2-hi3。〕（押 i 韻）

15、喜宴

【請人客 tshian2-lang5-kheh4】，做一天或分成幾天舉行。

〔主人準備好酒菜 tsu2-lang5 tsun2-pi7 ho2 tsiu2-tshai3

誠心誠意眾人知 sing5 sim1 sing5 i3 tsiong3 lang5 tshai1

山珍海味入喉內 san1-tin1-hai2-bi7 jip8 au5 lai7

祝福新人大發財 tsiok4-hok4 sin1-lang5 tua7 huat4-tsai5。〕

（押 ai 韻）

婚宴一般是十二道菜，其中必有甜湯圓，而老人、尊者、賢人都要坐在上席，外戚（新娘的親戚）也要坐在上席，俗語稱：

【天頂天公，thinn1 ting2 thinn1-kong1，

地下母舅公。te7 e7 bo2 ku7 kong1。】〔註148〕（押 ong 韻）

（上天以玉皇大帝，地下以外戚為最大）。

台灣原住民平埔族大多數屬「母系社會」，這種【母舅坐大位 bo2-ku7 tse7 tua7 ui7】是平埔族婚禮的風俗，在台灣的平埔族後代，或是給平埔族招贅的唐山公，都繼承了這項風俗，因為時間一久，都不知原來用意。但只要俗語掛在

〔註148〕林明義《台灣冠婚葬祭家禮全書》，頁 157。

嘴邊，這種習俗文化就永遠由語言記錄下來。〔註149〕

16、食新娘茶

婚宴席散後，先行「拜翁姑」禮，隨即舉行【食茶 tsiah8-te5】儀式，食茶是由媒人向新娘介紹男方親友，媒人要喊：

〔新娘出大廳，sin1-niu5 tsut4 tua7 thiann1，

錢銀滿大廳。kim1 gin5 buan2 tua7 thiann1。〕（押 iann 韻）

【食新娘茶 tsiah8 sin1-niu5 te5】就是新娘由媒人或家人作伴，新娘端茶依座位大小奉上，甜茶之後端糖果、福圓，再敬香煙或檳榔，最後收茶甌，此時親友即須將事先備妥的紅包，連茶甌送還，叫【砝茶盤 teh4-te5-puann5】並說吉祥話。新娘如遭捉弄，可以含蓄回應四句聯表示適可而止。從四句聯中可以看出時代背景不同，意涵也有差別，但都不脫祝福期許之意。如：

四句聯：

（1）〔新娘捧茶出大廳，sin1-niu5 phang5 te5 tsut4 tua7-thiann1，

有糖仔冬瓜餅，u7 thng5-a2 tang1-kue1-piann2，

甜茶新娘親手捧，tinn1-te5 sin1-niu5 tshin1 tshiu3 phang5，

敬母舅頭一人，king3 bo2-ku7 thau5 tsit8 lang5。〕

（前二句押 iann 韻；後二句押 ang 韻）

（2）〔民主時代，自由戀愛，bing5-tsu2 si5 tai7，tsi7 iu5 luan5 ai3，

免人紹介，雙人意愛，bian2 lang5 siau7 kai3，siang1-lang5 i3 ai3。〕

（押 ai 韻）

（3）〔茶杯捧高高，te5-pue1 phang5 kuan5 kuan5，

生囝生孫做立法委員。senn1-kiann2 senn1-sun1 tso3 lip8-huat4-ui2-uan5。〕（押 uan 韻）

南方廣種茶樹，民間普遍有喝茶習慣，種茶樹時必須用種子種植，不能用幼苗移植，它可以象徵理想中男女婚姻的一次性和堅不可移的性質，明許次紓《茶疏・考本》:「茶不移本，植必子生。古人結昏（婚），必以茶爲禮，取其不移置子之意也。」 於是人們就用「食茶」來指女子受聘〔註150〕。後來《醒世恒言》卷五用了「一女不吃兩家茶」這句俗語。

【食茶 tsiah8-te5】僅僅是一種形式，一道手續，因爲在「食茶」之前，

〔註149〕董峰政《全鬥句的台灣俗語》（台北市：百合文化事業公司，2004 年），頁 102。

〔註150〕參見溫端政〈方言與民俗〉，《中國語文》1988 年第 3 期。

經過媒人的撮合和雙方長輩的協商，兩家聯姻已基本商定。所以還要有「食茶」，只不過要顯得格外鄭重一些，以獲得一種「正式」的含意。可見「食茶」作為一種行為，在這裡已成為文化符號，這種文化符號使普通的行為顯示出不同尋常的意義。普通行為獲得這種意義後，便固定在詞語中，成為可以體現某種習俗，稱呼某種習俗的特殊詞語〔註151〕。

17、新娘送客

四句聯

〔食妳一粒檳榔青，tsiah8 li2 tsit8 liap8 pin1-nng5 tshinn1，
予妳冬尾生後生，hoo7 li2 tang1-bue2 senn1 hau7-sinn1，
食一枝煙，予妳年年春。tsiah8 tsit8 ki1 hun1，hoo7 li2 ni5 ni5 tshun1。〕
（前二句押 inn 韻；後二句押 un 韻）

這些從做媒、訂婚到結婚送客的四句聯、俗語，都充滿祝賀祈福的意義在。有些戲謔新娘的「兒童趣味歌」也挺有趣。

囡仔歌〈新娘新噹噹〉

〔新娘新噹噹，sin1-niu5，sin1 tang1 tang1，
褲底破一孔，khoo3 te2 phua3 tsit8 kang1，
頭前開店窗，thau5 tsing5 khui1 tiam3-thang1，
後壁磅米芳〔註152〕，au7 piah4 pong7 bi7-phang1，
米芳沒人買，bi7-phang1 bo5 lang5 be2，
跋落屎礐仔〔註153〕底。puah8 loh4 sai2-hak8-a2 te2。〕〔註154〕

整首六句，每句字數都是五字（最後一句除外），前四句押 ang 韻，後兩句換韻，押 e 韻。

18、出廳、入廚房

從前婚後第三天，新娘才能踏出洞房，到廳堂拜神明、公媽，稱為「出廳」。拜神以後，新娘在姑嫂帶領下，象徵性的到廚房煮飯，意思是從這天起開始做家事，每做一項工作時，都要說吉祥話。

入廚房時唸

〔註151〕戴昭銘，《文化語言學導論》（北京：語文出版社，2005 年），頁 202。
〔註152〕【磅米芳 pong7 bi7-phang1】，爆米花。董忠司《臺灣閩南語辭典》，頁 1039。
〔註153〕【屎礐仔 sai2-hak8-a2】，昔日廁所。董忠司《臺灣閩南語辭典》，頁 1123。
〔註154〕廖漢臣《臺灣兒歌》，頁 84。

〔新娘出灶跤，來碰灶，sin1-niu5 tshut4 tsau3-kha1，lai5 pong7 tsau3，
囝孫逐家攏有孝。kiann2 sun1 tak8-ke1 long2 iu2 hau3。〕〔註155〕
（押 au 韻）

整理灶時唸

〔新娘扐灶空，袂燻，sin1-niu5 la7 tsau3-khang1，bue7 hun1，
煮飯眞快滾，tsu2 png7 tsin1 khuai3 kun2，
大伯叔公來看笑文文 tua7-peh4 tsik4 kong1 lai5 khuann3 tshio3
bun5 bun5。〕〔註156〕（押 un 韻）

俗話說：【大目新娘看無灶 tua7 bak8 sin1-niu5 khuann3 bo5 tsau3】嘲笑人
看不見近在眼前、顯而易見的事物〔註157〕。

抓米餵雞時唸

〔年頭飼雞栽，ni5 thau5 tsi7 ke1-tsai1。
年尾做月內。ni5 bue2 tso3 gueh8 lai7。〕（押 ai 韻）
意思是年頭養雞，年尾就準備做月子。

〔冬頭飼雞栽，tang1 thau5 tsi7 ke1-tsai1，
冬尾做月內。tang1 bue2 tso3 gueh8 lai7。〕（押 ai 韻）

〔大的掠來刣，tua7-a0 liah8 lai5 thai5，
小的分同姒。sio2-a0 pun1 tang5-sai7。〕〔註158〕（押 ai 韻）

摸著筷子籠時唸

〔摸筷籠，即會知頭重。moo1 ti7-lang1，tsiah4 e7 tsai1 thau5 tang3。〕
〔註159〕（押 ang 韻）

拌豬時唸

〔攪潘泔，飼豬較大牛。kiau2 phun1 am2，tsi1 ti1 khah4 tua7 gu5。〕
〔註160〕

〔註155〕【攏 long2】，全、都的意思。【有孝 iu2 hau3】，孝順。
〔註156〕【扐 la7】，攪動、撥動的意思。【笑文文 tshio3 bun5 bun5】，微微的笑。
〔註157〕董忠司《臺灣閩南語辭典》，頁38。
〔註158〕【同姒 tang5-sai7】即妯娌。兄弟之妻叫做【同姒仔 tang5-sai7 a2】。
〔註159〕【知頭重 tsai1 thau5 tang3】，善待尊長。
〔註160〕【潘泔 phun1 am2】豬的飼料。攪潘泔，讓豬食均勻。

拜灶神時唸

〔拜灶君，起火袂燻，pai3 tsau3-kun1，khi2 hue2 bue7 hun1，

煮糜快滾。tsu2 bue5 khuai3 kun2。〕〔註161〕（押 un 韻）

俗話說：【大家（婆婆）有話，新婦無話 ta7-ke1 u7 ue1，sin1-pu7 bo5 ue1】，婆婆有講話的權力，媳婦沒有講話的餘地，充滿滿腹委屈和無奈。〔註162〕

（四）婚　後

婚後新娘首次返回娘家叫【頭轉客 thau5-tng2- kheh4】。新娘返回娘家則叫【做客 tso3-kheh4】、【轉厝 tng2-tshu3】、【轉外家 tng2-gua7-ke1】、【轉後頭厝 tng2-au7-thau5-tshu3】。

過去新娘第一次回娘家，最早也要完婚後第四天或十二天以後，最遲四到六個月，一般是一個月。現在多半選在婚後第二天。過去這一天由新娘弟弟來探視並接回，俗稱【舅仔探房 ku7-a2 tham3-pang5】。新郎陪新娘回娘家須帶禮物，岳家會設宴招待，俗稱【請囝婿 tshiann2-kiann2-sai3】。宴畢即回男家。俗話說：【暗暗摸，生查晡 am3 am3 moo1,senn1 tsa1 poo1】〔註163〕（押 oo 韻）娘家準備一對「帶路雞」、米糕上插「蓮蕉」、二枝連根帶尾甘蔗、還有弓蕉、桃（桃形的紅秔米粿）送新郎帶回。所有禮物都藉著諧音或象徵代表吉祥或祈望的意思。

【舅仔 ku7-a2】探房時，要帶著果子、紅花來拜訪新婚夫婦，如果新婦不是處女，或有其他的事發生，主婚者就會責備「舅仔」或媒人。如果都沒有什麼問題，表示夫婦倆恩恩愛愛，「舅仔」就可以得到水果和紅包，並可以坐轎子回家。

滿四個月後，新娘回娘家即可過夜，娘家做米糕供其攜回，再一次過夜，則做桃仔粿，第三次以後則不再有特別禮物。俗諺：

【頭米糕，二拜桃，thau5 bi2-ko1，ji7 pai3 tho5，

三拜即食無。sann1 pai3 tsiah4 tsiah8 bo5。】〔註164〕（押 o 韻）。

【歸寧 kui1-ling5】回娘家看望父母。即做客。俗語說：【一年一歸寧 it1-lian it1 kui1-ling5】。至於每年回娘家的日子，通常是新年期間。

〔註161〕【袂燻 bue7 hun1】，不會燻煙。【煮糜 tsu2 bue5】，即煮稀飯。
〔註162〕董峰政《全鬥句的台灣俗語》，頁100。
〔註163〕林明義《台灣冠婚葬祭家禮全書》，頁160。
〔註164〕洪敏麟，洪英聖《臺灣風俗探源》，頁301。

【有父有母初一二，u7 pe7 u7 bo2 tshe1 it1 ji7，

　無父無母初三四。bo5 pe7 bo5 bo2 tshe1 sann1 si3。】（押 i 韻）

　　即父母健在時初一二歸寧，父母俱亡，兄弟又陪妻子歸寧去了，只好初三或初四回娘家。如果與兄弟感情不好，那只好怨歎：

【有父有母初二三，u7 pe7 u7 bo2 tshe1 ji7 sann1，

　無父無母頭擔擔。bo5 pe7 bo5 bo2 thau5 tann1-tann1。】〔註165〕（押 ann 韻）。

歸寧之禮，用意有三：新郎陪同新娘回娘家，藉以拜見岳家親友；勉勵新娘毋忘爺娘，持家毋忘本；雙方既已結姻緣，已屬姻親，日後可常相往來。邀請者，由新娘弟弟充當，日後他是外甥母舅，身份崇高。歸寧之行，須當日黃昏之前，返抵夫家，如果延遲，將陷夫家前程晦暗，所以會親宴席，都在午間舉行〔註166〕。

三、異常婚俗

　　除正常結婚禮俗外，昔日也有童養媳婚、招贅婚、娶神主牌仔的「人鬼聯婚」等。根據一份日治時期（1935 年）的農家家族調查表，台北州下的農村 839 戶（其中女戶主 21 名），新婦仔 208 人，養女 159 人、查某嫺 7 人、招夫 13 人、招婿 44 人、過房子 9 人、螟蛉子 49 人。男子 1252 人，女子僅357 人，足證幼時已送人當新婦仔。〔註167〕

（一）童養媳婚

　　昔日傳統婚嫁要花費很多錢，對閩南台灣普遍貧困的農村社會是很沈重負擔，於是產生童養媳制度。即從小就領養女童做【新婦仔 sin1-pu7-a2】（童養媳）幫忙做家事，有的類似查某嫺，要做粗重工作。長大後就嫁給自己兒子，成為【新婦 sin1-pu7】。由於同姓不婚的習慣，【新婦仔 sin1-pu7-a2】必為異姓，年齡通常為二、三歲，幼女只要小額買收。因此，【新婦仔 sin1-pu7-a2】當然為養家的家族，但並非子女，與婚姻嫁過來者相同。〔註168〕

〔註165〕洪惟仁《臺灣禮俗語典》，頁 165。
〔註166〕蕭達雄《台澎地區禮俗禁忌論說——台語說禁忌》，頁 43。
〔註167〕梶原通好著，李文祺譯《台灣農民的生活節俗》，頁 88、168。
〔註168〕梶原通好著，李文祺譯《台灣農民的生活節俗》，頁 87。

【新婦仔 sin1-pu7-a2】通常都在【過年暗 kue2-ni5-am3】成親，台語叫【送做堆 sang3 tso3 tui1】〔註 169〕，【過年暗送做堆 kue2-ni5-am3 sang3 tso3 tui1】較多的原因，是因【過年暗 kue2-ni5-am3】係在十二月廿四日的送神以後，此時神已昇天不在，就利用神不在的時期結婚，免得擇日等儀式的麻煩。

林衡道教授深刻地描述這種情況：

> 大年夜一到，母親就把小媳婦叫進房間，替她插上一朵紅花，並吩咐兒子去穿一件長衫。然後由母親當起導演，帶這小倆口拜天地、祭祖先、互相交拜，並向雙親跪下叩頭，從此結爲正式夫妻。團圓飯的圓桌上，讓這一對小夫妻坐大位，雖然沒有宴請外客，這桌酒菜實際上即爲婚禮宴席，不必多耗分文，就能舉行婚禮，是最經濟實惠的辦法。〔註 170〕

「過年暗送做堆」習俗反映昔日基層社會民眾解決婚姻問題的另一種途徑。

台語【新婦 sin1-pu7】和【新婦仔 sin1-pu7-a2】雖說只差一個字，但待遇差很多。在台語裡【仔 a2】作爲詞尾，加在形體不大的普通名詞後面，有細小的意思。〔註 171〕【新婦仔 sin1-pu7-a2】通常很小就送給別人養，命運好的就可過正常生活，但大多數都很悲涼。【新婦仔神 sin1-pu7-a2 sin5】即是形容童養媳常有的一種委屈、哀怨的可憐相。〔註 172〕政治人物也常說【台灣人新婦仔命 tai5-uan5 lang5 sin1-pu7-a2 mia7】，用以形容身不由己，台灣的命運常掌握在別人手裡。

（二）招贅婚

招夫、招婿是一種異常的婚姻，也就是男人入贅到女家。招夫是寡婦在前夫的家裡，與別的男人結婚。招婿則是女兒不出嫁，女婿住進來。

最常見的情況是招家沒有男子孫可做爲繼嗣，或男子孫病弱幼小，無法管理家事，爲了維持生計和撫養老幼，只好招婚。至於男子願意入贅的原因，不外乎是經濟較差，沒錢娶妻。昔日台灣社會這種情形常發生。

招夫、招婿自然和招家發生親屬關係，但是依舊保有自己的姓，也沒有

〔註 169〕董忠司總編纂《臺灣閩南語辭典》，頁 1125。則用【揬做堆 sak4 tso3 tui1】，即圓房。

〔註 170〕林衡道口述，鄭木金記錄《臺灣史蹟源流》，頁 540。

〔註 171〕楊秀芳《臺灣閩南語詞法稿》（台北：大安出版社，1991，2000 年），頁 165。

〔註 172〕董忠司《臺灣閩南語辭典》，頁 1185。

失掉在自己家中的祭祀資格。可是在招家中，既無祭祀資格，如臨終不得徒舖到正廳；也沒有財產分配權。

招家若是以繼嗣為主要目的，通常所生的第一個男子從母姓，即台灣人普遍稱呼的【豬母姓 ti1-bu2（文）/bo2（白）-senn3】（男孩跟著母姓）另一說法是【豬母稅 ti1-bu2/bo2-sue3】保留母姓，形同抽稅。也有一種很特別的情況是【予外公做囝 hoo7 gua7-kong1 tso3 kiann2】，即男孩除了跟母姓之外，在申報戶口時，登記外公為親生父親，以做為日後延續香火、繼承財產的主要受益人。

（三）人鬼聯婚

人鬼聯姻風俗又叫【娶神主牌仔 tshua7 sin5-tsu2 phai5 a2】，目的在安女鬼的靈魂，把她正名嫁出，使靈魂受到男方兒孫的供奉，藉以避免淪為餓鬼孤魂。所以選擇對象，最好是已婚而有兒子的男人，表示他有後嗣可照顧亡魂。〔註173〕

學者謝聰輝先生指出：【冥婚 bing5-hun1】儀式，根源於中國文化【女有所歸 lu2 iu2 soo2 kui1】的集體心理結構意義。基本上是屬於「解除儀式」的一種，使「鬼有所歸」，不安定或危機得以解除，使之重新恢復穩定、有序的正常運作。具體意涵表現的就是「魂歸」和「婚歸」，事實上就是從重複傳統喪禮文化中【奠 tian7】〔註174〕進入【祭 tse3】的象徵過程，解除早夭女子沒有完成「婚歸」，以致無子嗣按時祭拜、永享香火的冤怨，使其享祀血食香火，列入家譜、神主入籍於婚歸家族神聖代表的【公媽牌〔註175〕 kong1-ma2-pai5】，成為先妣而生命不朽，與夫家家族成為生命共同體。〔註176〕

另外，若是前妻死亡而續弦者，則新娘入廳後，拜神明公媽之外，還得站在堂內高椅上祭拜前妻，聲明願疼前妻之子如己所出。

俗語：【站高椅，拜大姊。khia3 kuan5 i2，pai3 tua7 tsi2。】〔註177〕

（押 i 韻）。

〔註173〕董芳苑《認識臺灣民間信仰》，頁248。
〔註174〕【奠 tian7】，人死未葬，奠而不祭，既葬有神主為祭。在此則指人死但還沒有完成「點主」儀式（即魂魄尚無歸宿）的祭拜。
〔註175〕【牌 pai5】，此處作「靈位」意思，例：神主牌仔 sin5-tsu2-pai5-a2。董忠司《臺灣閩南語辭典》，頁976。
〔註176〕謝聰輝〈台灣冥婚儀禮的文化意涵〉《台灣人文》第二期，1998年。
〔註177〕洪敏麟，洪英聖《臺灣風俗探源》，頁302。

四、婚俗與台語

（一）婚嫁禁忌

過去，婚姻不只是兩個新人的結合，而是家庭，甚至是家族的大事。所以極力講求喜氣福祥，避免節外生枝，因而產生種種所謂的【婚嫁禁忌 hun1-ke3 kim3-ki7】。台灣民間認為藉禁忌習俗可避免發生不幸的事件，乃是一種「寧可信其有，不可信其無」的避諱心理。

新人男女年齡忌差六歲或九歲，男女年齡相差六歲為大沖，九歲為小沖，議婚時的重要項目。年齡相差過大，認知、溝通不易。女大於男一或二歲，一般都能認同，【某大姐，金交椅 boo2 tua7 tsi2，kim1 kau1 i2】（押 i 韻），妻長則善於相夫持家，使夫家富貴。在閩南等地，有忌「三六九」的說法，認為男女年齡相差三歲、六歲或九歲，結婚後會出現不和諧現象。可能是受數術的影響，因為閩南婚俗最忌男女年齡相差六歲。相差六歲正是命理中的相沖現象〔註178〕。

相親人數，忌由奇數人員組成。訂婚的禮金、禮餅都須偶數，禮物還須貼寫有祝語的紅紙。偶數取其成雙成對，萬世富貴之意。祝語在祈求吉祥。

迎娶和送親的賓相、車輛、押車的童男童女也需成雙，陪嫁的錢物、洞房及舉行婚禮儀式廳堂的紅燭等陳設、飾物（如喜字、對聯、窗花等）都取雙數。

當訂婚儀式結束，男方的人要離開時，女方忌說「再來坐」，認為「再」與再婚有聯繫，微笑點頭示意即可，男方須靜靜離去，以免女方有再嫁的忌諱。

男方送來的喜餅，準新娘不能吃，因為準新娘若吃了自己的喜餅，就好像將自身的喜氣吃掉一樣。另外，喜餅忌送贈新婚親友，新婚三個月內都具喜氣，民俗禁忌「喜氣相沖」，以免受害。

台灣婚禮忌在農曆四月到九月間舉行。一般認為：四月是死月，因台語【四 si3】與【死 si2】諧音，凡與「四」牽涉的時間、處所及事物都有避諱。

五月的【五 goo7】與【誤 goo7】諧音，為免被認為這姻緣係一錯誤之舉，乃加以避免。

六月半年妻，易招【六月娶半冬某 lak gue tsua pua tang boo2】之厄，即

〔註178〕曲彥斌主編《中國民俗語言學》，頁 191。

六月恰屬半年，恐怕將來會半途而散，故忌婚嫁〔註179〕。

七月娶鬼某，民俗謂七月鬼門敞開，鬼魂滿佈，易招【七月娶鬼某 tshit gue tsua kui2 boo2】之議。冥婚是例外。

八月娶土地婆亦不論婚嫁。民俗謂土地公娶妻在八月，而土地婆「御夫」有術，土地公非常懼內，為免所娶妻子是一兇悍、難馴潑婦，故也避免。

【九月狗頭重，死某亦死翁 kau2-gueh8 kau2 thau5 tang7，si2 boo2 ia7 si2 ang1】〔註180〕（尾韻 ang）。九月秋殺之氣，凶殺感覺特重，民俗視為忌月。九月的【九 kau2】與【狗 kau2】諧音，狗吠較多；九月有霜降節氣，萬物肅殺之始，且【霜 song1】與【喪 song1】諧音〔註181〕。

婚禮忌在農曆四月到九月間舉行，表面是從吉凶上考量，而實際則是根據農忙、農閒與氣候變化的關係而約定俗成的。台灣十月到隔年三月是農閒時期，四月到九月是農忙時期。而且四月到九月天氣正值暑熱，颱風、暴風雨變幻無常，往往會打亂人們的正常生活安排。如果恰在預定的嫁娶日來了颱風，或者天氣特別炎熱，都會影響嫁娶的正常進行，影響人們喜慶的心境，給人們帶來煩惱，這對吉慶喜事來說是不祥之兆，所以四月到九月便成了嫁娶的「忌月」了。〔註182〕

另外，【孤鸞年 koo1-luan5-ni5】命相者之言，相傳這一年結婚的男女會喪偶。另一說這一年結婚的男女不會生孩子。因此，孤鸞年是結婚的淡季。〔註183〕

安床後至新婚前夜，新郎不得獨眠，必召男童伴之，取生男之兆。否則，【睏空舖，不死翁，亦死某 khun3 khang1 phoo3，bo5 si2 ang1，ia7 si2 boo2】（押 oo 韻）。此禁獨眠之忌，也有延至新婚四月者，四月內，若一方出遠門，也要召同性共眠。新婚之日，晨間，男方安床後，嚴禁任何人等（含新郎），坐臥其上。

新娘裝，須以綢布製作，忌用緞布裁縫。【綢 tiu5】音同【稠 tiu5】（意

〔註179〕徐福全《福全台諺語典》，頁106。

〔註180〕徐福全《福全台諺語典》則用【九月煞頭重，無死某亦死尪 kau2-gue sua thau5 tang bo5 si2 boo2 ia si ang】俗忌婚嫁。頁55。

〔註181〕蕭達雄《台澎地區禮俗禁忌論說——台語說禁忌》，頁32。

〔註182〕任騁《中國民間禁忌》（台北：漢欣文化事業公司，1993年，1996年），頁156。

〔註183〕董忠司《臺灣閩南語辭典》，頁664。

思是多而密），以【綢仔布 tiu5-a2-poo3】（絲布）治裝，期能多子多孫；【緞 tuan7】，【斷 tuan7】音同，不穿緞裝，以免新娘此生斷子斷孫〔註184〕。

《辭源》綢，絲織物的通稱。緞，中國特產的一種質地厚實而有光澤的絲織品〔註185〕。《普通話閩南語詞典》【綢仔 tiu5-a2】，薄而軟的絲織品。【緞仔 tuan7-a2】，質地較實，一面平滑有光彩的絲織品。綢緞，綢子和緞子，泛指絲織品〔註186〕。

新娘衣服忌有口袋，傳說會帶走娘家的財氣，女子婚後都以夫家為重，帶走父家之「福」，宜加避免。亦忌用兩塊布縫接，以防再婚。

新娘穿著婚紗，忌脫而再穿。民俗以為，倘若二次穿著，其婚姻生活必遭障礙離異，此生將做二次新娘。

婚嫁儀式中忌生肖屬虎的人觀禮，因為虎會傷人，為免夫妻不合或日後不孕，故忌肖虎者。亦忌小孩在場，因為小孩易哭，哭為不祥之兆。出嫁時忌遇出殯，忌凶沖喜。也忌帶孝者在場，因服喪的人煞氣重，都視為不祥。

新娘入男家忌踏大門【戶橂 hoo7-ting7】（門檻）〔代表公婆〕房門門檻〔代表丈夫〕若踏了則剋公婆或丈夫。有人認為，第闌，皆護衛家庭的主構，踩蹬，視同挑戰舅姑權威，日後必受嚴苛對待，故須忌之。另一說法，以免觸犯【戶橂 hoo7-ting7】神，否則男家有人遇喪病之災。

忌新婚夫婦吃【蔥 tshong1、tshang1】「和【沖 tshiong1、tshiang1】諧音」，吃【鴨 ah4】「和【押 ah4】諧音」，以免新郎將來坐牢。同時婚宴忌上「鴨肉」，尤忌以鹹粥饗客。早期喪家答謝協辦喪葬事宜者，多以絲瓜、瓠瓜、蝦仁所煮的鹹粥款待，故婚宴忌上粥品。

鬧洞房時忌姑母、小姑在場，因「姑」與台語【孤 koo1】（意為單一、無伴）音同〔註187〕。倘「姑」字輩者擅入洞房，將陷新人於孤獨之境。新人將折損一人，陷存者於孑然一身。

（二）婚俗語言文化

1、詞　彙

台語的【親 tshin1】字，與婚姻有很大的關聯。

〔註184〕蕭達雄《台澎地區禮俗禁忌論說——台語說禁忌》，頁36。
〔註185〕大陸版《辭源》，頁1328、1333。
〔註186〕廈大中語所漢語研究室《普通話閩南語詞典》（台北：台笠出版社，1993年），頁105、189。
〔註187〕曲彥斌主編《中國民俗語言學》，頁103。

　　請媒人穿針引線，促成姻緣，台語叫【講親情 kong2-tshin1-tsiann5】（提親）。

　　兩個家庭因【親事 tshin1-su7】（婚姻）而成為【親情 tshin1-tsiann5】（台語作名詞用，親戚），互稱【親家 tshin1-ke1】（新人父母互稱）、或是【親家 tshin1-ke1】（男性）【親姆 tshin1-m2】（女性）。兩個家庭衍生的其他關係，則是【親情五十 tshin1-tsiann5 goo7 tsap8】（泛指親戚）。

　　若兩個家族，不只有一椿婚姻關係，則是【兩重親 nng7-ting5-tshin1】、【親沓親 tshin1 thah8 tshin1】（都是親上加親的意思）。

　　昔日，傳統社會重視香火的繼承，因而產生一些非婚生子女的現象，稱為【抱个 pho7-e0】（抱養別人的子女）。親自生的子女，則稱為【親生 tshin1-senn1】、【親生个 tshin1-senn1-e0】、【親生囝 tshin1-senn1-kiann2】。

2、俗　諺

　俗諺：【施黃許，赤查某。si1 ng5 khoo2，tshiah4 tsha1 boo2】（押 oo 韻）

　　　　【娶了施黃許，敬如天公祖。tshua7 liau2 si1 ng5 khoo2，king3 ju5 thinn1-kong1-tsoo2】（押 oo 韻）

形容鹿港大姓勢力龐大，連女人都非常凶悍。

　　鹿港在清代成為貿易大港後，不斷有移民遷入定居，幾個大姓不但集中聚居，而且宗支分明，在大姓各據地盤的情況下，鹿港街內幾乎由施黃許郭四姓劃分範圍，其餘各姓，除了少數富商、士紳家族外，很難在街內形成聚居勢力。〔註 188〕

　俗諺：【欲娶嘉義人，欲嫁台南翁。beh4 tshua7 ka1-gi7 lang5，beh4 ke3 tai5-lam5 ang1。】（押 ang 韻）嘉義人嫁女兒嫁妝多，台南人娶媳婦對娘家友善。〔註 189〕

3、吉祥話

　　傳統婚姻禮俗，根源於長久的文化累積，而顯得繁文縟節。昔日婚姻當事人又都是早婚的青年，所以常常由專業的媒婆、伴娘、婆仔等幫忙，在儀式進行中提醒引導，逐漸形成押韻的台語「吉祥話」，一方面討口彩，另一方

〔註 188〕戴寶村、王峙萍《從台灣諺語看台灣歷史》，頁 99。
〔註 189〕徐福全，1998 年，《福全台諺語典》，頁 530。原稿用「要」。另有【娶嘉義某，嫁台南尪 tshua7 ka1-gi boo2，ke3 tai1-lam5 ang1】林茂賢《臺灣俚諺研習專輯》，頁 47。

面有教導、或引導新人的意味。

結婚是喜事，是在一種怡悅的氣氛中進行各項儀式，其中包含了除邪去穢、趨吉避凶……等意涵外，說說「吉祥話」來滿足人們一種追求「財、子、壽」具全的心理，也是這種場合最受歡迎的語言表達。所以在台灣形成「四句聯」以押韻方式，對當事人表達祝福的特殊語言文化。

（三）小　結

昔日娶老婆，【厚禮數 kau7 le2 soo3】（繁文縟節）會把新人操得很累，說到娶老婆時，第一次結婚時難免沒經驗，這是正常的，什麼事都靠著長輩來教你或告訴你，叫你拜你就拜，叫你跪你就跪，像魁儡一樣，所以俗語說【你若知禮數著無团婿通作 li2 na7 tsai1 le2 soo3，tioh4 bo5 kiann2 sai3 thang1 tso3】（押寬韻），意思是說要是你第一次結婚若懂得這些結婚的禮數就不用作女婿了，可能已經是作丈人了，就已經升格了，這句話用來形容娶老婆的禮數太過繁雜。

對照於傳統的婚俗，以現在的婚禮儀式而言早已簡化許多，但有部分精神仍被保留，如討吉利、祝新人百年好合、早生貴子等。此外，昔日一場婚姻彷似利益條件交換，致婚姻始終蒙上一層工具性的價值，兩性在這一場婚姻中或許僅如棋子般身不由己。

現代婚俗，大多數已講求尊重個人選擇，儀式自由而多樣。由家長作主的婚姻幾乎已成絕響，自由戀愛是常態，頂多透過友人介紹媒合，再經過交往而論及婚嫁。兩個新人共議婚姻進行方式，請客仍是必要的，儀式和請客合併進行也是常態，飯店、專業餐宴店配合提供服務；請客範圍則視新人家族和交友情形而決定；婚後環遊寶島或出國渡假成為風氣。

有關結婚的台語文化大致反映出，在早期傳統農業社會裡，男女婚姻由家長主導、重視家庭繁衍的文化，家庭提供一切支援，在媒人的穿針引線、居中協調、儀式導演下，順利結合兩對新人，或兩個家庭的關係。男女新人處於被動的角色，婚前彼此所知有限，所以大多數家庭藉由命相，祈望神明賜予他們永結同心的力量。相較目前開放社會，自由婚姻，男女新人有較多彼此認識，追求共同組成新家庭願望，有很大的文化或價值上的差別。

第三節　喪葬禮俗

【死亡 si2-bong5】是生命自然的循環，但由於人類是有深情的動物，所

以總令人鼻酸涕泣，人的哀痛，甚於其他動物。死亡也是人生最悲痛的事，因此【喪〔註190〕葬禮俗 song1 tsong3 le2 siok8】最爲繁複【厚禮數 kau7 le2 soo3】。

荷蘭學者 Van Gennep 將喪禮當作生命禮儀之一，與出生、成年、結婚同爲一種通過儀式（rite of passage），表示其社會地位的轉變，以調適新的情境與地位。而中國喪禮重在讓死者加入祖先的社會，喪禮與國人的族嗣觀念有關，儀式中最後的除靈、安位、合爐、死者即進入「祖先」，爲穩定的神靈。如無族嗣則成爲不穩定的一群，至多成爲義民廟、萬善祠、或是厲鬼。〔註191〕

台灣大部份人對死亡的觀念是【靈魂不滅 ling5-hun5 put4 biat8】，認爲人是靈魂與肉體的結合，當人死後，肉體歸於塵土，靈魂卻離開身體永存宇宙之間，同時靈魂對其子孫會加以保護。因此生前，子孫要盡孝；死後，子孫要祭祀。

台灣各地所行的喪禮，原本主要是傳承自閩、粵的舊俗，而有泉、漳及客俗等，來台後也在各地傳續不絕，其間歷經清領、日據以至國民政府不同時期的統治，而迭有變化，不過較大的改變仍是近四、五十年來，由於工商業社會的轉型，導致喪禮文化產生較大的變化，特別是在都市化較明顯的地區，喪葬禮俗確有逐漸簡化的趨勢。

由於民間的喪葬習俗本來就呈現複合儀禮的現象：通常分由不同的掌禮者主持，也分別舉行其各自的儀式，但是這些儀式、儀具又能複合爲一；也可單用其喪禮中的祭奠部份，而不必複合道、佛等宗教儀禮。類此喪葬禮俗所表現的正是大體有一致的禮儀，也會隨著地方習俗、或是個別的宗教信仰，形成各具有特色的各地方的喪禮習俗。

古人諱言【死 si2】，今人也相同。同樣指死，換另一個較含蓄的詞彙來講，聽起來較高雅而不刺耳。台語用【過身 ke3/kue3-sin1】、【過氣 ke3/kue3-khui3】、【過往 ke3/kue3-ong2】、【行去 kiann5-khi0】、【翹去 khiau3- khi0】、【往生 ong2-sing1】、【轉去 tng7-khi0】、【老去 lau7-khi0】，等表示去世。

諺語：【去揣伊祖公，食甜粿。

　　　khi3 tshue7 i1 tsoo2-kong1，tsiah8 tinn1-kue2。】。〔註192〕

〔註190〕【喪 song1/ song3（文）、sng1/san1（白）】，死亡，亦指有關哀悼死者的禮數。董忠司《臺灣閩南語辭典》，頁 1226。
〔註191〕謝聰輝〈傳統喪禮與道教功德〉，未刊稿。
〔註192〕吳瀛濤《臺灣諺語》（台北市：台灣英文出版社，1975、1979 年），頁 70。

歇後語：【去土州，賣鴨卵──死了。khi3 thoo2 tsiu1 bue7 ah4 nng7──si2 lah0。】，土州是指黃泉，去土州，即去地府。那人已在黃泉賣鴨蛋了，即此人已死亡。〔註193〕

一、初終儀節

俗語：【也著神，也著人 ia7 tioh4 sin5,ia7 tioh4 jin5】〔註194〕（押 in 韻），凡親長生病，家人必細心侍候，遍延名醫診治，並向神明祈願，請道士做法事，若病危病人未見起色，就表示已無希望了，要將病人從寢室移到【大廳 tua7-thiann1】左側，首向內足向外，名為【徙舖 sua2-phoo1】、【搬舖 puann1-phoo1】或【搬廳 puann1- thiann1】。

一般人認為大廳是家中最好的位置，若能在此瞑目，可算光榮、幸福。如不【徙舖 sua2-phoo1】，病人死在寢室，其亡魂仍留在房內，沒辦法立刻超生，會受到很多痛苦，所以一定要「徙舖」。若晚輩病危徙舖，只能放在正廳右側，十五歲以下病危孩童只能放邊間。不但妾侍不能佔【廳頭 thiann1-thau5】，贅夫也不能佔廳頭。

有個傳說：「三十六歲」是人的本歲，活到三十六歲以上才不算【夭壽 iau2-siu7】，否則犯有「不孝之罪」，在陰司地府要接受各種刑罰，還要關在「枉死城」裡受苦。故年輕人出殯前，父母要棍打棺木，表示已受父母責罰，才可以在閻羅王面前減輕罪刑。

俗傳六十六也是一個【關 kuan1】，語云：【年過六十六，閻王要吃肉 ni5 kue3 lak8 tsap8 lak8，giam5 ong5 beh4 tsiah8 bah4】，作六十六大壽時，女兒要買豬肉回來祝壽，只要壽星吃過豬肉就不要緊。活過六十六歲，萬一死亡，【喪事 song1-su7】就可當【喜事 hi2- su7】辦理，遺族可以不必哭泣。〔註195〕

俗諺：【一樣生，百樣死。it4 iunn7 sinn1，pah4 iunn7 si2。】〔註196〕（押 i 韻），一般認為老而壽終正寢者為順終，否則即為不順終，不順終是突發厄運而死於外的則為凶死，凶死在外的，入木前都須到出事地【引魂 in2-hun5】，即請道士或僧尼前往死亡地點誦經超渡亡魂，且引導死者靈魂回喪家。

〔註193〕溫惠雄《台灣人智慧歇後語》（台北市：宏欣文化事業公司，2002 年），頁 51。
〔註194〕徐福全《台灣民間傳統喪葬儀節研究》，頁 31。
〔註195〕《從笨港到北港》，國民小學教師自編鄉土教材系列雲林縣政府編印，http://cuy.ylc.edu.tw/~cuy14/eBook/ch10.htm
〔註196〕周長楫等《臺灣閩南諺語》（台北市：自立晚報，1992 年），頁 14。

俗語：【冷喪，不入莊。ling2 song1，put4 jip8 tsng1。】〔註197〕（押 ng韻）習俗忌諱死於外地者的屍體進入家屋，傳統觀念較深的老人及長期患病者，多固執在家養病。「冷喪，不入莊（社）」表示死於外地者，大家已認為他是野鬼了，野鬼能祟人，古人酷信鬼神，固守此戒，沒有敢違犯的，所以因病住院，一旦危急，家屬即刻退院，以期能入家廳壽終正寢。

病人一旦斷氣，一般在死者身上蓋上一條【水被 tsui2-phe7】。家人立即號哭並分頭辦事，首先要用紅紙將神明公媽遮住，在死者腳尾要供上腳尾飯、腳尾火、腳尾爐，並燒腳尾紙。將門扉闔上一扇，並吊白布幔將屍床四周圍住，俗稱「吊九條」。在未入木前，必留子孫日夜在旁守護，俗稱【守舖siu2-phoo1】，以免遭受貓狗破壞，並盼靈魂安祥。已歛者稱【守靈 siu2-ling5】或【睏棺跤 khun3 kuan1-kha1】。

台灣傳統風俗，人一死了，全家要放聲大哭。每當弔客來時，女眷就要嚎啕大哭，要是沒有哭，弔客視為不吉利，會生氣的。因此，到日據時期還有職業性的哭婆，受僱為喪家助哭。為什麼要這麼做呢？

民俗學者林衡道教授指出，有兩個原因：世界上所有的民族在原始時代，都懼怕亡靈，放聲大哭，就是告訴死者，你已經死了，可以到你的另一個國度去了。像歐洲和日本的中古，都流行對死者唱輓歌。還有一個原因就是我們漢人深受儒家孝道思想的薰陶，父母死了，都要表示非常悲慟。〔註198〕

台灣喪服制度出自古禮，有所謂五服，但服喪僅限晚輩對長輩，而長輩不為晚輩服喪。服喪，台語叫【挂孝 koa3-ha3】、【帶孝 toa3-ha3】、【穿孝tshing7-ha3】。【孝服 ha3-hok8】、【麻衫 mua5-sann1】，即喪服，分為麻（麻布）、苧（苧麻布）、藍（藍布）、黃（黃布）、紅（紅布）、白（白布）等，依其與死者的親疏遠近而有不同。孝男頭上戴麻布，已婚者多兩個耳塞子及麻布在冠前，乃奉勸不要聽耳語。俗語：【老父娘禮〔註199〕死落山，家伙見人搬lau7-pe7 niu5-le2/ne2 si2 loh4 suann1,ke1-hue2 kinn3 lang5 puann1】〔註200〕（押 uann 韻）意謂孝男居喪都聾不聞人語。

〔註197〕徐福全《台灣民間傳統喪葬儀節研究》，頁31。
〔註198〕林衡道口述，鄭木金記錄《臺灣史蹟源流》（台北：青年日報，1987年），頁451。
〔註199〕娘禮，應作娘嬭，niu5-le2/ne2，稱呼母親，為較古用法。陳正統主編《閩南話漳腔辭典》，忌死去的母親，只用以號喪時的呼叫。
〔註200〕徐福全《台灣民間傳統喪葬儀節研究》，頁81。

　　孫為第二代，本穿用苧布，但因台灣受宗法重視嫡長子觀念影響，不只分產時，長孫與諸子平等持分，且喪服也用麻布，以表示重血脈，所以俚俗：【大孫頂尾囝 tua7-sun1 ting2 bue2-kiann2】〔註201〕。

　　台灣人觀念認為夫妻平等，不相為服，且不論誰先死，出殯時存者不送亡者。大伯、小叔、兄嫂、弟媳以及妯娌五者通常都無服，亦不相送，俗語：【予妯娌送，包散。〔註202〕hoo7 tang5 sai7 sang3，pau1 san3。】〔註203〕。（押an韻，元音相同屬合韻）

　　屍體在舖，親戚往弔，稱為【探舖 tham3-phoo1】，往弔者叫【埋喪 bai5-song1】，弔祭時，主人須唱：「某某（死者之名或稱謂）！某某某（賓之名或稱謂）來向您燒香！您要保佑伊，腳健手健大賺錢。」孝眷跪於屍傍舉哀謝弔。一般非至親較少探舖，往弔者忌入廟。

　　本省人都相信時日的吉凶對一家興衰的影響，除了赤貧者外，一般人喪事更注重忌諱，入木、移柩、落葬都須選擇時日。一般是先看入木時辰；然後才看【墓地 bong7-te7】〔註204〕，選擇墓地，還要講究【風水 hong1-sui2】；地決定了再看「出山 tshut4-soann1」時日；日子看好便要報喪、買板、乞水。

　　俗諺：【死父扛去埋，死母等待後頭來 si2 pe1 kng1 khi3 tai5,si2 bo3 tan2 thai7 au7 thau5 lai5】〔註205〕（押ai韻），意思是父喪兒輩猶可自理，母喪則凡事要尊重外家的意見。若是母喪，要通知外家，俗稱【報白 po3-peh8】、【報外家 po3-gua7-ke1】。孝子往母舅家報白要帶一白一黑兩塊布，到達時不可進門，只能在門口跪哭喊：「娘禮！娘禮！」舅舅聞聲而出，牽他起身，須給水喝，收下白布退還黑布（黑布等出山日，母舅來拜，作為壓種用的【轉祖裙 tng2 tsoo2 kun5】（表示人死升格為祖先神明，轉去祖先的身軀邊），表示母舅將前往弔喪。若請人代為報白要送紅包，俗諺：【報死灌水 po3 si2 kuan3 tsui2】〔註206〕代報者主動向外家要茶水喝，否則俗信報喪者會走霉運。

　　【有祖接祖，無祖接石鼓。u7 tsoo2 tsiap4 tsoo2，bo5 tsoo2 tsiap4 tsioh8 koo2。】（押oo韻）本省習俗，母喪須向娘家報喪。如果，母親沒舅家或母

〔註201〕徐福全《台灣民間傳統喪葬儀節研究》，頁90。
〔註202〕【散 san3】，貧窮。
〔註203〕徐福全《台灣民間傳統喪葬儀節研究》，頁98。
〔註204〕董忠司《臺灣閩南語辭典》，墓bong7（白）、boo7（文）。洪惟仁《臺灣禮俗語典》，泉腔皆應讀boo7；在漳腔文讀。
〔註205〕徐福全《台灣民間傳統喪葬儀節研究》，頁63。
〔註206〕徐福全《台灣民間傳統喪葬儀節研究》，頁64。

舅在遠方謀生，也沒義舅代表，則須到郊外或僻處搬一塊石頭回喪家充代。
〔註207〕

此外向親友分【訃音 hu3-im1】，謂之【發喪 huat4-song1】，也稱【報白 po3-peh8】，俗稱【放白貼 pang3-peh8-thiap4】。一般訃聞、輓聯都是白色系，五代同堂才印製懸掛紅色，表示福壽全歸之意。

出嫁女聞耗奔喪回去，離家一段距離便須號哭，俗稱【哭路頭 khau3 loo7 thau5】。凡父母嚥氣時未隨侍在側的子孫，自外地回來，必須爬在地上匍匐入門，表示自己不孝，未能隨侍在側的一種懺悔與悲痛。

昔時「哭路頭」聲調淒絕且多有言辭，如下例為母喪：「娘嬭！娘嬭！我今轉來揣無娘嬭！娘嬭！，無疑娘嬭和我分開去，永過轉來，有我娘嬭笑頭笑面，卜來共我有言有語，今轉來揣無娘嬭，乎子想不過娘嬭。一日看過一日，想卜娘嬭能好，我今有三四事，無娘嬭，可憐子，叫子看卜怎樣，娘嬭，望卜娘嬭加食十年二十年，不知娘嬭行到此路，永遠不歸，永遠無娘嬭娘嬭」。

往昔沒有娛樂的時代，一般人都喜歡看鄰里的迎嫁妝、迎新娘、哭路頭、迎出山，當做樂趣。所以說，當某家的人死了，到時，鄰里們就去等著看他的女兒表演【哭路頭 khau3-loo7-thau5】。因為有些女子表演得太動人了，圍觀的人，跟著傷心、流淚，甚至哭紅著臉，趕快回家。表演「哭路頭」讓圍觀的人大受感動之外，女兒一進家門看到父或母的靈堂，還要表演一下太傷心的動作，額頭撞向牆壁，旁邊的人立刻攔阻，挽扶她起來，並加以安慰，然後倒一杯茶給她喝。

民俗學者林衡道教授指出，在閩南一帶，這種「哭路頭」是基層社會的風俗，讀書人是沒有的。這是一種即時即景的輓歌。昔時，中下階層的女子沒有受過教育，而沒有受過教育的人記憶力很好。況且，以前不識字的人全靠腦子的記憶，而且有心理準備，看過人家「哭路頭」就把它記起來，到時輪到自己的雙親過世時，也跟著表演一番。〔註208〕

慟哭原是人性的自然表現，但在儒家規定為一種【禮數 le2-soo3】，凡父母、翁姑死亡不敢不哭。

俗語說：【新婦哭禮數，查某囝哭腸肚。】

〔註207〕徐福全《福全台諺語典》，頁324。
〔註208〕林衡道口述，鄭木金記錄《臺灣史蹟源流》，頁453。

sin1-pu7 khau3 le2-soo3，tsa1-bo2-kiann2 khau3 tng5-too7】

〔註209〕（押oo韻）。

【見靈不哀，不如無來 kin ling5 put4 ai7，put4 ju5 bo5 lai5】

（押ai韻），來弔喪而無哀悼之意，不如不來。〔註210〕

【發喪 huat4-song1】之後，撕去所有門聯紅紙，並在門上貼寫有黑字的白紙，上面寫【嚴制 giam5-tse3】（父死），【慈制 tsu5-tse3】（母死），【忌中 ki7-tiong1】（其他人）。男貼在左門，女貼在右門〔註211〕。

運棺到喪家，俗稱【放板 pang3-pan2】或【放壽板 pang3-siu7-pan2】。到離喪宅幾十公尺遠時要暫停，孝男等穿孝服哀號來跪接，並哭說：「阿爸（母），您的大厝已買來了。」俗稱【接板 tsih4-pan2】或【接棺 tsih4-kuann1】。接板時爲首者帶一袋米、一副桶箍、一支新掃把，米與桶箍放在板上，俗稱「磧棺」，土公並唱道：【白米壓大厝，子孫年年富。peh8 bi2 teh4 tua7 tsu3，tsu2 sun1 ni5 ni5 hu。3】〔註212〕（押u韻）。新掃把用來掃棺，同時孝子每人都拿銀紙在棺前燒，燒完，棺木才抬進家門。

歇後語：【棺柴內老鼠──齪死人。kuann1-tsha5 lai7 niau2-tshi2──tsak4 si2 lang5。】棺柴內的老鼠專門擾亂死者，故說「齪死人」；這有煩死了的雙關語意。〔註213〕

接棺後隨即【乞水 khit4-tsui2】或【請水 tshiann2-tsui2】，子孫全部穿孝服往河川走，爲首者帶小水瓶、香、四方金、兩枚硬幣，到水濱，燒香焚金，投幣於河，下跪用小水瓶順流舀水。乞水返家，旋即舉行沐浴、穿衫、辭生、分手尾錢儀式。【沐浴 bok8-ik8】，由長子或土公，以白布沾乞自河川之水，由頭到腳做一比劃，此時土公須唸吉利話，如：

〔跟你洗頭，kah4 li2 se2 thau5，

愛乎囝孫食到老老老；ai7 hoo7 kiann2-sun1 tsiah8 kau3 lau2 lau2 lau2，

跟你洗腳尾，kah4 li2 se2 kha1 bue2，

愛乎囝孫人人有好尾 ai7 hoo7 kiann2-sun1 lang5 lang5 u7 ho2

〔註209〕洪惟仁《臺灣禮俗語典》，頁248。
〔註210〕徐福全《福全台諺語典》，頁533。
〔註211〕洪惟仁《臺灣禮俗語典》，頁250。
〔註212〕徐福全《台灣民間傳統喪葬儀節研究》，頁130。
〔註213〕林文平《台灣歇後語典》，頁151。

bue2。〕〔註 214〕。

　　（前二句押 au 韻；後二句押 ue 韻）

　　為死者擦身體、穿衫，叫【張穿 tiunn1-tshing7】，所穿【壽衣 siu7-i1】，依貴賤、年齡，有三重、五重、七重，乃至十一重，一般人都穿「七重 tshit4-ting5」，年紀大的可以增加幾重。梳頭戴帽（烏布由媳婦裁製），穿鞋著襪由女兒做，

　　俗語：【新婦頭，查某囝腳 sin1 pu7 thau5，tsa5 boo2 kiann2 kha1】。

　　給死者換衫時，邊換邊哭，並說：

　　　　〔換新新，好安眠，uann7 sin1 sin1，ho2 an1- bin5，

　　　　就天堂，早出陽 tsiu7 thian1- tong5，tsa2 tshut4 iong5。〕。

　　　　（前二句押 in 韻；後二句押 ong 韻）

凡穿戴及某物，即向死者，唱明它是什麼人所作或出錢。穿好後，須唱：

　　　　〔為你穿真春，ui7 li2 tshing7 tsin1 tshun1，

　　　　乎你去見閻君；hoo7 li2 khi3 kian3 giam5 kun1，

　　　　穿好好，乎你去見老祖 tsin1 ho2 ho2，hoo7 li2 khi3 kian3 lau7 tsoo2。〕〔註 215〕

　　　　（前二句押 un 韻；後二句元音相近）

死者在入歛前，還要吃一頓，叫【辭生 si5-senn1】，在世最後一次永別儀禮，為死後第二次奠祭（第一次奠祭是腳尾飯），也是死者在陽間最後一餐。須準備六至十二碗食碗，包括雞、肝、土豆、菲菜、豆腐、豬肉等，陳於死者面前，長子站在竹椅上，其他跪於旁，由土公用竹筷代死者夾菜，每夾一道便唸一句吉利話，如：

　　　　〔食雞，tsiah8 ke1，

　　　　囝孫逐家好起家，kiann2-sun1 tak8 ke1 ho2 ki3 ke1；（押 e 韻）

　　　　食肝，tsiah8 kuann1，

　　　　囝孫代代做大官 kiann2-sun1 tai7 tai7 tso3 tua7 kuann1；（押 uann 韻）

　　　　雞肉挾乎你食 ke1-bah4 giap8 hoo7 li2 tsiah8，

　　　　你不甘食，li2 m7-kam1 tsiah8，

〔註 214〕徐福全《台灣民間傳統喪葬儀節研究》，頁 141。
〔註 215〕徐福全《台灣民間傳統喪葬儀節研究》，頁 142。

留乎囝孫食，lau5 hoo7 kiann2-sun1 tsiah8，

囝孫代代大好額 kiann2-sun1 tai7tai7 ho2 giah8，（押 iah 韻）

食雞頭，tsiah8 ke1 thau5，

囝孫大出頭，kiann2-sun1 tua7 tsut4 thau5，（押 au 韻）

食雞尾，tsiah8 ke1-bue2，

囝孫昌盛，有頭有尾，kiann2-sun1 tshiong1-sing7，u7 thau5 u7 bue2，（押 ue 韻）

食甜豆，tsiah8 tinn1-tau7，

囝孫食到老老老，kiann2-sun1 tsiah8 kau3 lau2 lau2 lau2，（押 au 韻）

食肉，田園置萬甲；tsiah8 bah4，tshan5-hng5 ti3 ban7 kah4，（押 ah 韻）

食魚，tsiah8 hi5，

乎你囝孫好育飼；hoo7 li2 kiann2-sun1 ho2 io1 tshi7，（押 i 韻）

食韭菜，tsiah8 ku2-tsai3，

乎你囝孫萬萬代，hoo7 li2 kiann2-sun1 ban7 ban7 tai7。（押 ai 韻）

跟你飼五穀，kah4 li2 tshi7 goo7-kok4，

囝孫得福祿；kiann2-sun1 tit4 hok4 lok8，（押 ok 韻）

跟你飼一嘴，kah4 li2 tshi7 tsit8 tsui2，

囝孫萬年富貴。kiann2-sun1 ban7-ni5 hu3 kui3。（押 ui 韻）〕〔註216〕。

隨後【分手尾錢 pun1-tshiu2-bue2-tsinn5】，把預放在死者衣袋內的錢分給子孫。俗語：【放手尾錢，富貴萬年 pang3 tshiu2 bue2 tsinn5,hu3 kui3 ban7 ni5】〔註217〕（押 i 韻）就是希望子孫能永久富貴。

入木前必須製【魂帛 hun5-peh8】以泊其魂，製魂旛以召其魂，製聖梤以通人神。一般都以白線串二枚銅幣作成，以便作功德、捧飯時問亡魂是否聽到？是否食完？

俗語：【在生憑講話，tsai7 sing1 ping5 kong1 ue7，

死了憑跋梤（擲杯）。〔註218〕si2 liau2 ping5 puat8 pue1。】〔註219〕

〔註216〕徐福全《台灣民間傳統喪葬儀節研究》，頁 193。
〔註217〕徐福全《台灣民間傳統喪葬儀節研究》，頁 201。
〔註218〕擲杯。董忠司，《臺灣閩南語辭典》作【跋梤 puat8 pue1】，神祇前占卜問吉凶。【梤 pue1】，即新月形器具。另有用「卜杯」。
〔註219〕徐福全《台灣民間傳統喪葬儀節研究》，頁 183。

（押 ue 韻）

【入殮〔註 220〕jip8-liam7】是扶屍入棺加蓋封釘，即所謂【大殮 tua7-liam7】。【入木 jip8-bok8】時辰到，便須扶屍入棺，土公扶屍入木，子孫要在旁幫忙，此時有四忌：忌生肖沖犯、忌啼哭流淚、忌人影被屍體壓住、忌逢打雷。屍體左腳下塞壽金，右腳下塞銀紙，俗稱【倒腳踏金，正腳踏銀 to2 kha1 tah8 kim1,tsiann1 kha1 tah8 gin5】（音近）。屍體雙手，戴若干金飾、玉器，然後戴手套，手邊放一根桃枝及一個飯糰、石頭、熟卵、豆豉苞……等。腿部陳放一對糊紙或紙剪的僕女，俗稱【隨身嫺仔 sui5-sin1-kan2-a0】。諸物都陳放完畢，最後覆蓋水被，棺內如還有空隙，必須用銀紙填實，使屍體不會搖動傾斜。每放一件東西，土公都有唱詞，如：

〔天會下紅雨，海水會乾，thinn1 e7 loh8 ang5 hoo7，hai2 tsui2 e7 ta1，
馬會發角，蚯蚓會生腳，be2 e7 huat4 kak4，thoo5-bun2 e7 senn1 kha1，
石頭會爛，tsioh8-thau5 e7 nua7，
熟鴨卵會出囝，sik8-ah4-nng7 e7 tshut4 kiann2，
豆苞會出芽，tau7-pau1 e7 tshut4 ge5，
彼時陰陽才可相會，he1 si5 im1-iong5 tsiah4 ko3 siong1-hue1，
幽明才可相見。iu1-bing5 tsiah4 koo7 sio1 kian3。〕〔註 221〕

若是母喪，必待【外家 gua7 ke1】前來審視，才敢蓋棺，世有俚諺：

【天公、地公、母舅公。thinn1-kong1、te7-kong1、bo2 ku7 kong1。】
（押 ong 韻）

【天頂天公，地下母舅公。thinn1 ting2 thinn1-kong1，te7 e7 bo2 ku7 kong1。】〔註 222〕（押 ong 韻）

證明舅權之大。同樣是妻子的兄弟，但其稱呼却因場合而有所區別：

喜慶場合稱爲【母舅 bu2 ku7】，喪葬場合稱爲【外家 gua7 ke1】。如果顛倒稱呼，則會令人感受不同的尷尬場面，不可收拾。〔註 223〕

〔註 220〕【殮 liam7】，收屍於棺。屍體入棺後，稱【柩 kiu7】，一般稱【棺柩 kiu7】、【靈柩 ling5-kiu7】。
〔註 221〕徐福全《台灣民間傳統喪葬儀節研究》，頁 220。
〔註 222〕徐福全《台灣民間傳統喪葬儀節研究》，頁 207。
〔註 223〕許金用《台灣民俗文化彙編》（桃園：內海國小鄉土文化研究會，1992 年），頁 236。

　　屍體安置好後，有的隨即加蓋封釘，父喪由族長主釘，母喪由母舅主釘，謂之【封釘 hong1-ting1】。每封一釘，例須唸吉祥語一句，子孫等並大聲應「有！」以祈吉兆。吉祥語有很多組：【點丁歌 tiam2-ting1-koa1】又稱【封釘歌 hong1-ting1- koa1】

〔一點釘，囝孫昌盛，it4 tiam2 ting1，kiann2-sun1 tshiong1-sing7，

二點釘，科甲連登，ji7 tiam2 ting1，kho1 kah4 lian5 ting1，

三點釘，三元及第，sam1 tiam2 ting1，sann1 guan5 kip4 te1，

四點釘，黃金滿籯〔註224〕，siang1 tiam2 ting1，ng5-kim1 buan2 ing5，（押 ing）

五點釘，釘咧懸，goo7 tiam2 ting1，ting1 leh4 kuan5，

囝孫代代中狀元。kiann2-sun1 tai7 tai7 tiong3 tsiong7- uan5。（押 uan）〕〔註225〕

　　封釘以後，由道士鳴鐃鈸為先導，引導孝男孝婦繞棺三次，稱為【踅棺 seh8-kuan1】，孝婦不論在轉柩或旋棺的時候，都要靠在棺木上號哭，孝男則跪拜在地。旋棺之後，取來木棒放在棺材上，用麻繩綁好，稱為「絞棺」，絞棺之後再行【棺罩 kuan1-ta3】，以花卉等刺繡蓋在棺木上。如隔三天以上才出葬者，則須【打桶 tann2-thang2】，以防臭味溢出。

　　打桶後要【摒〔註226〕跤尾 piann3-kha1-bue2】、設魂幡、魂帛，然後【徛靈 khia7-ling5】（豎靈）、或稱【安靈 an1-ling5】，靈桌上供魂帛、香爐、燭台。自入木起，每天要捧飯，早晚要捧水供亡親洗手面、洗腳手。入木後子孫禁止理容，而且要戴孝。今人怕人嫌忌，多「寄孝」於香爐邊而不戴。

　　死者親友通常會送錢給喪家買銀紙燒給死者，俗稱【香奠 hiunn1-tian7】，或【香料 hiunn1-liau7】金額必須單數，切忌雙數。喪家收到香奠，必須答謝，俗稱【答銀紙份 tap4-gin5-tsua2-hun7】。目前以答毛巾最通行。出山日辦牲禮來拜的親友，喪家還要以桶箍、發粿、米糕等物壓擔，外家另加一塊墨布，叫「轉祖裙」。〔註227〕

　　在出殯安葬前晚，喪家通常會請道士做功德。道教所行的齋潔禮儀拔度

〔註224〕「籯」，竹器。箱屬也。商務印書館編審部《辭源》，頁 1143。

〔註225〕邱冠福《台灣童謠》，頁 109。

〔註226〕【摒 piann3】，掃除、打掃。

〔註227〕洪敏麟主講，洪英聖編著《臺灣風俗探源》（台中：臺灣省政府新聞處，1992年），頁 312。

儀式，主要的精神乃在懺悔與赦免，以及解罪與煉度，幫助亡魂昇往仙界。在《開通冥路科儀》中，即是由孝男捧魂身置於三清前，並對三清聖像三跪九叩，道士所一再強調的儀式內涵就是：仰惟大帝慈悲、救苦天尊等來拔度亡靈，接引亡靈上仙宮，亡靈稽首求哀，朝真懺悔。

【放赦 pang3-sia3】儀式就是由天尊大放光明，赦官騎馬頒下三天門下赦書，言亡靈「前生今世所犯罪愆，咸賜蠲除，早蒙超度。」而悽迷、飄忽的苦魂更需經由九龍水煉化，俾使一切骷骨死骸，盡使完形改貌，真容正色，能來到三清座前，諦聽真科，傳授形符，所以在靈座前以草席圍作浴室，將魂身置其中作象徵性的沐浴。然後即詣道場領受通行憑證，稱為「給牒」，又為其作散華「解結」，即用四十九枚銅錢與絲鈕相結後再一一解開，象徵以此了結生前的一切罪愆。

接著就是煉化真形的煉度，此原為修真者內煉身神的功法，表現為儀式則是以碗盛之以象水池火沼，由道士幫忙亡魂以意引之，水洗火煉，消除生前的種種罪業，使病困、濁穢的殘形重合真形，煉化成體。

煉度完成後即有【過橋 kue3-kio5】儀式，由孝眷捧著魂身或置於謝籃中，在南海唱讚聲中，道士前導而孝眷人等即捧著各代先祖的魂身相隨而過「金橋銀橋奈何橋」，道士也口誦青華號，讓亡魂被太乙救苦慈尊接引超昇仙界。民間的喪葬儀式中，凡通過的梯、橋的儀式都是一種象徵性的動作，由此岸到彼岸，有此界到彼界，以此作為過渡的關卡，亡魂即在孝眷的扶持下完成。

最後還有一種全體參加的【填庫 thinn1/thiam1-khoo3】科儀，俗稱【燒庫錢 sio1-khoo3-tsinn5】，表現孝眷對於亡者償還報謝的情感。庫錢指天庫中由庫官所管理的庫錢，依個人本命（子丑等）在出生時所欠的，在雙親亡故後要一一歸還。燒庫錢時全家族人以手牽線圍繞，說是不讓燒庫錢所象徵的福氣跑掉；此時道士唱唸感恩俗曲如十月懷胎、二十四孝歌等，讓孝眷手牽著手圍繞火推看著庫錢燒化，在靜默中興發子女的孝思，自有一種重合家庭凝聚家族的感人氣氛。〔註228〕

二、葬日儀節

出殯安葬這天，是喪禮當中最忙碌的一天，這天必須舉行轉柩、家奠、

〔註228〕謝聰輝〈道教與臺灣家庭的關係〉，2001 年，發表於大陸茅山舉辦「二十一世紀道教的展望研討會」。

公奠、安釘、啓靈、安葬、祀后土、點主、返主、安靈等儀節。

出殯，俗稱【出山 tshut4-suann1】，由擇日師根據死者生辰、孝男生辰、葬地方向等因素而選日子與時間。這一天先移柩後家祭，柩移出大廳後，原地要放桶箍、一只桶內盛水放錢、一把碗一把箸、一盤發粿等物，以求吉祥，俗稱【笪棺位 teh4 kuan1 ui7〔註229〕】。

家祭要陳列數張方桌供擺牲禮，祭桌前有茅砂供奠酒之用，家祭時由禮生喊唱上香奠酒之儀，順序為：孝男、孝媳、孝女、孝孫、孝侄、女婿、孫婿，最後才是【後頭 au7-thau5】（女家），後頭拜完，孝男接著跪請他行【封釘 hong1-ting1】儀式，父喪，則由族長「封釘」。

孝男、出嫁女須各具豬頭五牲祭拜。

俗稱：【在生一粒豆，tsai3 senn1 tsit8 liap8 tau1，

　　　　卡贏死了拜豬頭。khah4 iann5 si2 liau2 pai3 ti7 thau5】〔註230〕

　　　（押 au 韻）

即指此。女兒出嫁後即屬於他宗，除了父母死時，須備豬頭牲禮回來祭供，【欲食豬頭肉，只有死給查某囝看 bue2 tsiah8 ti7-thau5-bah4，tsi2 iu7 si2 hoo7 tsa1-bo2-kiann2 khuann3】，女兒沒有資格再參與祖先祭祀儀禮。

要舉行告別式（公祭）者，接著進行，順序大致如下：奠禮開始、奏哀樂、來賓入席、遺族入席、哀樂止、道士入場、道士誦經、遺族拈香、死者生平介紹、弔詞弔電、謝詞、來賓拈香。

出山行列陣容，因死者年齡、身份、家庭貧富、子孫社會關係而有長短。靈柩發引時，喪家屋內所有燈光都須打開。送葬叫【送喪 sang3-song1】。有用紙糊的神俑做【開路神 khui1-loo7-sin5】，前面有人扛【彩牌 tshai2-pai5】，一般都有【噴鼓吹 pun5-koo2-tshe1】隊，配有鑼鼓鈸等。沿途要【放路紙 pang3-loo7-tshoa2】，為死者【鋪金路 pho1-kim1-lo1】入陰府。還要由有關親屬舉【銘旌 bing5-tshing1】，有的還有【藝閣 ge7-koh4】等陣容。

行列離家一小段距離，孝男跪地，向【外家 gua7 ke1】【謝步 sia7-poo7】，請外家先回家【食三角肉 tsiah8-sann1-kak4-bah4】（喪事宴席）。繞完街，孝男再下跪向一般親友來賓【謝步 sia7-poo7】，請送葬者留步〔註231〕。俗稱【辭

〔註229〕【笪 teh4】，有用「壓」字。見董忠司《臺灣閩南語辭典》，頁 1295。洪惟仁《臺灣禮俗語典》用【室棺位 teh4 kuan1 ui7】，頁 273。

〔註230〕徐福全《台灣民間傳統喪葬儀節研究》，頁 303。

〔註231〕洪惟仁《臺灣禮俗語典》，頁 289。

後頭 si5-au7-thau5】或【辭客 si5-kheh4】。反覆三次爲常例。

女婿半子，穿白袍，以謝籃放路錢，往程放銀紙，回程放九金。

諺云：【柚柑好尾味，iu7-kam1 ho2 bue2 bi7，

查某囝著罔飼。tsa5 boo2 kiann2 tioh4 bong2 tshi7。】（押 i 韻），

查某囝哭腳尾。

諺云：【死爸，路遠；死母，路斷。si2 pe7 loo7 hng7，si2 bu2 loo7 tng7。】

（押 ng 韻）。

靈柩抵墓地，土公早已掘好土坑，靈柩暫停坑側，打桶者要先【放水 pang3 tsui2】，將天尾（棺木尾端）的木栓打通，使屍體容易腐化。等時辰到，土公即將靈柩緩緩垂直放入坑，地理師以羅經校正方位後即行掩土，掩土前由孝男舉行「佩土」儀式，用孝服衣裙包少許土灑到坑內，然後土公才掩土。往昔掩土前還須舖銘旌於天蓋，置魂帛於壙內，或加墓誌銘。安銘旌須唸吉辭：

〔良時安靈旌，地穴安靈，liong5 si5 an1 ling5 tsing1，te7 hiat8 an1 ling5，

子孫昌盛，金玉滿堂。tsu2-sun1 tshiong1 sing7，kim1 giok8 buan2 tong5〕〔註232〕（押 ing 韻）。

葬後先拜土地公，次拜墓，拜完舉行【點主 tiam2-tsu2】儀式，由長男或長孫負手捧神主，面向外跪於墓前，道士用銀硃筆在其上加一點即成。此時道士口唸四句：

〔未點爲王，已點爲主；be7 tiam2 ui5 ong5，i2 tiam2 ui5 tsu2，

主你子孫福，福如東海；tsu2 li2 tsu2-sun1 hok4，hok4 ju5 tang1 hai2；

主你子孫祿，祿享千鍾；tsu2 li2 tsu2-sun1 lok8，lok8 hiong2 tshing1 tsiong1；

主你子孫壽，壽比南山 tsu2 li2 tsu2-sun1 siu7，siu7 pi2 lam5 san1〕

接著由地理師「謝分金」、「呼龍」、「灑五穀子」，孝眷齊跪墓前，地理師邊做邊唸吉利話，孝眷要大聲應：「有！」地理師呼龍吉語：

「手把羅經〔註233〕八卦神，tshiu2 pa3 lo5-kenn1 pat4-kua3 sin5，

盤古初分天地人。phuan5-koo2 tshoo1 hun1 thian1 te3 jin5，

〔註232〕徐福全《台灣民間傳統喪葬儀節研究》，頁 388。

〔註233〕【羅經 lo5-kenn1】，羅盤。

九天玄女陰陽法，kiu2 thian1 hian5 lu2 im1 iong5 huat4，

曾度凡間揚救貧。tsan1 too7 huan5-kan1 iong5 kiu3 pin5，

南山石上鳳凰飛，lam5 sann1 tsioh8 siong1 hong7-hong5 hui1，

正是揚法安葬時。tsiann1 si7 iong5 huat4 an1-tsong3 si5，

年通月利無禁忌，ni5 thang5 gueh8 li7 bo5 kim3-ki7，

今日打開青龍口。kin1-jit8 phah4 khui1 tshing1-liong5 khau2，

輕輕引進太封君﹝註234﹞，khin1 khin1in2-tsin3 thai3-hong1-kun1，

前面有山山拱秀，tsian5-bian2 iu2/iu7/u7 suann1 suann1 kiong2 siu3，

背後有屏鎮龍基。pue7-au7 iu2/iu7/u7 ping5 tin3 liong5 ki1，

手把羅經搖一搖，tshiu2 pa3 lo5-kenn1 io5 it4 io5，

二十四山都來朝。li7-tsap8-si3 suann1 to1 lai5 tiau5

手把羅經照一照，tshiu2 pa3 lo5-kenn1 tsio3 it4 tsio3

二十四山都榮耀。li7-tsap8-si3 suann1 to1 ing5-iau7。

前有朱雀人丁旺，tsian5 iu2/iu7/u7 tsu1-tshiok4 jin5 ting1 ong7

後有玄武鎮明堂，au7 iu2/iu7/u7 hian5-bu2 tin3 bin5 tong5

左有青龍送財寶，tsoo7 iu2/iu7/u7 tshing1-liong5 sang3 tsai5-po2

右有白虎進田莊。iu3 iu2/iu7/u7 peh8-hoo2 tsin3 tshan5-tsng1。

祿到山前人富貴，lok8 kau3 sann1 tsian5 jin5 hu3-kui3，

馬到山後旺兒孫。be2 kau3 suann1 au7 ong3 ji5-sun1

此是吾葬聽吾斷：tsu2 si7 goo7 tsong2 thiann1 goo7 tuan7。

一要人丁千萬口，it4 ai3 jin5-ting1 tshian1 ban7 khau2，

二要財寶自豐盈。li7 ai3 tsai5-po2 tsu2 hong1 ing5

三要兒孫蠡斯盛，san1 ai3 ji5-sun1 tsiong7-su1 siann7，

四要頭角倍崢嶸。si3 ai3 thau5-kak4 pue7 tsing1-ing5，

五要登科及第早，goo7 ai3 ting1-kho1 kip8 te7 tsa2，

六要牛馬自成群。lak8 ai3 gu5 be2 tsu7 sing5 kun5，

七要南北山府庫，tshit8 ai3 lam5 pak4 suann1 hu2 khoo3，

八要壽命福延長。peh4 ai3 siu7-mia7 hok8 ian5 tng5，

九要傢俬﹝註235﹞石崇富，kau2 ai3 ke1-si1 tsio1 tsong5 hu3，

﹝註234﹞婦女則用太孺人。

﹝註235﹞【傢俬 ke1-si1】，工具。「家私」亦同。

十要貴顯及侯王。tsap8 ai3 kui3 hinn1 kah4 hoo5 ong5。」〔註236〕
唸完【撒五穀 sat4-goo7/ngoo2-kok4】，外加硬幣、鐵釘，部份地區有【銑仔 sian1-a0】（銑），【火炭 hue2-thuann3】，這兩種合稱【生湠 senn1-thuann3】台語意同「繁殖」，意謂人丁旺盛。撒五穀也有吉詞：

〔伏以天地開張，日吉時良，hok8 i2 thinn1-te7 khai1-tiong1，jit8 kiat4 si5 liong5，

此日安葬，萬事吉昌。tsu2 jit8 an1-tsong3，ban7 su7 kiat4 tshiong1。（押 iong 韻）

一撒東方甲乙木，it4 ia7 tang1-hong1 kah4 it4 bok8，
代代兒孫多福祿。tai7 tai7 ji5-sun1 to1 hok4-lok8。（押 ok 韻）

二撒南方丙丁火，ji7 ia7 lam5-hong1 piann2 ting1 hue2，
代代兒孫旺財丁。tai7 tai7 ji5-sun1 ong7 tsai5 ting1。（未押）

三撒西方庚辛金，sam1 ia7 se1-hong1 kenn1 sin1 kim1，
代代兒孫富萬金。tai7 tai7 ji5-sun1 hu3 ban7-kim1。（押 im 韻）

四撒北方壬癸水，su3 ia7 pak4-hong1 jim7kui3 sui2，
代代兒孫都富貴。tai7 tai7 ji5-sun1 to1 hu3-kui3。（押 ui 韻）

五撒中央戊己土，goo7 ia7 tiong1-ng1 boo7 ki2 thoo2，
代代兒孫壽如彭祖。tai7 tai7 ji5-sun1 siu7 ju5 phenn5-tsoo2。
（押 oo 韻）

五穀撒五方，ngoo2-kok4 ia7 ngoo2-hong1，
兇神惡煞歸本洞。hiong1-sin5 ok4-suah4 kui1 pun2 tong7。

五穀撒墳墓，ngoo2-kok4 ia7 hun5-boo7/bong7，
代代兒孫都興旺。tai7 tai7 ji5-sun1 to1 hing1-ong7。（押 ong 韻）

五穀撒已完，ngoo2-kok4 ia7 i2 uan5，
房房兒孫富壽全。phong5-phong5 ji5-sun1 to1 hu3 siu7 tshuan5，
（押 uan 韻）

五穀收入斗，ngoo2-kok4 siu1 jip8 tau2，
房房兒孫千萬口。phong5-phong5 ji5-sun1 tshian1 ban7 khau3。（押 au 韻）

進！發！tsin3! huat4!〕〔註237〕。

〔註236〕徐福全《台灣民間傳統喪葬儀節研究》，頁 406。

最後地理師將米斗中的稻穀、黃豆、綠豆、紅豆、花豆、鐵釘、硬幣等攪拌後分給眾孝眷，孝眷將鐵釘、硬幣等留下帶回家表示祈求祖先保佑子孫【添丁發財 thiam1 ting1 huat4 tsai5】，其餘五穀灑到墓上，祈求五穀豐收。臨走，由道士帶領孝男等繞墓三匝，俗稱【踅墓 seh8-boo7】（旋墓）。

　　【返主 huan2- tsu2】是在葬禮完了以後，把牌位帶回家，孝子即脫除孝服。【安靈 an1-ling5】是把亡魂牽引到家中，暫時安置在靈桌，這時要備供物，由道士讀經，舉行安靈祭、洗淨，孝眷也要燒香禮拜，一直到除靈，每天早晚燒香禮拜。此時，喪家會備筵席請親友及幫忙的人吃飯，俗稱【食〔註238〕三角肉 tsiah8-sann1-kak4-bah4】。

　　晚近則多在墓地除服、焚燈，返主後不依舊俗安靈，而改安【清氣靈 tshing1 khi3 ling5】，即不設靈桌，而於魂帛上綴一紅紙，與香爐同供於紅格桌頂公媽牌右側。

　　【洗淨 se2-tsing7】儀式，是返回喪家後，道士或僧尼在神明前供香花果品，唸誦洗淨咒語，焚燒壽金、刈金。也有的是孝眷跟隨道士做洗淨儀節，道士手拿符水、米、鹽，在喪家及左右鄰居、井邊、河邊等處散灑，表示此後乾淨吉利，或另分贈【淨符 tsing7-hu5】給鄰人以示吉利。另有在喪家門口焚金火一堆，供佐事者跨過，諺語：【跳過火，無事尾 thiau3 kue3 h<u>ue</u>2,bo5 su7 b<u>ue</u>2】〔註239〕（押 ue 韻）。

　　【食三角肉/食相合肉 tsiah8-sann1-kak4-bah4】，另有【食大頓 tsiah8 tua7 tng3】、【食遺食 tsiah8-ui5-sit8】等名稱。喪宴食前忌邀請，食畢忌道別，各自默然而去。諺語：【來無張池，轉無相辭 lai5 bo5 tionn1 t<u>i</u>5,khi3 bo5 sio1 s<u>i</u>5】〔註240〕（押 i 韻）。又喪宴不用醬油碟，因為【碟 tiap8】與【疊 tiap8】〔註241〕諧音，恐喪事【重重疊疊 ting5-ting5-thah8-thah8】，所以忌諱，雞、鴨、肉等都先澆淋醬油。

　　有些地方【喪事桌 song1-su7-toh4】肉是第一道，切成三角型肉，稱為「三角肉」，（意為菜色不多不好，不能讓你吃的滿意）也告訴你，主家不希望辦

〔註237〕徐福全《台灣民間傳統喪葬儀節研究》，頁405。

〔註238〕台語「食」字，民間常寫作「呷」。可參閱拙著〈台語「tsiah8 食」的探討〉。

〔註239〕徐福全《台灣民間傳統喪葬儀節研究》，頁418。

〔註240〕徐福全《台灣民間傳統喪葬儀節研究》，頁420。

〔註241〕【疊，白讀 thiap8、thah8、thah4；文讀 tiap8】。董忠司《臺灣閩南語辭典》，頁1434。

這種桌。普通喪事菜數一定是奇數，【食三角肉 tsiah8-sann1-kak4-bah4】已成民間【喪事 song1-su7】的暗號或代稱。〔註242〕

《福全台諺語典》用「食相合肉」，意味「昔日喪家辦桌請弔客，係由兄弟互相「相合」出錢辦理，故喪宴乃被稱爲「相合肉」；食相合肉，即指吃喪家的食物。」〔註243〕按昔日舊社會，民間多有「結拜兄弟」的組織，以發揮互助功能。

林曙光《打狗採風錄》，「食三角肉」，喻「老大喪」〔註244〕，福建泉州重死，如爲富人的老大喪時，其熱鬧不遜於迎神賽會，往昔富人也都殺豬宰羊以饗送葬親明，但肉要切成三角型，以示不同於喜慶。〔註245〕

另外，孝眷不上桌，子孫圍蹲而食，意謂父（母）已故，子孫更須團結。食畢，親友默然離去，俗信先行者大發。已出嫁的女兒，當晚就要回去，不得留下，姐妹多的，那個出門快，便算那個「發」，孝子孝媳等到門口哭泣，不能道別，最忌說「再見」。

三、葬後儀節

安葬日之後，還有巡山、完墳、做七、除靈、做百日、做對年、做三年、培墓、做新忌以及洗骨撿金等儀節。

巡山又稱【巡灰 sun5-hue1】，葬後二、三日，孝眷到墓地巡視墳丘是否安然。近年來因棺葬墓多以水泥磁磚築成，工事較繁，因而巡山與謝土合併舉行，在墳墓完工日，備牲禮、果品到墓地祭拜后土及墓主，俗稱【完墳 uan5-hun5】。

【做旬 tso3-sun5】就是在死後每七天一次供俸死者，又叫【做七 tso3-tshit4】，形式有【大旬 toa7-sun5】和【小旬 sio2-sun5】兩種，「大旬」是奇數，「小旬」是偶數。「做旬」的時間大概是四十九天或七十七天，靈桌供奉「孝飯」，孝眷也要燒香禮拜，有錢人會在「三旬」、「五旬」、「七旬」、「小祥」、「大祥」，請和尚、道士來【做功德 tso3- kong1-tik4】。

【頭旬 thau5-sun5】（頭七），一般相信死後七日亡靈才知道自己已離開人

〔註242〕《從笨港到北港》，國民小學教師自編鄉土教材系列雲林縣政府編印，
　　　　http://cuy.ylc.edu.tw/~cuy14/eBook/ch10.htm
〔註243〕徐福全《福全台諺語典》，頁611。
〔註244〕「老大喪」爲老人舉辦的喪禮。陳正統主編《閩南話漳腔辭典》，頁384。
〔註245〕林曙光《打狗採風錄》（高雄：春暉出版社，1993年），頁342。

間，亡靈乃歸自宅哭泣，孝眷不可晚哭，所以六日夜須號哭，七日中午做旬，陳饌號哭燒銀紙。「二旬」，為偶數小旬，儀節簡略。「三旬」為出嫁孝女做三旬，又叫「查某囝旬」出嫁女兒聯合開祭，上午延聘僧道做功德，下午備辦豐富祭品致祭。諺語：【有孝後生來弄鐃，iu2 hau3 hau7 senn1 lai5 lang5 lau5，有孝查某來弄猴。iu2 hau3 tsa1 boo2 lai5 lang5 kau5。】〔註246〕（押 au 韻）

這是清初做旬的特技表演，以慰死者靈魂，最初不限何人出資，其後漸成出嫁孝女做三旬，或出嫁孫女做五旬的特別節目。「四旬」，俗稱「乞食七」，供祭不豐，甚至喪家不祭，而由親友備牲禮祭拜，喪家包紅包答謝，傳說喪家不祭拜，拜後子孫會淪為乞食。「五旬」是大旬，又叫「查某孫仔旬」，出嫁的侄女、孫女都歸拜，或出資做功德。「六旬」，為偶數小旬，由喪家自行負責，如二旬儀節簡略。「七旬」是【尾旬 be2-sun5】、「尾七」、「圓七」、【滿七 moa2- tshit4】，由喪家負責做功德和其他費用，入夜有「燒靈厝」與「除靈撤棹」。做功德，查某囝、查某孫和外家都要辦祭品來助普，

諺云：【外家辦來看，gua7-ke1 pan7 lai5 khuann3，

查某囝收一半 tsa1 boo2 kiann2 siu1 tsit8 puann3】（押 au 韻），

即喪家以現金答禮，外家不致虧本；查某囝、查某孫補貼一半

〔註247〕。做旬等喪祭須供「文頭粿」，

台諺：【驚死父，愛呷文頭粿。kiann1 si2 pe7，ai2 tsiah8 bun5 thau5 ke2/kue2】（押 e 韻）、

【驚死娘嬭，愛呷文頭底。kiann1 si2 nioo5 le2，ai2 tsiah8 bun5 thau5 te2】〔註248〕（押 e 韻）

拜畢，父在者忌食最上層，母在者忌食最底層。同時在牲禮中，不可用【鴨 ah4】，以它音同【押 ah4】，忌諱明王押住亡靈入地獄。所謂「明王」是指地獄中各殿之王，喪家祭王，即請求各殿之王，在死者通過時能順利，所以此俗又稱【過王 kue3-ong5】。

【做功德 tso3-kong1-tik4】是子孫以死者的名義來施功德，祈求死者的免罪，使之能超度，請和尚或道士主持，其種類如下：午夜、一朝、二朝、三朝等。

〔註246〕徐福全《台灣民間傳統喪葬儀節研究》，頁 448。
〔註247〕林曙光《打狗歲時記稿》，頁 100。
〔註248〕徐福全《台灣民間傳統喪葬儀節研究》，頁 437。

　　撤靈，即將入木以來所供奉的靈桌撤除，不用的東西連喪服一起焚化。合爐，係將神主燒成灰，取些許灰倒入公媽爐，並將公媽牌打開，寫上死者的世次名諱，這一天要舉行祭祀。

　　本省喪禮，死後一百天要做祭拜，叫【做百日 tso3-pah4-lit4】。卒後期年，須爲死者舉行「小祥」祭，俗稱【做對年 tso3-tui1-ni5】，此爲死者的週年【忌 ki7】，前三天，孝眷每天晚上都圍靈前哭拜。儀節、祭品與做大七相似，舉哀，祭以菜餚、牲禮、饅頭。

　　諺語：【對年對日作，死人無閏月。tui3 ni5 tui3 jit8 tso3,si2 lang5 bo5 lun5 gueh8。】〔註249〕。

　　對年之後，是「大祥」三年祭，光復後，閩籍「做三年」常依擇日來做，不一定等到三年才做。一般而言，在人死後約一年多或做完期年祭的當天或後幾天，喪家就接著做三年合爐。有「二節夾一年」和「二年夾一節」的說法，以符三年之名，如七月死亡，經中秋、過年、清明，等翌年七月過後，即可擇日做三年。澎湖諺語：【過兩個七，無過兩個十一 kue3 nng7 e5 tshit4,bo2 kue3 nng7 e5 tsap8 it4】〔註250〕（押 it 韻）。意謂服喪不需要過兩個十一月，服喪二年當作三年之喪已滿期。俗稱三年祭喪家不哭祭，所謂

　　【對年對哀哀，三年無人哉（知）tui3 ni5 tui3 ai1 ai1,sann1 ni5 bo5 lang5 tsai2】（押 ai 韻）〔註251〕。這一天變紅不舉哀，大門須貼紅聯，如：「慎終已盡三年禮，追遠常存一片心」〔註252〕。

　　人死埋葬後第二年要去【培墓 pue7-bong7】，第一次培墓俗話叫「開墓頭」，第二次培墓在翌年清明日上午，第三次又隔一年清明日下午，連續三年後不再培，以後只有【掛紙 kua3-tsua2】而已。

　　諺語：【新地不過社（春社），sin1 te2 put4 kue1 sia1，

　　　　　　老地祭到清明下。lau2 te2 tse3 kau3 tshing1 bing5 e7】。

又培墓時，子孫中須有人著木屐或有跟的鞋，以祈亡人庇佑。

　　諺語：【蹈屐，才賺有呷 tshai2 kiah8，tsiah4 than3 u7 tsiah8】〔註253〕

　　　　　（押 iah 韻）。

〔註249〕徐福全《台灣民間傳統喪葬儀節研究》，頁465。
〔註250〕徐福全《台灣民間傳統喪葬儀節研究》，頁469。
〔註251〕徐福全《台灣民間傳統喪葬儀節研究》，頁470。
〔註252〕徐福全《台灣民間傳統喪葬儀節研究》，頁471。
〔註253〕徐福全《台灣民間傳統喪葬儀節研究》，頁424。

　　為祖先崇拜而設立的節期就是【清明節 tshing1-bing5-tseh4】（有些人做三日節），這是在欣欣向榮、鳥語花香的春天，它正象徵著生命的生滅循環，祖先生命雖死猶生的現象。所以「清明」的前後十天，一般家庭都要準備各種供物與銀紙，前往祖墳【掃墓 sau3- bong7】（培墓），將墓園整理一番。整個行事莫不通過祭祀祖靈的行為，使兒孫得以安居樂業，並答謝祖靈一年來的庇蔭，表示盡子孫們的孝思之情〔註254〕。

　　這樣的儀禮是因為死者逐漸遠去，對生者來說，避免一下子失去親人的哀痛的緩和設計。也表示生亡者之間的感情維繫，由濃而慢慢淡化，以恢復正常生活。

　　一般人居喪不入廟，而天公、中秋、寺廟神明等不祭，恐因干瀆神明；但年節家祭（祭祖）不可廢，此時新亡者未與祖先合祀，所以衍生逢年節須提前一日為新亡者過節的風俗。

　　本省家中祭祖日共同的有：農曆元旦、上元（元宵）、三月節（清明）、五月節（端午）、中元、冬至、除夕六節。至於六月半年祭、八月中秋祭、九月重陽祭則未普遍。另外，忌辰祭各地都有，而生辰祭各地未必全有。部份地區有所謂「總忌」，即祖父以上的祖先，都在每年九月重陽日備牲禮祭拜，俗稱【做總忌 tso3 tsong2 ki7】。

　　將祖靈視為家庭一員，就有例行的祭祀行為。一般「祭祖」行事，都在年中的歲時節慶、或家庭喜事時進行，農曆元旦、上元（元宵）、三月節（清明）、五月節（端午）、中元、中秋、冬至、除夕等年節，都是祭祀祖靈時機，同時也要祭祀「天公」與「三界公」。祭祖以敬天相配，神、祖、人一家同觀的傳統，正是民間重要的宗教經驗〔註255〕。

　　諺云：【死某，換新衫；si2 boo2，uann7 sin1 sann1；

　　　　　　死翁，換飯坩（碇）。si2 ang1，uann7 png7 khann1】（押 ann 韻）喪偶，男人即續弦，女人即再嫁是天經地義的事〔註256〕。

　　台灣人稱壓勝行為是【做巧妙 tso3 khau2 biau7】（竅妙 khiau3 biau7）或【做譴損 tso3 khian3 sng2】〔註257〕（遣散 khian2 san3，解散），除割𩚨〔註258〕（多

〔註254〕董芳苑《認識臺灣民間信仰》（台北：長青文化公司，1986年），頁250。

〔註255〕董芳苑《認識臺灣民間信仰》，頁249。

〔註256〕林曙光《打狗歲時記稿》，頁98。

〔註257〕【做譴損 tso3 khian3 sng2】，做法術或動作以躲避災禍，避凶趨吉。董忠司《臺灣閩南語辭典》，頁735。又【厚譴損 kau7 khian3 sng2】，常講迷信，多

kuah4-khau1（刈𩵚）外；尚有年輕喪妻將再娶者須「過番」；少年而夭折者須由父母「損棺材頭」；一年內二度治喪者加附一具草人……等。「刈𩵚」者，用來表示跟死者斷絕關係，以免作祟行為發生。同理，「過番」基於「死人直」，丈夫舉行「跳棺」或「過棺」，儀式，丈夫背一包袱、夾一雨傘，作外出遠行樣子，橫跨棺木過去，同時有人說：

　　　【死某出外，賺錢萬外。

　　　　　si2 boo2 tsut4 gua7，than3 tsinn5 ban7 gua7。】（押 ua 韻）

意謂丈夫遠行，亡妻無法找他，也無需找他，避免丈夫再婚，亡妻來糾纏。也有說：【跳過棺，走過番 thiau3 kue2 kuan1,tsau1 kue2 huan1】〔註259〕（押 uan 韻），以免亡妻在續弦時作祟。

　　台灣很早即有拾骨重葬的習俗，【抾骨 khioh4-kut4】（拾骨、揀骨）又名【洗骨 se2-kut4】、【抾金 khioh4-kim1】（拾金、揀金，視先人遺骸為黃金）等。拾骨後再葬叫「吉葬」、「做金」、「做風水」。一般多在死後六年多揀骨，忌五、七、八、九年揀骨，俗語：【六年六兄弟 lak8 ni5 lak8 hiann1 ti7】（押 i 韻），如果五、七、八、九年則忌揀骨，十年以上則不論，所以俗語：【五年誤家己 goo7 ni5 goo7 ka1-ti7】（押 i 韻）、【七煞、八敗、九年揀狗骨，十年以上無論 tshit4 sat4 ，peh4 pai7，kau2 ni5 kioh4 kau2 kut4，tsap8 ni5 i2 siong2 bo5 lun7】〔註260〕。

　　揀骨多請土公來做，掘墳前須焚香祭告，然後燒壽金，祈請土地神、孟姜女、姜太公、九天玄女等來幫忙鎮邪，土公口唸：

　　　〔天無忌，地無忌，thinn1 bo5 ki7，te7 bo5 ki7，

　　　　土公要挖墓。thoo2-kong1 be7 oo2 bong7〕〔註261〕

　　或說：〔舊屋換新屋，ku7 ok4 uann7 sin1 ok4，

　　　　　子孫大發福。tsu2 sun1 tua7 huat8 hok4〕〔註262〕（押 ok 韻）

接著動鋤開挖。開棺之後，如果屍身未化，為【蔭屍 im3-si1】，不可強揀，

忌諱。

〔註258〕【闗 khau1】用紙條做成籤，憑運氣抽取以決定做法的紙籤。董忠司《臺灣閩南語辭典》，頁 719。

〔註259〕徐福全《台灣民間傳統喪葬儀節研究》，頁 326。

〔註260〕徐福全《台灣民間傳統喪葬儀節研究》，頁 487。

〔註261〕徐福全《台灣民間傳統喪葬儀節研究》，頁 490。

〔註262〕徐福全《台灣民間傳統喪葬儀節研究》，頁 496。

只須潑酒入棺，等十多日後完全腐化再揀。南部地區酷信【蔭屍蔭〔註263〕家己 im3-si1 im3 ka1-ti7】（押 i 韻）對子孫不利的諺語，遇有「蔭屍」隨即以利刃刻骨削肉，遷地改葬。

開棺後，如果屍身已化即揀骨，為防親人激動，有不可淚滴屍骨的忌諱，因怕亡人無法轉世投胎。又有揀骨是換新屋，是喜事，不可落淚的說法。裝骸骨的瓮子叫【金斗甕 kim1-tau2-ang3】。揀骨後，把骸骨放入金斗甕叫「裝金」，裝斗加蓋後完成，若無吉日吉地或家貧可資「進金」，則須「寄金」，即寄放在原壙、或寄廟。最終以入土為安，必須擇吉地、吉時做一門風水來安葬。

吉葬做風水的順序：破土（開工）、造墳墓、進金、安碑、圓墳。進壙時，亡者子孫都到墓地，並在壙內燒化金紙，土公抬來黃金甕，地理師則唸說：

〔進金進入來，tsin3 kim1 tsin3 jip8 lai5，

添新丁大發財，tiann1 sin1 ting1，tua7 huat4 tsai5〕（押 ai 韻）

或

〔進金進入龍，tsin3 kim1 tsin3 ling5，

日進子孫興；jit8 tsin3 tsu2 sun1 hin1；

子孫代代丁旺財旺，tsu2 sun1 tai7 tai7 ting1 ong7 tsai5 ong7，

子孫滿堂永保平安。tsu2 sun1 mua2 tong5 ing2 po2 ping5-an1。〕

〔註264〕

等吉祥語句，再唸「進！」時，亡者子孫也應聲：「進！」完後，加壙蓋堆土安草皮。

揀骨吉葬後，各地都有連續隆重培祭三年，第四年後才依俗培祭或掛紙，與凶葬之俗同。吉葬後，一勞永逸。不過台諺

【九年九遷，十葬萬年。kau2 tsong3 kau2 tshian1 tsap8 tsong3 ban7 lian5。】〔註265〕（押 ian 韻）

吉葬之後若其家不安，則又請地理師踏勘，另擇吉地安葬。

〔註263〕【蔭 im3】，庇蔭、澤及。如【蔭某囝 im3 boo2-kiann2】，福澤庇蔭到妻子兒女。董忠司《臺灣閩南語辭典》，頁 500。
〔註264〕徐福全《台灣民間傳統喪葬儀節研究》，頁 503。
〔註265〕徐福全《台灣民間傳統喪葬儀節研究》，頁 506。

四、喪俗與台語

（一）喪葬禁忌

傳統喪葬儀俗保守性強，台諺：【新例無設，舊例無滅。sin1 le7 bo5 siat4，ku7 le7 bo5 biat8。】（押 iat 韻），徐福全教授也指出主要原因：

> 喪禮乃爲人子女對親盡孝之最後機會；死亡世界又茫然不可知，爲
> 免亡親因己身改易喪葬儀式而在彼世界受苦；加以喪事禁忌特多，
> 積此三因而構成喪禮之保守性。〔註 266〕

相關的喪葬禁忌很多，反映台灣人對凶事的避凶趨吉心理情結。

不能拜的水果，番茄、芭樂（因爲這些水果的籽都會從屁股出來，對神明不敬）；香蕉、旺萊（鳳梨。台語諧音，喪事不希望再發生）；釋迦（長的佛祖的頭，對神明不敬）。

拼廳搬舖，忌病人在原來睡的床上斷氣，民間認爲垂危者在原來睡的床上斷氣，會依戀該張床，捨不得離去。忌死於偏房寢室，要死於適室，即正廳、正寢內，因爲這是最神聖的地方，故有壽終正寢之說，而家人日後也容易謀生。

漢族及其他民族忌諱人死時親人不在場，或死者見不到自己想見的人。俗稱這樣死去，靈魂會不得安寧。

民間忌病人在晚飯後斷氣，俗信清晨用早飯前斷氣最佳，替子孫「留三頓」（留三頓飯之義）；而晚飯後斷氣，則帶走三餐，預示子孫將淪爲乞丐，是不吉的。

忌貓跳過屍體，在屍體尚未完全冷卻時，要安頓好四肢、身體，同時避免被貓接近，因貓屬虎性，如果被貓跳過屍體，屍體會站立起來，抱走其他的東西，所以安置屍體的房間，要有人通霄看護，如果不幸被貓跳過屍體，屍體會站起來，這時候，扔一秤棒或手扶，讓死人抱住，死人就會恢復原來側下的姿勢。

忌喪家入別人大門，當報喪者要報死訊時，不可進入人家大門，應在門外高聲喊叫，說完即索取水漱口而回。

入殮時，忌有與死者生肖相沖剋者在場，唯恐受凶厄的影響和沖犯。

使用代人，當屍體入棺時，若夫亡妻在或夫在妻亡者，要用小紙人（稱爲代人），納在棺內，以代活人，否則怕傷活的配偶。

〔註 266〕徐福全《台灣民間傳統喪葬儀節研究》，頁 545、546。

　　忌雨打棺木，否則，後代子孫會遭貧寒，俗語說：【雨打棺材蓋〔註267〕，子孫沒被蓋 hoo7 tann2 kuan1 tsai5 kua3，tsu2 sun1 bo5 phue7 kah4】，【雨打櫺〔註268〕，**輩輩窮** hoo7 tann2 ling5，pue3 pue3 king5】（押 ing 韻）。

　　古時有『三日而殮』的禮法。不過有些地區在這一點的要求上並不甚嚴格，也有人死後一天就殮葬的，還有在死後七天或者更長時間才殮葬的。

　　忌農曆七月出葬。因民間傳說，七月為鬼月，陰間的鬼魂會到人世上來討食，為避鬼煞，故忌此月內殯葬，在同時喪家不得哭死人，怕招引更多鬼魂，對喪家不利。

　　出喪時，忌小頭朝後，大頭朝前。出殯途中，一般都是小頭（腳）朝前，大頭（腦）朝後。意思送亡靈一直向前走，不讓其回轉過來。

　　忌說【重 tang7】字，抬棺時，忌諱抬棺者說【重 tang7】字，否則會使抬桿斷裂，讓棺木會掉落地下或是棺木更重而抬不動。

（二）喪俗語言文化

1、詞　彙

　　昔日在台灣鄉下一些地區，辦【喪事 song1/sng1-su7】是一件不小的事，左鄰右舍都能發揮【出外人 tshut4-gua7-lang5】互相幫忙的精神，來協助喪家辦事。

　　喪事是凶事，除了懷孕婦女、兒童或其他相沖的人之外，一般相信亡靈會保庇，凶中有吉。

　　這裡的【出外人 tshut4-gua7-lang5】強調移民社會，少有或沒有大家族關係，一個家庭在外謀生，難免發生不幸的事，藉由鄰里鄉親的幫忙，協助渡過難關。那天萬一自己家裡也發生不幸，自然有人會自動來幫忙，就是這種社會網絡把一個聚落的關係團結在一起。

　　民間喪家辦喪事，要忙很多事，鄰居婦女會來幫忙煮東西、縫孝服；男人也幫忙打點；出山的日子，動員更多人，須要什麼器材，就向鄰居借，把鄰家桌椅抬來用；在出葬行列中，有的幫忙扛棺材，有的拿旗子、分東西……等等，幾乎都是來幫忙的。台語【共人〔註269〕湊相共 ka7-lang5-tau3-sann1-

---

〔註267〕【蓋 kua3】，名詞，遮掩器物的東西。【蓋 kah4】，動詞，覆罩。
〔註268〕【櫺 ling5】，同櫺，有二意，窗或欄杆上雕有花紋的木格子。另作屋簷。楊青矗《國台雙語辭典》（高雄市：敦理出版社，1992 年），頁 511。大陸版《辭源》（台北市：遠流出版公司，1988 年），頁 891。
〔註269〕【共人 ka7-lang5】，合音為 kang9，為人的意思。【湊相共 tau3-sann1-kang7】、

kang7】、【共人湊跤手 kang9-laug5-tau3-kha1-tshiu2】、【湊幫贊 tau3-pang1-
tsan3】……就是一種民間喪葬互助文化的反映。而【食三角（相合）肉
tsiah8-sann1-kak4-bah4】、【白貼 peh8-thiap4】……也成爲辦【喪事 song1（文）
/sng1（白）-su7】的代稱。

2、俗　諺

有一則俗諺談到外教與喪葬禮俗的關係，很能反映舊日社會的思想。

台語【食教，死毋人通哭 tsiah8 kau3，si2 bo5 lang5 thang1 khau3】（押 au
韻），漢人重視死的時候，要有人哭，表示有子女傳承香火。而【死毋人通哭
si2 bo5 lang5 thang1 khau3】也成爲詛咒或罵人相當嚴重的話，表示對方絕子
絕孫。

信外教的人死了沒人哭，因爲他們不像漢人以哭作爲盡孝道的表示。

【食教 tsiah8 kau3】是指信仰基督教、天主教的人。〔註270〕

在《廈門方言詞典》裡，它有二意：信教並成爲教徒；以宗教爲業的人。
〔註271〕

而在《新編台日大辭典》裡，它是一句罵人的話：「罵ある教門にはいり
それによつて飯を食つていく。耶穌教に入るものを惡く言う語。」〔註272〕
加入某些宗教或是教派，而以這些宗教或是教派來謀生。這個詞在當初是在
罵加入基督教的教徒。

連橫《臺灣語典》中談及「食教話」這一詞彙，反映當時部份文人對教
會的看法。「蓋教會牧師學習臺語，根據《廈門字典》；而《字典》所載多用
文言，於是牧師操之，傳道者亦操之、入教者復操之，遂成別調。其最壞者，
則稱英國爲「祖家」、謂英國之貨爲「祖家貨」，竟白忘其爲何國人，哀哉！」
〔註273〕

戴寶村、王峙萍，《從台灣諺語看台灣歷史》一書中，收入【入教，死無
人哭 jip8- kau3，si2 bo5 lang5 khau3】（押 au 韻）這句諺語，並述說基督教在
台灣的傳教簡史。說明了基督教的基本教義和台灣人的信仰抵觸，譬如說對

　　【湊跤手 tau3-kha1-tshiu2】則是互相幫忙。董忠司《臺灣閩南語辭典》，頁
　　556、1186。
〔註270〕董忠司《臺灣閩南語辭典》，頁 136。
〔註271〕李榮主編，周長楫編纂《廈門方言詞典》（江蘇省：江蘇教育出版社，1998
　　年），頁 399。
〔註272〕王順隆新編，台灣總督府原著《新編台日大辭典》，頁 235。
〔註273〕連橫《臺灣語典》（台北市：金楓出版社，1987 年），頁 295。

於死亡的觀念，以及對待祖先的方式。因此，即使傳教士再如何努力，「入教，死無人哭」這種排斥基督教的諺語，還是流傳開來，反映了基督教在台灣宣傳教義的困境。〔註274〕

「入教，死無人哭」這句俗諺反映昔日台灣民間信仰根深柢固，傳統保守觀念深入人心，改變宗教信仰對一般漢人來說幾乎不可能。漢人社會向來最重視宗族觀念，一個人要信仰外來宗教除非是開明父母親同意或尊重，否則違背習俗很難順心。改變喪葬禮俗也很少發生，有的可能是經濟因素一切從簡。不過，隨著台灣社會多元發展，教育普及，個人主義盛行，家庭影響力縮小，現代社會容納異己、尊重個人選擇成爲常態。

（三）小　結

根據傳統功能學說的解釋，宗教祭儀──特別是生命禮儀對社會有很大的整合功能。例如喪葬儀式，一方面可以慰藉、安定死者家屬的哀傷和驚恐的心理；另一方面又可藉弔唁的會集加強死者親屬團體間的休戚關係。〔註275〕

傳統喪葬儀俗的語言文化特色，誠如徐福全教授在《台灣民間傳統喪葬儀節研究》一書結論中所指出的：

> 凶中求吉，常藉吉語、吉物以求之：親喪固極凶之事，爲安定家庭鼓舞遺族，臺人常於喪事儀節中高唱吉語以求吉，如辭生、套衫、封釘、成服、點主、呼龍撒五穀等時，皆有所謂吉祥語以激勵子孫
> 〔註276〕

死亡是件悲痛的事，喪葬禮俗也最爲繁複。有關的台語俗諺，相對比較多，它也反映漢人文化中，重視喪禮，尤其是長輩過往，所表達出的哀思。

現代喪俗，由於都市生活、小家庭等環境因素，而有諸多不便和顧忌，爲免影響自己或他人生活，死亡者遺體大多數直接僱用專車送到臨近的殯儀館冰存，然後選擇日子，進行家祭或公祭儀式，接著火化，骨灰罐則選擇寺廟永遠存放。所以現代都市人可以說大部分都是「死無葬身之地」，少數富豪之家當然例外，但儀式方面也不得不簡化。鄉下或郊區辦喪事則保留較多傳統作法，但在公墓有限，私墓昂貴的情形下，也不得不以火葬解決身後事。

〔註274〕戴寶村、王峙萍《從台灣諺語看台灣歷史》（台北市：玉山社，2004年），頁188。
〔註275〕李亦園《文化與行爲》，頁107。
〔註276〕徐福全《台灣民間傳統喪葬儀節研究》，頁546。

　　總之，原保存古老傳統的生命禮儀，歷經長久時間演變，與現代社會環境變遷，部份傳統已逐漸簡化、多元，但本質仍保留在我們的生活文化中，部份反映在我們的語言上。

第四章　台灣的廟會慶典

【廟會慶典 bio7-hue7 khing3-tian2】是台灣民間歲時生活中的信仰節日。

【廟會 bio7-hue7】，民間也通稱為【迎鬧熱 ngia5-lau7-jiat8】（迎神賽會）。在傳統的農業社會中，廟會除了具有【拜拜 pai3-pai3】或【祭祀 tse3-su7】的宗教色彩活動外，也會有各類型的民間戲曲、【藝陣 ge7-tin7】團體演出，而一般百姓也樂於參與這一類的廟會節慶，既具虔誠【謝神 sia7-sin5】的意義，同時民間有人藉此機會【請人客 tshiann2-lang5-kheh4】，也有工作之餘狂歡的作用。

台灣民間信仰由於沒有嚴格的教義、信徒、組織、創教人……等，因此【廟宇 bio7-u2】便成為最重要的信仰核心。因情況特殊，台灣除了明清由官方興建的少數【公廟 kong1-bio7】之外，絕大多數都是由民眾集資或私人興建廟宇而成為公廟。也由於傳統漢人文化中濃厚的神明信仰，再加上移民墾殖等歷史因素的影響，清代台灣有村庄即有村廟，或鄰近村庄擁有共同的村廟，做為社會生活的中心〔註1〕。

在早期台灣民間文化中，廟宇也因位處於聚落中最重要的公共空間地位，廟宇除了成為公共事務處理中心之外，也因為建築裝飾與文物的豐富，而成為重要的休憩中心、教育中心，傳統廟宇更有民間的藝術館與社教中心的美譽。

【做醮〔註2〕tso3-tsio3】或【建醮 kian3-tsio3】是臺灣最熱鬧的地方性傳

〔註1〕　參閱戴炎輝《清代臺灣之鄉治》（台北：聯經出版公司，1979年），頁178。
〔註2〕　【醮 tsio3（白）/tsiau3（文）】，廟宇數年一次不定期的大拜拜，搭設高壇，道士設壇做法事，念經祈福，祈求村民平安。董忠司總編纂《臺灣閩南語辭

統廟會祭典，【食大拜拜 tsiah8-tua7-pai3-pai3】則是常民生活中共同的記憶。臺灣常見的醮典，主要有非定期性慶祝廟宇改建落成，答謝皇天后土，促使秩序重新恢復的謝土醮、慶成醮；與較爲定期性祈禳瘟疫、水火災禍，禱祝合境平安的王醮、祈安醮等類型。【醮典 tsio3 tian2】的主要功能在透過道經的轉誦、朝科的進行，來表達懺悔與祈福、潔淨與重構的宗教意義。即由道士領著醮主斗首，在諸神之前表達【感恩 kam2-un1】之情，藉著【儀式 gi5-sik4】虔誠地叩謝神恩，達成人神均樂、秩序重新恢復的【風調雨順，合境平安 hong1-tiau5-u2-sun7，hap8 king2 ping5 an1】祈願。

　　本章以民間神祇爲起始，以台灣廟會活動爲中心，探討與常民生活相關的信仰習俗和台語文化。

第一節　祭祀對象——神祇

一、多神崇拜

　　台灣民間信仰的神觀是多神崇拜，就崇拜對象來看是一種「泛靈信仰」，崇拜的對象十分龐雜，一般可區分爲「天神、地祇、人鬼、物魅」等四類；其中很多信仰對象都是自然現象的神化者。但是以英雄、聖賢、祖先、厲鬼等亡靈崇拜是信仰大宗。而這些崇拜的對象也成爲民間信仰中的祭祀對象，分述如下：

（一）天神崇拜

　　【天公 thinn1-kong1】即古時的昊天上帝，是台灣民間的至高神。後來道教以人鬼來認同「天公」，稱其爲【玉皇大帝 giok8 hong5 tai7 te3】。民間信仰以【敬天尊祖 king3 thian1 tsun1 tsoo2】爲基石，祭拜天公是敬天信仰的實踐。

　　【天公 thinn1-kong1】左右的侍從神是：【南斗星君 lam5 tau2 tshenn1 kun1】與【北斗星君 pak4 tau2 tshenn1 kun1】，前者註生，後者註死。「天公」的部下還有很多位。如上元、中元、下元的【三界公 sam1-kai3-kong1】（三官大帝），司掌天、地、水三界。更有「太陽公」與「月娘媽」，「風神」與「雨師」，「雷公」、「七娘媽」、「文昌帝君」……等等，這些都台灣民間最熟悉的天神。〔註3〕

　　典》，頁 171。

〔註3〕董芳苑《認識臺灣民間信仰》，頁 200。

俗語：【人是天生地養 jin5/lang5 si7 thinn1 sing1 te3 iong2】、

　　　【千算萬算不值天一劃 tshian1 sng3 ban7 sng3 m7 tat8 thinn1 tsit8 ueh8】、

　　　【姻緣天註定，不是媒人跤善行，in1 ian5 thinn1 tsu3 tiann7，m7 si7 mui5 lang5 kha1 gau5 kiann5】，（押 iann 韻）。

都表示【天公 thinn1-kong1】是人類命運的主宰者。

　　【囡仔歌 gin2 a2 kua1】：〈天公伯〉

　　　〔天公伯，緊好天　thinn1-kong1 pat8，kin2 ho2 thinn1，

　　　大人愛趁錢　tua7-lang5 ai7 thang3 tsinn5，

　　　囡子愛過年　gin2-a2 ai7 kue3-ni5。〕〔註4〕（押 inn 韻）

（二）地祇崇拜

　【土地公 thoo2-te7-kong1】〔註5〕是台灣最普遍的神明，也是地祇崇拜的大宗，其神格雖小，廟仔也是小小的，但影響民間非常大。「土地公」在台灣社會的重要性與普遍性，其他眾神無出其右。祂是土地、百業的守護神。

　　俗語：【田頭田尾土地公 tsan5-thau5 tsan5-bue2 tho2-ti7-kong1】，不只田地，墳地、村落的出入口，城門前、房屋位置（叫地基主）等等到處都有祂存在。

此外，地祇之中尚有「四海龍王」、「虎爺」、「猴將軍」、「兔將軍」、「牛將軍」、「馬將軍」、「蛇聖公」、「石頭公」、「大樹公」……等等。〔註6〕

　　【囡仔歌 gin2 a2 kua1】：〈土地公〉

　　　〔土地公，白目眉　tho2-ti7-kong1,peh8 bak8-bai5，

　　　無儂請，家已來　bo5 lang5 chiann2,ka1-ki7 lai5。〕（押 ai 韻）

（三）人鬼崇拜

　在【生為正人，死為正神 sing1 ui7 tsing3 jin5，si2 ui7 tsing3-sin5】（押 in 韻）的觀念下，台灣半數奉祀的神明來自歷史上有名望的人，死後為人們所崇拜，相信這些人的靈魂永生，一直留在世間保佑眾生。〔註7〕這類屬於英靈

〔註4〕　馮輝岳《台灣童謠大家唸》（台北：武陵出版社，1998年），頁49。
〔註5〕　有不同讀音：tho2-ti7-kong1、tho2-li7-kong1，董忠司《臺灣閩南語辭典》，頁1457。
〔註6〕　董芳苑《認識臺灣民間信仰》，頁201。
〔註7〕　鄭志明《台灣神明的由來》（台北：中華大道文化公司，2001年），頁73。

崇拜。

海神【媽祖 ma2-tsoo2】、醫神【大道公 tai7-to1-kong1】（保生大帝）、瘟神【王爺 ong5-ia5】，是台灣民間最受人喜愛的三種神祇，祂們的廟宇眾多更是其他祀神的首位，可說是人鬼神祇的大宗。

【媽祖 ma2-tsoo2】是航海的守護女神，在台灣的歷史最久，祂的身邊站立兩位侍從神「千里眼」與「順風耳」協助媽祖在台灣海峽進行救難工作。但今日的「媽祖」已經是民間的萬能女神。

【大道公 tai7-to1-kong1】，這位號稱【保生大帝 po2-sing1-tai7-te3】的醫神，是數百年前移民聚落，在當時蠻荒瘴癘的台灣開拓時所不可沒有的健康守護神。開基祖廟在台南縣的學甲，台北市的大龍峒「保安宮」規模既大又相當有名。

【王爺 ong5-ia5】這類【代天巡狩，血食四方 tai7 thian1 sun5 siu2，hiat4 tsiah8 si3 hong1】的厲鬼【瘟神 un1-sin5】，原來是乘坐【王船 ong5-tsun5】在福建一帶【遊縣吃縣，遊府吃府 iu5 kuan7 tsiah8 kuan7，iu5 hu2 tsiah8 hu2】（押 uan、u 韻），沒有固定住所的神格，現在已定居台灣，享受人間煙火，而且已經是無瘟神性格的萬能神祇。〔註8〕

（四）祖籍神祇

台灣人重視血緣地緣的鄉土觀念，對祖籍地方神念念不忘，因而請到台灣來當守護神供奉。如漳州人拜【開漳聖王 khai1 tsiong1 sing3 ong5】、泉州人拜【廣澤尊王 kong2-tik8-tsun1-ong5】、【靈安尊王 ling5-an1-tsun1-ong5】、【保儀尊王 po2-i5-tsun1-ong5】、【清水祖師 tshing1-tsui2-tsoo2-su1】，客家人拜【三山國王 sam1 san1 kok4 ong5】和【韓文公 han5-bun5-kong1】。

俗諺：【尪公顯，弟子了仙。〔註9〕 ang1-kong1 hiann2，te7-tsu2 liau3 sian2】
（押 ian 韻）

【尪公顯，弟子落臉。〔註10〕 ang1-kong1 hiann2，te7-tsu2 lak4 lian2】
（押 ian 韻）

尪公，即保儀大夫，台北市木柵、景美地區集應廟祀為主神。神佛興盛，祭典多，信徒反而要多花錢。

〔註8〕 董芳苑《認識臺灣民間信仰》，頁 202。
〔註9〕 【仙 sian2】一分錢。
〔註10〕 【落臉 lak4 lian2】，丟臉，變窮。董忠司《臺灣閩南語辭典》，頁 788。

【尪公聖，毋值尪媽定。ang1-kong1 siann3/sing3，m7-tat8 ang5-ma2
tiann7/ting7。】（押 ian/ing 韻）

尪公（即保儀大夫）雖聖，尚不及尪媽（即保儀大夫的夫人）篤定。比喻央
託事情，央託主婦比主人更為有效。〔註 11〕

【囡仔歌 gin2 a2 kua1】：〈烏面祖師公〉

〔烏面祖師公，白目眉，oo1-bin7-tsoo2-su1-kong1,peh8 bak8-bai5，
無儂請，家已來，bo5 lang5 tsiann2,ka1-ki7 lai5，
一个面仔笑咳咳，tsit8-e5 bin7 a2 tsio3-hai1-hai1，
笑甲喙仔裂獅獅，tsio3 kah4 tsui3 a2 lih8-sai1-sai1，
到底笑啥事，tau3-te2 tsio3 siann2 tai7，
舉椅頭仔加看眛，giah8 i2-thau5-a2 ka1 khuann3 mai7，
椅仔踏無在，跋落來，i2-a2 tah8 bo5 tsai7,puah8 loh8 lai5，
跋一下，有喙無下頦。puah8 tsit8 e7,u7 tsui3 bo5 e7- hai5。〕
（押 ai 韻）

（五）行業守護神

各種行業的守護神也非常受民間重視，如航海人拜【水仙尊王 tsui2-sian1-
tsun1-ong5】（大禹、伍員、屈原、王勃、李白）。童乩與法師的守護神是【玄
天上帝 hian5-thian1-siong1-te3】與【三奶夫人 sam1-nai2-hu1-jin5】。屠戶也
拜【上帝公 siong1-te3-kong1】（玄天上帝）。木匠的守護神是【巧聖先師
khiau2-sing3- sian1-su1】。理髮業拜【呂洞賓 lu7-tong7-pin1】。南管北管的樂
師拜【西秦王爺 se1-tsin5-ong5-ia5】（唐明皇）。商人拜【關公 kuan1-kong1】。
米商與中藥舖拜【神農大帝 sin5-long5-tai7-te3】。婦女守護神【註生娘娘 tsu3
senn1 niu5 niu5】。〔註 12〕而娼妓舘的鴇母、娼妓供奉豬八戒為守護神，稱為
水手爺（或狩狩爺）。〔註 13〕

俗諺：【呂洞賓，顧喙無顧身。

lu7-tong7-pin1，koo2 tshui3 bo5 koo2 sin1。】（押 in 韻）

〔註 11〕徐福全《福全台諺語典》，頁 238。

〔註 12〕董芳苑《認識臺灣民間信仰》，頁 202。

〔註 13〕董芳苑《台灣民間宗教信仰》（台北：長青文化公司，1975 年，1984 年），頁
161。另連橫《臺灣語典》則稱為「水手爺」。（台北市：金楓出版社，1987
年），頁 195。

呂洞賓，八仙之一，為乞丐之行神。譏人像乞丐一樣，只顧口腹之慾而不顧衣著打扮。〔註14〕

　　【城隍爺〔註15〕sing5-hong5-ia5】是地方的司法神，供奉城隍爺的廟叫【城隍廟 sing5-hong5-bio7】台灣民間階級最高的城隍是【府城隍 hu2- sing5-hong5】。城隍的部下有：「文判官」、「武判官」、「牛爺」、「馬爺」、「枷爺」、「鎖爺」、「七爺」、「八爺」、「日遊神」、「夜遊神」，以及東西南北「四鬼差」。「五營元帥」分別鎮守地方的東、西、南、北各角落，其中「太子爺」（中壇元帥）是王爺的近侍。

　　陰司的大神是「東嶽大帝」，他率領「十殿閻羅王」統治十八地獄，其中第五殿的閻羅王就是生前斷案如神的「包公」。地獄亡魂的救主，是「地藏王菩薩」，祂與西天樂土「阿彌陀佛」搭配，協助亡靈往生極樂世界。〔註16〕

　　【城隍爺尻川（屁股），無人敢摸 sing5-hong5-ia5 kha1-tshng1，bo5 lang5 kann2 bong1】，（比喻對方權勢大，沒人敢動他。）〔註17〕

　　【七十三、八十四，閻羅無叫家己（自己）去。tshit4-tsap8-sann1、peh4-tsap8-si3，giam5-ong5 bo5 kio3 ka1 ti7 khi3。】（押 i 韻），人生到了七八十高齡，即使沒有閻羅王的召喚，也會自然而然地死去。〔註18〕

　　【你鬼，我閻羅王 li2 kui2，gua2 giam5-lo5-ong5】，你難纏，我也是不好惹的，你嚇不到我。〔註19〕

（六）鬼 魂

　　台灣民間十分怕鬼，認為是人間一切苦難的來源。人們又諱言說【鬼 kui2】，怕說鬼，鬼就到，而暱稱為【好兄弟仔 ho2-hiann1-ti7-a0】，民間的「大眾爺」、「有應公」就是這類亡靈。為了對付這些餓鬼孤魂，在農曆七月足足一個月的時間來普渡，然後又請鬼王「大士爺」與「土地」「山神」的法力把祂們送回鬼門關。〔註20〕

〔註14〕徐福全《福全台諺語典》，頁 150。
〔註15〕「城隍」本意為護城河，也指護城之神。相傳為冥界判事之官。
〔註16〕董芳苑《認識臺灣民間信仰》，頁 203。
〔註17〕吳瀛濤《臺灣諺語》（台北市：台灣英文出版社，1975、1979 年），頁 40。
〔註18〕徐福全《福全台諺語典》，頁 33。
〔註19〕徐福全《福全台諺語典》，頁 82。
〔註20〕董芳苑《認識臺灣民間信仰》，203。

【引鬼入宅 in2 kui2 jip8 theh8】，引領壞人到家裡。自尋麻煩。〔註21〕

【用鬼，掠鬼 iong7 kui2 liah8 kui2】（押 ui 韻），以鬼抓鬼。用反計。以計就計。〔註22〕

【人牽毋行，鬼牽蹓蹓走 lang5 khan1 m7 kiann5，kui2 kang1liu2 liu2 tsau2】喻好人勸不聽從，壞人勸誘則百依百順。〔註23〕

【水鬼掠交替 tsui2 kui2 liah8 kau1 the3】，台俗相信溺死之鬼，必須再抓一個人來替代，他才能出冤死城去投胎。〔註24〕

【見拄，拄著鬼 kin tu，tu tioh4 kui2 】，每次所遇到的都是鬼；喻倒楣到極點。

【小鬼毋識看見大豬頭 sio2- kui2 m7 bat8 khuann3 kinn2 tua7 ti7 thau5】台灣習俗，祭鬼供品分等級，拜小鬼只能用小三牲，不用牲禮，更不用豬頭。喻見識不廣，少見多怪。〔註25〕

【請鬼醫病 tshiann2 kui2 i1 penn7】、【請鬼顧更 tshiann2 kui2 koo3 kenn1】、【請鬼帶藥單 tshiann2 kui2 tua3 ioh8-tan1】，都是比喻所請非人，自找死路。〔註26〕

「祖先崇拜」（祭祖）是台灣民間最重要的一件事，神明可以不拜，但不能沒有【公媽 kong1-ma2】〔註27〕。人們祭拜祖先，目的在慎終追遠與表現孝心，另方面又害怕祖先成為餓鬼孤魂而為害子孫，所以倫理孝道與懼怕亡靈的心理交織在一起〔註28〕。

〈公媽擔〔註29〕入來〉

〔公媽擔入來，kong1-ma2 tann1 jip8 lai5，

添丁大發財，thiam1 ting1 tua7 huat4 tsai5，（押 ai 韻）

五路進財，闔家平安，goo7 loo2 tsin3 tsai5，hap8 ka1 ping5-an1，

招財進寶，金玉滿堂，tsio1 tsai5 tsin3 po2，kim1 giok8 buan2 tong5，

〔註21〕吳瀛濤《臺灣諺語》，頁 41。

〔註22〕吳瀛濤《臺灣諺語》，頁 63。

〔註23〕徐福全《福全台諺語典》，頁 76。

〔註24〕徐福全《福全台諺語典》，頁 370。

〔註25〕徐福全《福全台諺語典》，頁 235。

〔註26〕徐福全《福全台諺語典》，頁 537。

〔註27〕【公媽 kong1-ma2】，祖先牌位。

〔註28〕董芳苑《認識臺灣民間信仰》，頁 203。

〔註29〕【擔 tann1】，用肩膀挑東西。

富貴長壽，財丁雙旺，hu3 kui3 tiong5 siu7，tsai5 ting1 siang1 <u>ong</u>7，（押 ong 韻）

發發發發，進進進進。huat4　huat4　huat4　huat4，tsin3　tsin3　tsin3　tsin3。〕

從舊居將祖先牌位分靈到新居稱「擔公媽」，擇吉日吉時，奉請祖先神位牌入新屋。進屋時刻，必需唸的吉祥話。〔註30〕反映人們對祖先神主牌的重視。

二、神祇地位

民間【神祇 sin5-ki5】，由於一般信仰心理的需求，不論是廟宇中所供奉的或是家中所供奉的，都不只是單一的神祇信奉，因此由於奉祀地位（重要性）的不同，而有主祀神、從祀神、同祀神、寄祀神等不同。

（一）主祀神

民間祠廟為了滿足信徒需要，一般都會供奉多種神祇，主要的祭祀對象稱為【主祀神 tsu2-su7-sin5】。主祀神不一定是單一的神祇，有時可以是三位如三世佛、三山國王，也有五位如五府千歲者，甚至多至七位者如七府王爺、七星娘娘等；這些神祇地位通常是相同的，也有少數主神群是具有「兄弟」或「姊妹」性質的則以其中一位為代表，如「三奶夫人」以「臨水夫人」為代表、鹿港「蘇府王爺」以「蘇大王爺」為代表。

（二）從祀神

【從祀神 tsiong5-su7-sin5】之中又可分為「配偶、配祀、挾祀、分身、隸祀」等。「配偶」神為主神的配偶，如城隍夫人、王爺夫人、土地婆；「配祀」是與主神有特定關係的屬神，如城隍的文武判官、范謝將軍，媽祖的千里眼、順風耳等；「挾祀」指供於主神兩側的侍神，如佛祖旁的文殊、普賢菩薩，觀音大士的善才、龍女，王爺神的劍童、印童等；【分身 hun1-sin1】則是將同一主神的數尊神像並祀於神龕或神案上，如媽祖有大媽、二媽、三媽或是鎮殿媽、爐主媽、進香媽等之分；「隸祀」是指不同主神所共同有的屬神，如各寺廟的門神、佛寺的護法神等。

〔註30〕胡萬川總編輯《沙鹿鎮閩南語歌謠集》（二）（台中縣：台中縣立文化中心，1993 年），頁 112。

（三）同祀神

【同祀神 tong5-su7-sin5】的神祇與主神並無宗教上從屬或其他的關係，其神格地位可以與主神相當或是更高者，如主神爲媽祖的廟宇一般同祀觀音佛祖、玉皇大帝（天公）；主神爲觀音佛祖則同祀釋迦佛祖、媽祖等。早期台灣的寺廟祭祀的神祇較爲單純，但隨著當代信仰的蓬勃發展，爲了順應信徒的需求，寺廟中的同祀神也愈來愈多，有時甚至多達數十種。

（四）寄祀神

【寄祀神 kia3-su7-sin5】是指與主神有「來往」而來廟中「作客」的神祇，或是民眾自行供奉的、廟宇拆除廢棄的、流轉無主的等，暫時供奉在寺廟中的神祇；這類神祇有時也被民間稱之爲「客仔神」。

三、神祇職司

傳統民間信仰的神祇，其組織職能是以中國古代【君權政體 kun1-kuan5 tsing3-the2】爲藍本所建構的，職司可概略分爲文武兩部。「文部」神祇一般有中央行政神、地方行政神、幽界行政神等三個系統；而「武部」神祇則有神軍、司法等兩大系統。

（一）至上神

通常是指【玉皇大帝 giok8 hong5 tai7 te3】（【天公 thinn1-kong1】），在民間宗教信仰體系中，玉皇大帝是天界地位最高的神祇，不僅掌管天界文武兩部眾神，其權力也擴及陰陽兩屆的人鬼等，是天地萬物的主宰；一般臺灣民間認爲，玉皇大帝是沒有固定形象的，而以三官大帝（【三界公 sam1-kai3-kong1】）爲其代表。

（二）行政神

昔日民間宗教信仰在玉皇大帝與三官大帝以下的諸神都有其特定的「執掌」或「管轄」的地域，這些負有專職的神祇也就是行政神；而行政神又可因其職司的不同區分爲中央行政神、地方行政神與幽界（冥界）行政神三大系統。

中央行政神如文昌帝君掌理文學功名、中壇元帥（三太子）掌理軍隊、水仙尊王與媽祖爲航海之神、保生大帝爲醫藥之神、註生娘娘掌理生育…………等等，有時也發展爲守護各行各業的「行業神」。

地方行政神主要是指因祖籍區域不同所特別信奉的神祇，如漳州人信奉開漳聖王、安溪人信奉清水祖師或保儀尊王等，這些源自於祖籍地的信仰成為各祖籍移民後代的「守護神」，以及掌理地方司法的城隍、境主公、土地公等「地方司法神」。幽界行政神則掌理幽界的事務，如民間熟悉的酆都大帝或幽冥教主（地藏王）所總管的十殿閻羅等，專門審理死後人的功過。

（三）軍事神

指中央行政神掌理軍務的軍務神之外的職司軍事的【武部眾神 bu2 poo3 tsiong3 sin5】，有以三十六天罡所組成的【天兵 thian1-ping1】系統與以七十二地煞所組成的【地兵 te7-ping1】系統，主要以王爺及其所領導的【五營神兵 goo7-iann5 sin5-ping1】系統為主。【五營 goo7-iann5】又可分為【大五營 tua7 goo7-iann5】與【小五營 sio2 goo7-iann5】，大五營是中營「李靖」以及東、西、南、北營；小五營即是民間熟知的，以中營中壇元帥、東營張勝者、西營劉勝者、南營蕭勝者、北營連勝者等組成的五營神兵，亦即民間信仰【安五營 an1 goo7-iann5】（豎五營）儀式中的五營系統。武部眾神的最高統帥亦為玉皇大帝。

（四）司法神

專司律法的神祇，亦即武部眾神中的神警系統，是民間信仰諸神中的警察神，最著名的城隍爺即為司法神，負責掌管【陰間 im1-kan1】事務，在民間信仰中陰間是介於明界與幽界之間，也就是人間與地獄的連接處，負責緝拿鬼魂並作初級審判，民間相信人死後都必先來城隍廟報到。另外東嶽大帝、境主公也被視為司法神，至於幽冥教主、十殿閻羅等雖為幽界行政神，但由於負有審判之職司，也有將之歸為司法神之列的。

（五）宗族神

宗族神是指單一宗族姓氏所祭祀的神祇，一般都供奉於各姓氏的宗祠內，而成為個別姓氏宗族的守護神，如姓楊的拜楊戩、姓李的拜老子、姓鄭的拜鄭成功、鹿港姓施的拜施琅……等。

（六）其　他

另外也有一些沒有明確職司的神祇，如一些由小說（如封神榜）或民間傳說人物（如李勇）等所衍成的神祇，與瘟神、有應公等，也被歸為雜神。其中瘟神與有應公是台灣民間信仰中較為特殊且為數眾多的崇拜對象，台灣

的瘟神多稱爲【王爺 ong5-ia5】，有五瘟神、十二瘟神……等不同的系統，瘟神原本是來人間「施瘟疫」的，後來卻逐漸演變爲地方的守護者。

有應公則是「有祀」而享有香火的孤魂野鬼（厲鬼），是民間信仰中數目最多、內容最龐雜的祭祀對象，其名稱很多，如百姓公、大眾爺、萬善爺、水流公……等，其來源有路倒病死的、水流淹死的、戰亂（械鬥）而死的、凶禍而死的、或是無主墳墓的枯骨等，民間爲避免這些孤魂野鬼作祟而將其枯骨收殮埋葬，並立祠加以祭祀便成爲特殊的有應公崇拜。

四、行事需要

台灣傳統宗教信仰的神祇十分龐雜。神像作爲祭祀對象與主體，若以被供奉於不同場所，亦即行事上的需要而言，大致可分爲：廟祀神像、宗祠神像、家祀神像、壇場神像、扮神、出巡神偶等數種。其中廟祀神像比較重要但複雜。

廟宇中神像的種類依其功能可分爲：開基神、鎮殿神、分身神，以及主要不作祭祀對象的、帶有濃厚裝飾性質的裝飾神像等數類。

（一）開基神

【開基神 khai1-ki1-sin5】指廟宇建廟之初最早供奉的神像。在早期台灣漢人社會中，移民來台之初，爲了旅途的方便，通常都會攜帶小型的神像或僅攜帶神明的【香火袋 hiunn1 hue2 te7】，供奉在家戶之中。等到定居之後即建廟將神像供奉於廟中，或是延聘匠師重新雕造神像；再加上因爲經濟、社會等因素，早期的廟宇規模一般都較小；等到條件充足而重建時，方擴大建築規模，並另外雕造尺寸較大的神像，作爲鎮殿之用。

（二）鎮殿神

通常並非廟宇的【開基神 khai1-ki1-sin5】，但卻是廟宇主神的象徵。台灣多數歷史較悠久的廟宇，【鎮殿神 tin3-tian7-sin5】由於多半是在廟宇重建時另外雕造的，爲了與祭祀空間的搭配，並營造出崇高神聖的感覺。故一般在神像尺寸上都較爲巨大，作爲鎮殿之用，是不能輕易移動的。

（三）分身神

一般指開基神、鎮殿神之外的所有主神神像，是開基神或鎮殿神的分身，一般作爲出巡、繞境之用，或供爐主請回家中供奉。【分身神 hun1-sing1-sin5】

為了移動上的方便，尺寸通常不大以利置於神轎上，供外出進香繞境或出巡停駐以供各地信徒的問事；有時廟宇也會雕造許多一式的分身神像，供信徒請回家中供奉，成為家祀神。

（四）裝飾神像

廟宇中的裝飾神像以門神為主，一般以彩繪方式表現，雖然帶有濃厚的裝飾意味，但其原始所具有的神明意義，則是不容忽略的。另外常見的有「八仙」、「官將」等神祇形象，其形象的呈現手法則有雕刻（浮雕）、彩繪、織繡等。

第二節　祭祀空間——祠廟

祭祀空間是指從事祭祀、崇拜行為與活動的空間，通常是建築物（【宗祠 tsong1-su5】、【寺廟 si7-bio7】）或是人為營造之地（壇、臺），這類空間一般都帶有宗教信仰上【神聖 sin5-sing3】的性質，也因為祭祀對象的不同而各有其名稱並予人不同的感受。祭祀神靈的空間一般為寺廟、道壇，帶有較為濃厚的宗教性；而祭祀祖先的空間則稱為【祠堂 su5-tng5】、【廳堂 thiann1-tng5】，一般較為接近傳統儒家的儀軌，是一種崇高的感覺，宗教性較弱。

一、祠廟名稱

祭祀空間的名稱很多，一般常見的有宮、觀、殿、府、壇、祠、廳、堂、寺、庵、巖等，由於祭祀對象與宗教屬性的不同而使空間名稱有所差異，一般可概分為官祀廟宇、道教廟宇、佛教廟宇、民間教派及民間信仰廟宇、祭祖廳祠等五類。

（一）官祀廟宇

即官方所建立或祭祀的廟宇，一般皆稱為【廟 bio7】，如各地的孔廟、文廟、武廟等。另外，【壇 tuann5】原指高築的祭臺，是古代帝王祭祀天地的空間，後來道教進行法事的空間也稱「壇」，又通稱為【道壇 to7-tuann5】；而近代一些民間信仰中私人所主持的祭祀空間也稱為【壇 tuann5】，或通稱【神壇 sin5-tuann5】。

（二）道教廟宇

宮、殿早期都是傳統道教的廟宇，其名稱源自於古時帝王的居處，【宮

king1（白）/kiong1（文）為帝王后妃居住的地方，因此只有供奉【王爺 ong5-ia5】神格以上的廟宇可以稱【宮 king1】，但近代則成為民間信仰廟宇最普遍的名稱，如主祀中壇元帥、福德正神等神祇的廟與也有稱為【宮 king1】的。【殿 tian7】本為帝王處理國事的地方，故唯有供奉「帝級」神明的廟宇可以稱殿，如主神為玄天上帝的廟宇稱「眞武殿」。【觀 kuann3】則為正統道教廟宇的稱呼。

（三）佛教廟宇

【寺 si7】、【庵 am1】為佛教的廟宇，寺在東漢以前是官方公務建築的稱呼，佛教傳入中國後，東漢明帝為佛教僧侶建立了第一座廟宇「白馬寺」，此後【寺 si7】便成為佛教廟宇的通稱，但近代閩南、台灣有不少原為佛教廟宇的寺逐漸演變成民間信仰廟宇，如各地的「龍山寺」即是。而【庵 am1】則專指女性僧人出家修行之地；【巖 giam5】是山邊的佛寺，另外也有稱為【亭 ting5】或【洞 tong7】的。

（四）民間教派與民間信仰廟宇

這類廟宇的稱呼最為龐雜，有道教的宮、殿、壇等，也有佛教的寺、巖、亭等。另外【府 hu2】一般為主祀王爺級神明的廟宇，如台南縣的供奉五府王爺的「代天府」；【祠 su7】則用來稱呼規模較小或神格較低的廟宇，如「福德祠」、「土地祠」等；而【堂 tng5】原指齋教的佛堂，後來也有民間信仰廟宇以堂為名的，如著名的「慈惠堂」。

（五）祭祖廳祠

傳統漢人社會中，同姓宗族所共同祭祀祖先的建築稱為【宗祠 tsong1-su7】或【祠堂 su7- tng5】，也有稱為【家廟 ka1-bio7】的，如金門地區；而各家戶中祭祀神明、祖先的空間一般稱為【公廳 kong1-thiann1】或【公媽廳 kong1 ma2 thiann1】。

二、祠廟類型

這裡的「類型」是指依照信徒人群的分佈屬性而言，一般正統官祀廟宇、佛教與道教廟宇，因較不具濃厚的「地方性」特色，因此只有規模大小的不同而並無類型區分的問題。但民間信仰廟宇在台灣的數量最多，分佈也最廣，因此便有因為信徒人群屬性的不同、或信仰影響範圍的大小而有不同的類

型，這些類型一般大略可區分爲：公廟、私壇等兩大類，其中公廟部份則又因其規模、性質等的差異，而有閤港（閤府、閤澎）廟、人群廟、宗族廟等數種。

（一）公廟〔角頭廟 閤港廟 人群廟〕

【公廟 kong1-bio7】是一個村莊的共同祭祀中心，廟宇事務通常由公共組織體制（如頭家爐主、祭祀公業、管理人、管理委員會、財團法人等）所掌理，所有祭祀行爲幾乎都是由村民們所共同參與的。因此每遇有公廟的慶典活動，如神明聖誕、重大法會等，幾乎都是整個村落總動員的時候。此外，每遇有較大的事件時，村中的頭人、要人們也會聚集於公廟商討，在神明面前取得決議也可表示具有公信力，故公廟除了是村落的信仰中心外，通常也是村落的公共事務處理中心；公廟因爲其規模以及祭祀人群上的不同，而有角頭廟、閤港廟、人群廟等區分。

【角頭 kak4-thau5】是指在傳統聚落中被自然分割出的、較爲獨立的「生活圈」而言。因此【角頭廟 kak4-thau5-bio7】顧名思義即指某一生活圈內信徒所共同建立、而可代表生活圈整體的信仰中心的廟宇。故角頭廟的信仰（信徒）範圍較少超出生活圈之外，這也構成了一個獨立的祭祀圈，如各地的土地廟即是典型的角頭廟。

【閤〔註31〕港廟 hap4-kang2-bio7】一詞源自於古老的鹿港街鎮聚落，亦即指全港（聚落）共同供奉祭祀的廟宇，其信仰、信徒分佈以及影響力遍及聚落範圍、甚至超出了範圍，一般是與角頭廟相對來說的；另外舊台南府城的公廟稱爲【閤府廟 hap4-hu2-bio7】，澎湖的公廟稱爲【閤澎廟 hap4-phinn5/phenn5-bio7】，是各地在稱呼上的差異。

所謂【人群廟 jin5-kun5-bio7】在閩南原指同一區域（籍貫）共同供奉的廟宇，在台灣因爲移民社會的關係，演變成爲共同祖籍（方言）移民所共同供奉的廟宇，這類廟宇有個共同特色，亦即主祀各祖籍的【鄉土神 hiong1-thoo2-sin5】，這些鄉土神也成爲信徒的【守護神 siu2-hoo7-sin5】，最著名的有泉州安溪人的「清水祖師廟」等。

（二）私 壇

【私壇 su1-tuann5】是相對於公廟而言的，祭祀事務概由個人所掌理的祭

〔註31〕「閤」有二意：一是小門，音 kap8；二是全，總共，音 hap4（文）、kah4（白）。見《普通話閩南語詞典》，頁 254、309。此處應作「全」解釋。

祀場所，如道士所主持的道壇，以及民間最常見的由巫覡、信徒等所主持的神壇。其經濟來源除了接受外界捐獻之外，主要是靠【辦法事 pan7-huat4-su7】（解厄、除煞等）等方式。

（三）宗族廟

某一姓氏、族人所共同建立的廟宇，所供奉祭祀的對象通常為各姓氏所崇拜的宗族神或祖先神；如鹿港泉籍郭姓人士供奉郭子儀、郭洪福為宗族神，並建立「保安宮」成為【宗族廟 tsong1-tsok8-bio7】。

宗祠祭祀是中國傳統文化中，儒家禮儀的主流之一。少數較具規模的宗祠則發展成【宗族廟 tsong1-tsok8-bio7】，除了祖先的祭祀之外，甚至也有宗族（氏族）神的供奉；在地方上宗族廟有時也會因為信仰人群的變化，而成為地方的公廟。

三、祠廟組織人物

台灣寺廟是以聚落（社）為大小不等的範圍，凝聚、整合社區內的代表性人物，共同組成一個以祭祀為主的群體。特別是較早期共同開發時，所供奉的多是鄉土神，既能標幟其族群的地緣、血緣性格，也能具體發揮其團體的功能。這就是原始「以社會民」意義的擴充與加強，社神、社祭及賽社的密切關係，就成為寺廟神及其祭祀組織，諸如【神明會 sin5-bing1-hue7】、【共祭會 kiong7/kang7 tse3 hue7】等，其中被推舉出來的頭人，又常代表社區而對外進行聯誼、交陪，因而出現各種聯絡方式，如【金蘭會 kim1-lan5-hue7】、【交陪境 kau1-pue5 king2】之類，成為典型的社區間的交往，而表面的形式則是廟際、神際關係。

不過主持祭典的除了有廟中執事外，較專業的則是道教、佛教及法師、乩童等，屬於專業的神職人員，乃是扮演中介者的角色，為寺廟、為社區內的信眾從事宗教信仰上的服務。

第三節　祭祀活動——廟會

【廟宇 bio7-u2】是台灣傳統民間信仰的核心所在，以廟宇為中心所發展出的動態活動、慶典及習俗等，更是台灣傳統民間信仰文化中的重要成分。在台灣傳統漢人社會諸多動態文化中，這類通稱為【廟會 bio7-hue7】的信仰

慶典活動，往往動員最多、層面最廣，尤其是以主神神誕爲主的年度例祭慶典活動，堪稱爲傳統村落的「嘉年華會」【鬧熱滾滾 lau7-jiat8-kun2-kun2】；而許多歷史悠久、較具特色的廟會活動，更衍生爲吸引眾多觀光客的著名民俗活動。因此，從觀察傳統的廟會活動，當可瞭解傳統社會的宗教信仰意涵與民間文化中豐沛的生命力。

一、神　誕

【神誕日 sin5-tan3-jit8】是指神明的生日與成道紀念日。往往是一個傳統台灣漢人村落年度中最重要的日子，幾乎所有的活動都以它爲主，尤其是在農閒時期的神誕日，相關活動更是盛大，它的重要性有時甚至超越了【年節 ni5-tseh4】的地位。台灣民間信仰所崇奉的神明很多，因此幾乎一年到頭都有神明的生日，甚至融入了台灣民間傳承的歲時之中，成爲日常生活外非常性活動的重要部份。

台灣俗話說：【三日一小拜、五日一大拜。sann1 jit8 tsit8 sio2 pai3，goo7 jit8 tsit8 tua7 pai3】（押 ai 韻）。在台灣，這種多神教的崇拜精神可說發揮到了極點。拜拜是一種儀式，但隱藏在儀式背後的信仰心理，卻值得我們去注意。當現實的苦難愈多，肩膀上的負擔愈重，人便毫不猶豫找一處心靈的避難所，以爲喘息，拜拜的意義就產生了。拜拜不是迷信，是民間心靈的歸宿〔註32〕。

（一）神明生

【神明生 sin5-bing5-sinn1/senn1】是神明的生日。在台灣民間信仰文化中，神明的地位雖然非常崇高，但大多給人容易親近的形象，如民間暱稱天上聖母爲【媽祖婆 ma2-tsoo2-po5】、觀世音菩薩爲【觀音媽 kuan1-im1-ma2】、保生大帝爲【大道公 tai7/ tua7-to1-kong1】等。這種給人親近形象的感受，尤其從神明的【過生日 kue3-senn1/sinn1-jit8】現象中最明顯。

在【神明生 sin5-bing5-sinn1/senn1】前後，地方上的信眾即興高采烈的舉行各種活動，來給神明祝壽，甚至動員整個村落，吸引鄰近地區的民眾前來看熱鬧、吃拜拜，成爲地方上受矚目的民俗節慶活動。

如新北市三峽「長福巖」每年農曆正月初六的「清水祖師聖誕慶典活動」，

〔註32〕 文蔚《細說中國拜拜》（台北：聯亞出版社，1981 年），封底。

當地及附近鄉鎮信徒都會備辦牲禮前往祭拜，人山人海的情況比過年還熱鬧；或著依姓氏每年輪流刣豬公請人客，形成具有特色的【大拜拜 tua7-pai3-pai3】文化，也變成【做醮 tso3-tsio3】的代名詞。

（二）千秋聖誕

【千秋聖誕 tshian1-tshiu1-sing3-tan3】是神明【成神 sing5-sin5】的日子，即【成道日 sing5-to7-jit8】。民間相信，每位神明在成神之前，都經過了一段時日的【修行 siu1-hing5】過程，在修行達到一定境界之後，方能證道成神。因此神明的成道日亦即神明作為【神 sin5】的誕生日，便成為信眾心目中除了神明生之外的另一個「聖誕日」。在部份地方更將千秋聖誕看得比神明生還重要。因此在神明每年的千秋聖誕中，除了舉行固定的法事之外，也都要大肆慶祝一番。

（三）作三獻

行【三獻禮 sann1-hian3-le2】是民間祭儀中使用最廣，也是最重要的一種，尤其是在神明生與千秋聖誕日的祭典中，更是不可或缺的儀式。三獻禮亦即分三次敬獻爵、祿、酒、果等供品，分別為初獻、亞獻、終獻。作三獻的過程也會因為地域、祖籍的差異而有所不同，但意義與精神都是一致的，都是表達信眾對神明的崇敬心理。

（四）演　戲

各地廟宇慶祝神誕活動中，許多規模較小的，祝壽禮通常只簡單的舉行象徵性的儀式而已；儀式雖然簡單，但【搬戲謝神 puann1-hi3-sia7-sin5】（演戲酬神）則是必備的規矩。早期的酬神戲種較常見的凡有北管戲（亂彈、子弟、四平）、南管戲（梨園、九甲）、【歌仔戲 kua1-a2-hi3】、【布袋戲 poo2-te7-hi3】、【傀儡戲 ka1-le2-hi3】戲等「大戲」，一些規模小請不起戲班的廟宇，則以小布袋戲代替。

在早期缺乏大眾娛樂時代，每逢地方上廟宇神誕時，各類酬神戲搭野臺演出，往往成為民眾最大的娛樂，也吸引了鄰近的小販、攤販趁機前來做生意，構成【戲棚 hi3-penn5】下一副熱鬧的景象，是昔日台灣民間生活中重要的一環。

俗話說：【戲棚仔跤徛久就人个 hi3-penn5 a2 kha1 khia7 ku2 to7 lang5 e5】意思是戲棚底下佔位置，站久了位置就歸他所有。引申為凡事堅持到底，勝

利就屬於他的。〔註33〕

〈趕緊來看戲〉

〔來喔，來喔，趕緊來看戲，lai5 ok4，lai5 ok4，kuann2 kin2 lai5 khuann3 hi7，

愛哭眛仔〔註34〕哭調仔本領好，ai3 khau3 bue7 a2 khau3 tiau5 a2 pun2 ling2 ho2，

聽落到地顛顛倒，thiann1 loh4 kau3 te7 tian1 tian1 to2，（押 o 韻）

大大步，細細步，tua7 tua7 poo7，se3 se3 poo7，

後尾來你就徛〔註35〕無路。au7 bue2 lai5 li2 tioh4 khia7 bo5 loo7。
（押 oo 韻）

大先來徛頭前，tai7 sing1 lai5 khia7 thau5 tsing5，

後尾來看後旁，au7 bue2 lai5 khuann3 au7 ping5，

復較後尾就愛去聖王公〔註36〕遏看神明。koh4 ka7 au7 bue2 tioh4 ai3 khi3 sing3 ong5 kong1 hia1 khuann3 sin5 bing5。（押 ing 韻）〕

〔註37〕

二、廟 會

【廟會 bio7-hue7】是以廟宇或主神爲主，所舉行的各種具有宗教信仰性質意義活動的總稱，這些活動除了神誕祝壽之外，有進香、出巡、繞境等，是廟宇年例性活動，具有凝聚、整合社內信眾的功能，即【以社會民 i2 sia7 hue7 bin5】的酬神賽社的「社會」意義。

（一）進 香

【進香tsin3-hiunn1】是傳統民間信仰中最常見的活動。【進香tsin3-hiunn1】的原意只是到寺廟拈香禮拜神佛，但在台灣漢人社會中，則寓含了個人對神明的【刈/割香 kuah4-hiunn1】，與神明對神明的【掬火 kiok4-hue2】等兩層意涵，都具有【乞求香火 khit4-kiu5 hiunn1-hue2】的意義；而現代民間通稱的進

〔註33〕董忠司總編纂《臺灣閩南語辭典》，頁382。
〔註34〕愛哭眛仔，歌仔戲藝人陳秀娥，以唱哭調聞名。
〔註35〕【徛 khia7】，站立。原文用「企」。
〔註36〕聖王公，宜蘭街開漳聖王廟奉祀的主神。
〔註37〕邱坤良等《宜蘭縣口傳文學》（下冊），頁550。

香,則成爲一種個人跟隨神明出境,與其他廟宇神明【交陪 kau1-pue5】(交往)活動的總稱,爲一種「廣義」的稱呼,其中又可分爲:狹義的進香、刈香、掬火(刈火、割火)、參香等不同意義的活動行爲。

　　台灣漢人社會進香活動的蓬勃,與早期移民文化有緊密的關連。移民之初,先民們必須克服旅途的艱難,回到祖籍地廟宇進香謁祖;在台地安居落戶之後,也隨著島內的遷徙行爲,各地廟宇對其在台的【開基祖廟 khai1-ki1-tsoo2-bio7】,進行同樣形式的進香,因此而有因爲主神的不同而有各種【香期 hiunn1-ki5】,這種進香活動尤其以每年農曆三月各地的媽祖進香最爲盛大,故俗有【三月猦〔註38〕媽祖 sann1-gueh8 siau2 ma2-tsoo2】之稱。(因台灣各地三月初起,即忙著籌備、熱烈進行媽祖生的各項活動。如北港朝天宮、大甲鎮瀾宮……等地浩大進香活動,反映群眾熱心參與和祈願寄託。)

　　1、進　香(狹義)

　　狹義的進香原指在主神神誕之前,分靈廟回到祖廟(元廟)向主神祝壽,並藉以重新增加靈力的活動過程,對信眾而言則是一種【朝聖 tiau1-sing3】的行爲。【香火 hiunn1-hue2】是傳統神靈信仰較中心的重要觀念,也是薪傳的表徵:對神明而言,進香的主要目的是掬火,而對信眾而言進香則是爲了【刈/割香 kuah4-hiunn1】,是藉著對祖廟的分香行爲,而達到獲得神明更大的庇佑的目的。

　　2、刈　香

　　【刈/割香 kuah4-hiunn1】通常指信眾隨著地方神明,對祖廟的神明乞求香火來祭拜,以之獲得神明靈力與庇佑的行爲,有時又稱爲【隨香 sui5-hiunn1】。隨香者有團體與個人,隨香的個人稱爲【香燈跤 hiunn1-ting1-kha1】。早期的刈香由於交通的不發達,對信眾而言是一種艱苦且神聖的【朝聖 tiau1-sing3】活動,但也是信眾表達對神明最高崇敬的行爲。刈香行爲的完成並無固定的模式,通常以【換香 uann7-hiunn1】與【換香旗 uann7-hiunn1-ki5】爲代表。此外,少數廟宇的香期由於參加者眾,必須區分隨香者的等級,因此而有所謂頭香、貳香、參香等之分,所爭取的即【接香 tsiap4-hiunn1】或【插香 tshah4-hiunn1】的優先權力,在早期甚至演變成公開的【搶香 tshiunn2-hiunn1】行爲,主要的即源於民間相信,當神明進香返回之後,優先接香者能獲得較大靈力之故。

―――――――――――――

〔註38〕　【猦siau2】,沈迷於某事。董忠司《臺灣閩南語辭典》,頁1172。

3、掬　火

　　【香火 hiunn1-hue2】是一種薪傳的象徵，尤其對廟宇的神明而言，【火hue2】的意義尤其重大。因此各地的廟宇每年都必須向其祖廟【請火tshiann2-hue2】，以象徵其不斷分得祖神靈力的印證，這種神明向其祖靈請火的行爲，即稱爲【掬火 kiok4-hue2】或【刈火 kuah4- hue2】。掬火必須經過一定的【交香 kau1-hiunn1】過程，通常以象徵兩位神明的香爐前後並置，透過爐中檀香的燃燒升起後的交會而完成，其儀式具有相當濃厚的神聖性，一般信眾通常是不能任意接近的。

4、參　香

　　台灣民間將一般沒有廟宇層級差別的神明之間的來往行爲，即稱爲【參香 tsham1-hiunn1】。台灣民間宗教信仰在日益蓬勃之後，許多廟宇爲了擴大其信仰圈範圍，除了主動參與民間與政府舉辦的活動之外，更加強與友廟之間的聯繫；爲了增進【交陪廟 kau1-pue5-bio7】彼此之間的情分，因此有神明相互交流的行爲，稱爲【參香 tsham1-hiunn1】。彼此參香的通常是地位平等的廟宇，有時是彼此之間沒有主從關係的同一神明，有時是神格相等的神明之間的往來行爲。

（二）繞　境

　　【繞境 jiau2-king2】是指神明一般性的【外出 gua7-tshut4】行爲，又稱爲【遊境 iu5-king2】或【巡庄 sun5-tsng1】，是一般民間所通稱的【迎神賽會ngia5-sin5 sai3 hue7】。繞境通常在【神明生 sin5-bing5-sinn1】前後舉行，有時是進香返回轄境之後，神明對其轄境作較爲詳細的巡視，除了具有宣揚神威之外，也接受沿途信眾的膜拜，藉著【換香跤 uann7-hiunn1-kha1】的行爲，分與信眾神明的靈力；其規模大小與時間長短則視各地情況而定。

（三）出　巡

　　【出巡 tshut4-sun5】在時機與功能上與一般的繞境有所不同，出巡通常是指神明外出在轄境各定點停駐，接受信眾的請求【辦事 pan7-su7】或【問事bun7 su7】。在時機上有時是定期舉行的，有時則因爲地方上的【不平靜 bo5ping5 tsing7】而外出巡視，具有驅逐邪祟、保境安民的意義功能，因此需要的時間往往較長；少數廟宇則由於神明出巡時的人力物力所費不貲，因此並不定期舉行。

　　台灣的【拜拜 pai3-pai3】，可以說與古代的【迎神賽會 ngia5-sin5 sai3 hue7】分不了家。因為福建、台灣兩地的環境不同，福建的迎神賽會，結果成了台灣的【拜拜 pai3-pai3】。在福建，一府一縣的信仰大致相同，【迎神 ngia5-sin5】的日期年年一定，迎神的活動雖然糜費，境內人家却無須大排筵席，請吃拜拜。但台灣的情形則不一樣。

　　台灣是閩、粵二省移民的雜居之地，每個族群各有各的信仰，各有各的守護神。每逢各自的守護神祇誕辰時舉行迎神賽會，彼此各行其是，互不相干。咸豐、同治以後，各地的分類械鬥停止，大家和平相處。於是當他們在各自的迎神賽會時，更發動同鄉人邀請非同鄉人的親友來【湊鬧熱 tau3 nau7/lau7 jiat8】，因此之故，在【迎神 ngia5-sin5】之外，就有了【拜拜 pai3-pai3】這一項，風氣當然也是竭盡舖張糜費的能事。

　　台灣的【拜拜 pai3-pai3】，這個名稱起源很晚。大概是由於迎神賽會時到處可見虔誠的信徒在頂禮膜拜，所以才將一切【迎神 ngia5-sin5】活動簡稱為【拜拜 pai3-pai3】，後來日本人禁止迎神賽會，只剩下拜菩薩及吃拜拜兩項，於是就更名副其實地成為【拜拜 pai3-pai3】了。〔註39〕

三、陣　頭

　　【陣頭 tin7-thau5】是廟會活動中，參與遊行的各種表演形式隊伍的總稱。陣頭的功能有時具有某種特定的宗教意義，但多數作為【迎熱鬧 ngia5-lau7-jiat8】（迎神賽會）場面的主體，是廟會綵街活動中不可或缺的陣容。陣頭的組成，在早期通常是由廟宇祭祀圈內信徒的自發行為，為的是要表達崇敬的心理而為神明服務。陣頭有時是固定的組織，民間通稱為【駕前 ka3-tsing5】，如曲館、武館等；有時則因應活動需要而臨時組成，充當神明的義工，如各種趣味陣頭、香陣隊伍等。這些陣頭依其表演性質，主要可概分為【文陣 bun5-tin7】、【武陣 bu2-tin7】、趣味陣頭、宗教陣頭、【藝閣 ge7-koh4】、香陣等類。

　　在臺灣部份較傳統的進香隊伍中，也有少數信徒帶著【還願 huan5/hing5-guan7】的心理參加，他們身上帶著木製或紙製【枷鎖 ka1-so2】〔註40〕，扮演成「犯人」的模樣，帶著懺悔的心理徒步隨行，希望能因此替人受過或是減

〔註39〕蘇同炳《台灣今古談》（台北：臺灣商務印書館，1976 年），頁 199。
〔註40〕【枷鎖 ka1-so2】，套在犯人脖子或手腳上的刑具。

輕自己罪孽而獲得救贖，除了信仰上的意義之外，也構成進香隊伍中另一種民俗特色。【枷 ka1】〔註41〕的上面，一般會貼上書有主神名號的「封條」與還願人的姓名等，以示虔誠。

【香陣 hiunn1-tin7】原為一般參加進香隊伍陣頭的通稱。在進香的行列中，除了上述文、武、小戲、趣味、宗教等陣頭之外，尚有許多由信眾所組成的各式隊伍，如儀杖隊、繡旗隊、前鋒隊、報馬仔等，也是神明出巡繞境時壯盛陣容的必備陣勢，這類性質的隊伍可通稱為【香陣 hiunn1-tin7】。

過去台灣民間，無論是漢族或山胞，都有許多人沒有受過正規的教育也不認識字，他們就靠著民歌、說唱、戲劇的代代相傳，了解了風俗習慣、典禮儀式、仁義道德等，因此民俗曲藝可以說是一個民族以長久歷史創作出來的民俗文化，對了解一個民族的文化根源有決定性的價值。

俗語說：【有，出錢；無，扛藝 u7，tshut4 tsinn5；bo5，kng1- ge7】、或是【有錢出錢；無錢扛藝 u7 tsinn5，tshut4 tsinn5；bo5 tsinn5，kng1- ge7】，迎神賽會時，有錢的人出錢；沒錢的人出力去抬藝閣。

【有錢的出錢；無錢的扛轎 u7 tsinn5 e5 tshut4 tsinn5；bo5 tsinn5 e5 kng1- kio7】，迎神賽會時，有錢的人出錢；沒錢的人出力去抬神轎，各盡所能。

這些俗語，反映以往地方在【迎熱鬧 ngia5-lau7-jiat8】時，是集合眾人力量，各盡所能的全力以赴，期望在定期的廟會活動中積極參與，因而能獲得神明保庇，給地方和個人帶來福氣。

囡仔歌〈廟前弄龍〉

〔李阿明，li2 a1 bing5，

正月初一人閒閒，tshiann1 gueh8 tshe1 it4 lang5 ing5 ing5，

散步行到大廟前，san3 poo7 khiann5 kau3 tua7 bio7 tsing5，

看着有人在弄龍，khuann3 tioh8 u7 lang5 teh4 lang7 ling5，

龍珠連鞭弄這旁，ling5 tsu1 liam5 mi1 lang7 tsit4 ping5，

連鞭弄彼旁，無抵好，liam5 mi1 lang7 hit4 ping5，bo5 tu2 ho2，

落落土腳必做兩旁。lak4 loh8 thoo5 kha1 pit4 tso3 nng7 ping5。（押

ing 韻）〕〔註42〕

〔註41〕【枷 ka1】，箝制人或牲口的木製器具。董忠司總編纂《臺灣閩南語辭典》，頁551。

〔註42〕方南強主編《阿寶迎媽祖——歡喜念歌詩》，頁30。

四、習　俗

以廟宇為主的相關活動中，除了上述的神誕、廟會，以及典型的宗教儀式如醮典、法會之外，也常有許多規模較小、形式不一的【習俗 sip8-siok8】活動，常與民間習俗融合在一起。這些習俗常見的凡有乞龜、安太歲、點光明燈、安營、暗訪等。

（一）乞龜、乞綵

龜在傳統中國文化中是【四靈獸 si3/su3-ling5-siu3】之一，也是長壽的象徵，民間在敬神、婚禮、祝壽等喜慶時都喜歡用各類食材作成龜，以增加吉祥的氣氛；依其材料不同有米龜（紅龜粿）、麵龜、麵線龜、雞蛋糕龜，甚至以錢幣作成的金錢龜、以黃金打製的金龜等。

各類形的【龜 ku1】，是民間敬神時不可少的供品，經常成為向神明乞願、還願的重要表徵。【乞龜 khit4-ku1】的作法通常是就信徒供奉或還願的龜食，向神明許願乞求，擲筊獲得神明同意後將龜攜回分食以求福，一旦願望實現，則翌年必須還奉雙倍以上、甚至是十倍的龜，依信徒個人許願的情形而定，而所還的龜又成為信徒乞願的供品。近代物資充裕之後，龜食已較不受歡迎而沒落，或有漸以「乞綵」來取代的趨勢。

【乞綵 khit4-tshai2】即以印製有主神名號與廟宇名稱的眉簾，作為乞願還願的象徵，其作法一如乞龜，願望實現後必須製作二至數倍不等的「綵」還奉，近年有逐漸興盛的現象。

（二）安太歲

道壇或神廟在每年年頭為善信【安太歲 an1-thai3-sue3】，在新供奉的值年太歲的牌位前誦經懺。因中國使用干（十干）支（十二支）紀年法，從甲子到癸亥，六十年為一周，即所謂「六十甲子」。每人出生時即以所屬干支為本命年，漢以來又有十二生肖的屬相配合，六十年剛好有五組。如果該年正是自己所屬的干支，即沖犯了值年太歲，稱為年沖，如相隔六年則為偏沖。

俗諺有【太歲當頭座，無喜必有禍 thai3-sue3 tong1 thau5 tso7，bo5 hi2 pi3 iu2 ho7】（押 o 韻），為了避免沖犯而招致不利，年頭時就要在所沖犯的值年太歲前，請道士代為誦經祭拜，以求消災祈福。每一太歲星君都有其名諱、形象及服色，在年初逛廟會時，民眾縱使不安太歲，也會到本命的太歲前祭拜，故「安太歲」成為民間的新春習俗。

（三）點光明燈

【點光明燈 tiam2-kong1-bing5-ting1】為信眾在寺廟中點燈祈福的通稱，祈福內容有乞求功名、平安、財運、婚姻等不同的目的。佛教原意是在佛前加油點燈，祈求光明，故只有一盞，且並不具明善信的名字；而民間俗信，每個凡間的人在天庭上都有一個【元神 guan5-sin5】相對應，【燈 ting1】即是元神的象徵，因此為了祈求來年一年的順利平安，信眾通常會在元宵前後到廟宇中點燈植福。

（四）安　營

安營即【安五營 an1-goo7-iann5】，又稱為「豎五營」或「釘符」，是安奉一種具有厭勝功能的「外五營」的儀式活動。安營通常是在主神神誕前後，由法師透過神明指示擇時舉行，其過程除了豎符之外，必須在各營定點，由法師（小法）或神轎領隊，舉行簡單的祭拜儀式後，即進行安營的動作，其順序通常依東、南、中、北、西等方位舉行，以五色營旗召請五營兵將駐守。在以往通常安紮在村莊的四角，以此區分社內、社外；近代則由於安營的地點不易獲得，許多廟宇紛紛將外五營集中在廟前統一供奉。

（五）暗　訪

【暗訪 am3-hong2】指神明的夜間出巡，通常只有主神為王爺級，且領有官將兵馬的神明廟宇才有暗訪的舉行，如艋舺青山宮每年農曆十一月的暗訪、鹿港各王爺廟的暗訪等。暗訪通常在入夜後舉行，由於具有明顯驅逐邪祟的作用，因活動帶有相當濃厚的宗教儀式上的神煞性質，因此其排場隊伍並不如出巡或繞境時之盛大、熱鬧。

（六）調營、犒軍

即透過一定的儀式或祭拜行為，調動、犒賞官將兵馬的意義。一般具有兵將配置的廟宇，如各地的王爺廟，在必須藉助官將兵馬來執行一定法事時，都會透過【調營 tiau3-iann5】（召營）的儀式請來五營兵將，而在法事結束之後也會舉行【犒軍 kho3-kun1】（犒將）來犒賞官將兵馬，是廟宇中常見的儀式活動。調營、犒軍時，主持儀式的法師常要透過簡單的鑼鼓伴奏，唱誦專有的法仔調曲文，相當具有宗教特色與民俗意義。

五、宣　讚

傳統民間宗教信仰由於沒有固定的教義與宣教組織，因此除了結合傳統

儒家的倫理道德等價值觀，以為教化的依據之外，最主要的就靠【扶鸞 hu5-luan5】又稱為【扶乩 hu5-ki1】或【扶箕 hu5-ki1】，著書來宣傳教化。台灣各處幾乎都有【鸞堂 luan5-tng5】的建立，經由扶鸞所完成的【善書 sian7-su1】又稱為【鸞書 luan5-su1】也隨處可見，甚至與早期的「書院」結合，蔚成台灣傳統宗教信仰的普遍現象，其中尤其以【恩主公 un1-tsu2-kong1】信仰為主，凡有三恩主及五恩主，普遍各地仍有鸞堂，鸞堂組織即稱為【鸞會 luan5-hue7】。在早年教育較不普遍時，鸞會的成員幾乎多是識字的讀書人，一般人是較不容易加入的，但透過鸞堂定期的宣講傳達，其影響力在基層社會中則十分可觀。

第四節　祭典儀式

民間的【祭典 tse3-tian2】類別，從舉行的時間區分，可分作年例式的常態祭典和特例式的非常態祭典兩種：年例舉行的都由各廟依歲時及所奉神明的「神誕行事表」依序進行，如年頭的禮斗法會，或慶賀聖誕千秋的「神明生」、進香等活動，由於每間廟的規模不同而排出疏密不等的行事，構成與社區、信眾間的聯繫關係，是為社內或團體中的信仰活動，為年期內的定期性循環，故稱為【年例 ni5-le7】。

非常態性的也有定期及不定期兩種，如台灣南部三年一科的王醮，雖非年例卻定期舉行，故社區及廟內也都能遵循一定的程序，動員組織以推動祭典行事；非定期性的則如建醮，乃因廟宇改建或翻修慶成，或地頭上有重大事件，始出錢出力地隆重舉行。故規模特大，花費較多，也是社內或醮區信眾特別鄭重參與的宗教活動，它常隨著不同時期的社會、經濟活動，而展現其不同的社會力。

一、齋　醮

（一）建　醮

道教中的大型吉慶類儀式，按其性質可細分為【慶成 khing3-sing5】、【祈安 ki5-an1】及【送瘟 sang3-un1】（或送王）等，而實際則慶成都含有祈安的意義，慶成祈安醮多與公廟、角頭廟或私壇的建成有關，在大小不等的醮區內屬行封山禁水的齋戒，而由社區出錢出力共同籌辦，主壇的道長組成道士

團從事醮儀，從一朝到五、七朝，有時靈寶派也聯結水、火醮而行之，規模尤大。【王醮 ong5-tsio3】則以迎、送王爺爲主，在王府外另行設置醮壇，配合迎送而執行相關的醮儀，其流行區域以澎湖及台灣南部爲主，金門則保存較樸素的形式。【建醮 kian3-tsio3】爲道士表現其主持醮務能力，並與社區密切聯結的宗教職能。

（二）科　儀

道教經法的傳承乃經由經典文字，並配合心傳口教的訣、咒，一般都採父子或師徒傳授制，以書法抄寫科儀書及相關的文檢、秘本，經口傳而授經韻及科介動作，在上壇實際演練中學得科介、儀軌，以遂行其從事【齋醮 tsai1-tsio3】的能力。故完整的【科儀 kho1-gi5】需具備經文的句讀及正音的誦讀（文學）、經韻的唱唸（音樂）及儀式的動作（戲劇）。在一部經、懺及朝科中，配合文檢、符咒的使用，前、後場相互搭配，完成一個意旨完整而結構集中的儀式。

台灣的【醮典 tsio3 tian2】，主要是由道教道士透過道經的轉誦、朝科的進行、文疏的進呈與法訣咒符的施用，來表達重構與潔淨、啓請與進表，以及懺悔與祈福的宗教意義。整個科儀行事中，每天都有重點行科，逐日分請諸天聖眾幫助，重建新秩序。這是祈請與報謝兼具的，乃是爲了表現農業民族的敬謝天地的精神，讓聚落鄉社每個人能夠以此達到共同的心願：人與神、人與鬼都經由溝通而獲得平安；人與自然、人與土地也在「非常」期間，回復到渾沌，齋戒以聖潔，如此始能重建一個新的宇宙秩序。〔註43〕

台灣民間在定期【做醮 tso3-tsio3】大拜拜之前，即在民間公廟建醮祭儀之前，都有幾天齋戒期，【齋戒 tsai1-kai3】期間全地區鄉民遵守封山（禁獵）、封水（禁漁）、禁屠（禁殺牲）、禁曝（禁曝曬衣物於外，以免褻瀆日、月、星三光）等齋戒規定，每家吃素，一律不准吃葷，如若犯戒，就會引起公憤。

爲何會有齋戒不准吃葷的禁忌呢？因爲透過齋戒期來表示拜拜的日子是神聖的，不同於平常的日子，二者不容相混，所以用齋戒作爲象徵神聖與世俗日子的分野。醮儀結束之時，各家各戶大宴賓客，大魚大肉，大吃大喝，成爲一個強烈對比。然後日子又恢復正常。

定期舉行公廟建醮祭儀帶有濃厚的地域性通過儀式涵義，由平常到非常，或由凡俗到神聖，人與神、人與鬼之間又獲得新的和諧關係，使地區除

〔註43〕李豐楙、謝聰輝《臺灣齋醮》（台北：國立傳統藝術籌備處，2001 年），頁 124。

穢去邪，祈求合境平安，再由非常恢復平常，地方人們也經由廟會活動重新
建立關係。

二、法　會

（一）禮斗法會

在國人的祭拜星辰信仰中，深信「北斗註死，南斗註生」之說，故常供
奉【北斗星君 pak4 tau2 tshenn1 kun1】和【南斗星君 lam5 tau2 tshenn1 kun1】。
每年年初，各地廟宇常請道士舉行【禮斗法會 le2-tau2 huat4-hue7】，法會的道
壇除了安奉三清（元始天尊、靈寶天尊及道德天尊），主要的就是北斗星君和
南斗星君；並有各家戶所供奉的【斗燈 tau2-ting1】：斗中即安有**剪刀**（剪除不
祥）、**寶劍**（敕除邪祟）和秤（秤量福分）、尺（丈量算紀），中間則有**燭火**映
照於圓鏡上，以示「元辰煥彩」；並插有斗籤一支，其上即書有北斗、南斗星
君的名諱及祈求的願望。法會的時間多寡不定，需視信眾熱烈參與的情況，
而由道眾輪流誦唸北斗延壽經、及南斗諸經等諸多祈求性經懺，祈求消災解
厄，增益福祥。

（二）水陸法會

原稱為【水陸齋儀 tsui1 loo7 tsai1-gi5】，是傳統佛教諸多法會中較常見
的一種。【水陸法會 tsui1 loo7 huat4-hue7】起源於南北朝時，梁武帝在金山
寺所舉行的供養六道四生齋食、普濟群靈的科儀，佛教認為其功德第一。【水
陸 tsui1 loo7】的意義即取諸仙佛致食於流水、鬼致食於淨地的意思。台灣民
間的齋教早期遷移來台，也沿襲閩粵佛教的慣例，每年固定時間會在佛寺道
場舉行水陸法會，由禪寺的法師主持，有時則延請佛教比丘主持，普施四生
六道。光復後大陸其他地區的佛教人士也抵台，就逐漸盛行佛教式的水陸法
會、梁皇法會之類。

台灣習俗祭禮，雖主要在【祈福 ki5-hok4】，也在於【回報 hue5-po3】，因
往昔生存環境困阨，不得不然，人民在日常生活中，除物質生活外，精神上
尤須藉【敬神祈福 king3-sin5 ki5-hok4】以求得安慰。所以一年之內，自年頭
至年尾，最多有敬神到六十次的，而每次都須備辦祭禮，最少也須有酒肉與
焚香燒紙。如逢隆重祭典，自必宰豬、殺雞鴨等，大宴賓客。其他如禮聘僧
道，唸佛誦經，設露天戲台，請歌仔戲、布袋戲等演出，所費不貲〔註44〕。

〔註44〕毛一波《臺灣文化源流》（台中：臺灣省政府新聞處，1969 年），頁 37。

台灣俗話：【一食二穿 it4 tsiah8，ji7 tshin3】，即第一是吃，第二是穿（衣服）。【神得金、人得飲 sin5 tit4 kim1，lang5 tit4 <u>im</u>2】（押 im 韻），祭祀日神得金銀紙，而人可以大吃一頓。【依神作福 i3 sin5 tso3 hok4】顯示祭祀的舉行傾向功利。

昔日台灣祭祀供品必須是牲禮，畜肉。三牲，即豬肉、雞和魚；五牲，則是豬肉、雞、鴨（或鵝）、魚或蛋等。祭日大多攜帶供品到自己信奉的寺廟祭拜，然後設宴廣招親朋好友，以賓客多象徵家運昌隆，並向他人誇耀的風氣很盛。沒有客人即家運衰敗，因此通常對客人極為慇懃。宴客時，桌上通常盛肉如山猶嫌不足，盡可能避免蔬菜。往昔平日家庭食物極為粗糙，只是攪雜甘藷的米飯或粥和鹹菜，祭日一天份的菜餚，可能相當於平常半個月乃至一個月的份量。〔註45〕

俗話：【儉腸凹肚，khiam7 tng5 neh4 <u>too</u>7，
　　　　　為著初一十五。ui7 tioh4 tshe1-it4 tsap8-<u>goo</u>7。】（押 oo 韻）

台灣廟宇特別多，每逢初一、十五祭拜之俗不可免，只好省吃儉用，到時才能準備祭品敬拜神明。

　　　　【有燒香，有保庇；u7 sio1 hiunn1，u7 po2 p<u>i</u>3；
　　　　　有食藥，有行氣。u7 tsiah8 ioh8，u7 kiann5 kh<u>i</u>3】（押 i 韻）

　　　　【神，不可不信，不可盡信 s<u>in</u>5，put4 kho2 put4 s<u>in</u>2，put4 kho2 tsin7 s<u>in</u>2】（押 in 韻）則是一般人普遍的信念。

俗話說：【神明興，弟子窮 sin5-bin5 hin1，te7-tsu2 king5】，神明靈聖，信徒就會窮；因為祭典就多，信徒經常要備牲禮祭拜。〔註46〕

另外有俗語：【先顧腹肚，才顧佛祖 sing7ko3 bak4 to3，tsiah4 ko3 but8-tsoo2】（押寬韻），人民以食為天，首要解決民生問題，才能有餘力從事信仰的問題。〔註47〕

【近廟欺神 kin1 bio7 khi7 sin5】指住在廟旁的百姓，對神的敬意反而不如遠地的人。〔註48〕

〔註45〕梶原通好著，李文祺譯《台灣農民的生活節俗》（台北：臺原出版社，1989年），頁 102。

〔註46〕徐福全《福全台諺語典》，頁 485。

〔註47〕董峰政《全鬥句的台灣俗語》（台北市：百合文化事業公司，2004年），頁 73。

〔註48〕徐福全《福全台諺語典》，頁 567。

第五節　多元廟會文化與台語

台灣民間信仰源自閩、粵原鄉，由於多元族群、多元移民，供奉不同的祖籍鄉土神明，經過漫長生活的互動和接觸，而呈現出同中有異，異中有同的多元信仰文化。可以說台灣民間除了共同性的神明信仰之外，台灣各地都保有自己的信仰風貌和特色，而展現出濃厚的地域性多元廟會文化。譬如說，信眾雖然都信奉同一尊神明，但往往因地域或其他因素而呈現出不同的廟會活動型態。在本節中特以台灣地區較為普遍的信仰活動作說明。

一、厲鬼信仰

台灣民間很注重無主孤魂野鬼的祭拜，台灣最大的宗教祭典建醮，便是與鬼魂的祭祀有關。【做醮 tso3-tsio3】並非每年舉行，而是偶爾幾年或幾十年才舉行一次，除了祈安、酬謝神恩之外，主要為了充分撫慰鬼魂，好讓其吃飽喝足之後，儘速離開，以祈求地方平靖。而民間每年中元節都要普渡，有時作年尾戲時也要【普廟口 phoo2- bio7- khau2】。

台灣各地百姓公廟、有應公廟、眾善祠、或是姑娘廟、王公廟、義民祠等祭祀無嗣孤魂的廟宇之多，可能僅次於土地公廟。台灣漢人所以重視孤魂野鬼的祭祀，主要原因是漢人移民台灣開發的過程中，災難特多，有的與原住民的糾葛受難、有的瘴癘疫病、有的對抗外來強權犧牲，有的因內部族群械鬥罹難，很多人常不知死在何時何地，冤死、屈死、無嗣而死的怨鬼特別多。台灣人很有悲憫心腸，不忍見其無所安、無人祀，便到處集塚立廟來祭拜〔註49〕。

學者謝聰輝指出：中元節是中華民族相當重要的節日，自古在國人報本感恩與怖懼厲鬼的心理影響，又適逢六朝宗教創發階段，道教形成的三元信仰，以及外來佛教盂蘭盆會的發展，因緣際會下融合成為慶讚中元的習俗。適切地配合國人的生命觀，發展其對於終極問題的生死關懷，形成相與配合的普度行事。其濟度孤幽即本於拔度親屬亡靈的齋法，希望眾孤魂滯魄也都能超昇仙界。因此除在鬼月期間之外，也往往利用較盛大的齋醮法會的最後一天，進行普度法事，發揮宗教度生濟死的精神，展現國人對可憐孤魂的人道關懷。〔註50〕

〔註49〕林美容《台灣文化與歷史的重構》，頁146。
〔註50〕謝聰輝〈中國人的鬼意識與鬼節〉，《聯合文學》第十六卷第十期，1998年，

俗語：【少年若無一擺戇，路邊那有有應公。siau2 lian5 na7 bo5 tsit8 pai2 gong7，loo7 pinn1 na7 u7 iu2-ing3-kong1。】（押 ong 韻），有浪蕩的少年，才有路旁的棄屍被人家收容，奉祀爲有應公。〔註51〕

歇後語：【萬應公廟的神杯──結相粘。ban2-ing2-kong1 bio7 e5 sin5 pue1──kiat4-sio1-liam2。】，萬應公廟又叫百姓公廟、有應公廟，祭拜無主「枯骨」的小廟，廟裡無人照顧，怕神杯遺失，一付一付用繩子結在一起，所以說「結相粘」，意思是形影不離。〔註52〕

【有應公童乩──講鬼話 iu2-ing3-kong1 tang2-ki1──kong1 kui2-oe7】有應公廟是收埋無主的「枯骨」鬼魂，有應公的童乩講的當然是鬼話。引申指講話不實在的人。〔註53〕

台灣各地的中元普渡活動以基隆、虎尾、台南安平等地較有特色，也具有一定的教育意義。

基隆中元祭。每年農曆 7 月舉行。起緣於咸豐元年年間，當時地方時常爆發漳泉械鬥，造成許多先民的死亡，後經地方人士出面調解，械鬥的衝突終於平息。而爲了記取歷史的教訓與緬懷先人，遂於農曆 7 月以姓氏輪值的方式，輪流舉辦中元超渡、超薦亡靈的儀式，以感恩、惜福的心情辦理祭典。

基隆中元祭活動由來已久，其背後所代表的除了對後代具有警惕、醒世的意義之外，活動當中的開龕門、斗登遊行、放水燈、普度儀式都富有相當的可看性與教育意義。

虎尾中元祭，屬於典型的「市仔普」。普渡最初只是平日街道商家、攤販，於中元節當天，以集體大拜拜方式聚集在街道上拜拜「好兄弟」。目的只是向鬼靈示好及超渡往生，祈求合境平安，生意興隆。虎尾中元祭全鎮劃分七區舉行。這七個區域祭典彼此都有值年的主普執事者及儀式。每年從七月初一起，各區就分別搭建普壇，備辦香案及祭品。各個普壇都陳設拜亭，擺置紙糊大士爺、翰林所、同歸所、孤衣山，以及可長達數百公尺的供桌，供參拜民眾放置供品。

最近幾年來，隨著經濟能力的提昇，虎尾中元祭排場越來越大，祭品也愈來愈豐盛。一入夜晚，整個虎尾市街沐浴在亮麗絢爛的燈海及歌舞聲中，

頁 34～38。
〔註51〕吳瀛濤《臺灣諺語》，頁 39。
〔註52〕溫惠雄《台灣人智慧歇後語》（台北市：宏欣文化事業公司，2002 年），頁 16。
〔註53〕溫惠雄《台灣人智慧歇後語》，頁 46。

令人嘆爲觀止，至今已成爲地方上的一大盛事。

　　台南市安平靈祭殿孤棚祭，每年農曆 7 月初 9 日舉行。台南安平港仔尾靈濟殿孤棚祭，源自於清代五條港碼頭盛行之時，一碼頭工人與人口角，豈料兩人卻因此互以拳腳，失手將人誤傷，不幸死亡。這名碼頭工人因深感罪孽，即發下誓願，若「老大公」能應呼相助，順利度過此難，便在中元之時，設以孤棚，叩謝老大公的相助。孤棚以五柱爲主搭設，以板爲棚，置以豬隻牲口、漁獲祭品爲犧（くーラ丶），上設一案，以白布舖設至運河，入夜眾人齊聚，則至運河請老大公上岸，接受信徒佈施、供養。

　　台灣除宜蘭頭城與恆春鎮舉辦搶孤活動之外，台南安平靈濟殿所舉辦的孤棚祭，保留了台灣孤棚祭最原始原味的樣貌。

　　雲林縣金湖牽水[車藏]。〔註 54〕一般人對於意外死亡，或無主孤魂，常因懼怕或同情而建廟奉祀，例如北港義民廟、斗南寒林寺、口湖地區的萬善祠等。其中以口湖鄉蚶子寮、金湖、下寮等地的萬善祠最具信仰特色。

　　蚶子寮、金湖的萬善爺祭典，是以祖先遭遇水難死亡的農曆六月初七和初八爲活動高潮。村民屠宰豬羊準備祭品前往萬善祠參加祭祀，其中以牽水[車藏]祭典活動最具特色，這是超渡溺死水中亡魂的一種法事。萬善爺是數千亡魂的神化，所以需眾多水轍，以作超拔之用。每到祭典日期，成千上萬的水轍布滿整個祭典廣場，信徒每走過水[車藏]就象徵性摸一下，以示牽引亡魂脫離苦海往生。

　　雲林縣金湖、口湖一帶於道光年間發生大海嘯，創下台灣有史以來因天然災害造成人員傷亡最大、最多的歷史事件，至今我們仍可在當地發現許多因爲海嘯事件所遺留下來的歷史遺跡，如萬人塚、萬善同歸祠等。

二、媽祖信仰

　　台灣四面環海，相傳昔日自唐山遷移來台的先民，往往捧媽祖神像同行，當飄泊海上遇到驚濤駭浪之時，只要祈禱媽祖，就能化險爲夷。因此，信眾

〔註54〕　「轉[車藏]」是道教濟度亡魂齋法中的儀式之一，因此演行轉[車藏]儀式的禮儀專家皆是道士，其主要表現的意涵功能，即「藉由轉動象徵梯梁的法[車藏]，憑賴太乙救苦天尊神光接引，以牽昇救拔沉淪的苦魂」，體現教義度生度亡的不可思議功德。「[車藏]」字不見辭典，清末閩南泉籍道士秘傳的手抄文檢書中，所書的乃是「轉藏」，所謂「輪轉法藏」；今用此車旁之「[車藏]」應是後起俗字，指稱一種圓形紙糊竹籠，強調旋轉法輪動作以配合度亡幽法。

愈來愈多。平安抵臺定居之後，爲感念媽祖神恩，建廟崇拜。因而，臺灣早期的媽祖廟都建在海邊。如鹿耳門、北港、鹿港、關渡等等。〔註55〕

移民定居之後，面臨瘟疫、農作物病蟲害，以及旱災、水災等問題，都祈求媽祖解決。因此，民間有所謂【迎媽祖 ngia5 ma2-tsoo2】和【繞境 jiau2-king2】的習俗。至此，【媽祖 ma2-tsoo2】已從「海神」轉爲「全能之神」。〔註56〕

【媽祖 ma2-tsoo2】，本名林默娘，宋福建蒲田湄州嶼人，自幼能知人禍福，驅邪救厄，廿八歲羽化昇天，佑護海上迷航或危難的船隻，顯聖事蹟不勝枚舉，蒙歷代君主褒封甚多，爲臺灣民間最受信仰的神明。

閩南語【媽 ma2】是祖母；【祖 tsoo2】是曾祖母，所以【媽祖 ma2-tsoo2】乃是對女性最恭敬的尊稱。以前對皇后也只不過叫做【娘娘 niu5-niu5】。所以說，媽祖的稱呼比皇后還大得多，足以顯示出信徒對媽祖信仰的虔誠與熱烈。〔註57〕

【媽祖 ma2-tsoo2】或【媽祖婆 ma2-tsoo2-po5】，同時也是比較親近的口語。宋、元、明歷代封祂爲「天妃」，清康熙 22 年封爲「天后」之後，又得到「天上聖母」的尊稱。官方一再賜封的稱呼，相對地感覺比較遠，臺灣民間口語較少用，而俗諺語裡幾乎很少出現。

歇後語：【天上聖母（猜地名）——天母。thian1-siong1 sing1-bo2——thian1-bo2。】。〔註58〕

【媽祖廟著賊偷——失神。ma2-tsoo2-bio7 tioh4 tshat8-thau1——sit4-sin5。】，媽祖廟著賊偷，媽祖神像被偷走【失神 sit4-sin5】，失去神明；普通講「失神」是指注意力沒有集中。〔註59〕

臺灣的媽祖信仰，自十七世紀，隨著閩南移民冒險渡海來台，受到民間普遍的崇奉。有些地方即使沒有【媽祖廟 ma2-tsoo2-bio7】，也會有祭祀媽祖的活動。有關媽祖的祭祀活動除了【媽祖生〔註60〕 ma2-tsoo2-senn1】爲媽祖慶

〔註55〕阮昌銳《歲時與神誕》（台北：臺灣省立博物館，1991 年），頁 149。

〔註56〕阮昌銳《歲時與神誕》，頁 150。

〔註57〕林衡道口述，鄭木金記錄《臺灣史蹟源流》（台北：青年日報，1987 年），頁 569。

〔註58〕溫惠雄《台灣人智慧歇後語》，頁 99。

〔註59〕溫惠雄《台灣人智慧歇後語》，頁 62

〔註60〕【生 senn1】，生日的簡稱，多用於民間信仰。例：【天公生 thinn1-kong1-senn1】。

賀誕辰之外，【進香 tsin3-hiunn1】與【迎媽祖 ngia5 ma2-tsoo2】的活動是最普遍的。

平常一般人到廟裡去【燒香 sio1-hiunn1】，又叫【拈香 liam1-hiunn1】也可以稱爲【進香 tsin3-hionn1】。不過，媽祖祭典時，則是一種大型的進香活動，主要是人與神、神與神之間的香火傳承與連繫。

台灣許多媽祖廟在建立其香火權威的過程中，存在著各種競爭的態勢，其中的一種方式是和湄洲祖廟建立直接的香火淵源；另一種方式是強調祂在台灣歷史上的特殊地位，如在開發較早，且曾是明鄭登陸和設府的台南地區，大多著重於和鄭成功開台有關的事蹟和傳說。〔註61〕

而在台灣較早創立的媽祖廟中，有鹿耳門媽祖廟、安平天妃宮、台南小媽祖宮和鹿港、新莊的媽祖廟等，大都是由大陸直接傳來，莫不以其與湄洲有連繫爲傲，故在島內自然不往其他宮廟去拜候。但在普通的宮廟，是每年或每隔幾年就必要到前輩宮廟去割香一次。〔註62〕

所以說，媽祖進香活動是「到遠處的、有名的、歷史悠久的、香火旺盛的寺廟去朝香，表示對該神明的敬意。進香並不會把對方的媽祖神像請回來，只是去分沾她的香火，因此自己的神明是要出去的，到了進香對象的媽祖廟，神像也要進去，放在神殿上，有時是用「掬火」的方式，有時是用【交香 kau1-hiunn1】、或【會香 kau1-hiunn1】的方式，沾取對方的香火。進香的地點不一定與地域層級有關，因此進香的地點遠一點也是常見的事。」〔註63〕

所謂的【迎媽祖 ngia5 ma2-tsoo2】，是到外地去迎一尊本地居民普遍信仰或有淵源的媽祖來參與巡境的活動。不管自己村裡或是共同舉行迎媽祖的區域是否已有一尊「在庄媽」或「在地媽」，都可能會往外地去迎媽祖。通常是往地域層級高一點的地方去迎媽祖。

媽祖生日爲農曆三月二十三日，叫做【媽祖生 ma2-tsoo2-senn1】，所有的祭祀活動都環繞在其生日前後舉行。一般會選在生日之前舉行進香的活動，以便在聖誕之前媽祖可以回到本地，接受本地信徒爲她慶賀生日。生日當天一般會有巡境的活動，在媽祖自己的轄境內巡繞，以保佑境內平安，稱爲【刈/割香 kuah4 hiunn1】。有時自己的媽祖還不夠，還要到外地請別的媽祖來當「客

〔註61〕黃美英《臺灣媽祖的香火與儀式》（台北：自立晚報社，1994年），頁58。
〔註62〕李獻璋〈安平、台南的媽祖祭典〉《大陸雜誌》30（9），1965年，頁278。
〔註63〕林美容〈台灣媽祖的歷史淵源〉，2001年，發表於台灣歷史學會網站。

神」，因此巡境之前往往舉行請媽祖或迎媽祖的活動，以便主神和客神一起參與巡境。特別原本沒有祭祀媽祖的村莊，也常在「媽祖生」時從外地請一尊媽祖來迎鬧熱並遶境。【刈/割香 kuah4-hiunn1】是神與人交，將媽祖的靈力請出來，出巡境內各角頭，來驅逐在人間作怪的鬼魅。

大甲媽祖進香為期八天七夜，是目前台灣規模最盛大的進香活動。學者林茂賢在〈大甲媽祖進香過程研究〉一文中指出，它除了具有宗教意義之外，同時兼具多項社會功能：〔註64〕

1、考驗毅力、鍛練體能。日以繼夜，長途跋涉，不眠不休趕路，走完全程之後，將是得到自我肯定，對自己產生信心，在神聖的宗教活動中得到新生。

2、發揚人性的光明面。進香過程中，打破原有的社會階級，無論貧富貴賤、男女老幼，沿途互相扶持彼此鼓勵走完全程。所經之地，沿途民眾提供各種飲食，並對不相識的進香客關懷、照顧，協助進香客完成進香，人與人之間沒有猜忌、懷疑，也沒有特殊目的。似乎是在一個神聖的時間與空間中，人們重獲新生，分享和諧。

3、集體的心靈治療。進香客成員以中老年婦女為主，通常是社會上的弱勢族群，她們沒有地位、沒有財富、沒有高學歷，她們以苦行的方式長途跋涉，祈求媽祖保佑家人。當她們走完全程之後，必能減少焦慮、不再無助。參與進香的民眾感到心靈平靜，心理得到寄託。

4、強化人際關係。進香活動需動員龐大的人力、組織才能完成。過程中，得到沿途民眾、宮廟、角頭的支持，凝聚地方的向心力。進香客之間，也因這段革命情感，彼此關係更密切，也能分享心得。

5、促進產業發展，發揮經濟效益。大甲鎮瀾宮沿途收到的香火錢是一筆龐大收入。也造就沿途宮廟和大甲鎮當地的豐富商機和鉅額收入。

台中市大甲鎮瀾宮創建於清雍正 8 年，自古即有回福建湄洲祖廟謁祖的活動，甲午戰爭爆發以後，台灣割讓日本因此斷香，後因北港朝天宮後殿供奉媽祖的聖父、聖母，遂權宜改往雲林北港朝天宮舉行祝壽之儀。民國 77 年，因鎮瀾宮前往朝天宮祝壽活動日益盛大，且常被誤認為是「回娘家」、「謁祖」，遂在董事會的決議之下將活動地點改往新港奉天宮，每年農曆 3 月舉行，並

〔註64〕林茂賢〈大甲媽祖進香過程研究〉《第一屆俗文學與通識教育學術研討會論文集》，2007 年。

將活動名稱從北港進香改爲遶境進香。

台灣中部地區鄉間的【媽祖會 ma2-tsoo2-hue7】很多。媽祖會是小村落裡面共同信奉一尊媽祖神像。家家戶戶輪流供奉當爐主，或由幾個大戶人家輪流當爐主。村落裡的住民對這種媽祖會的熱心與虔誠信仰，遠甚於到廟裡去進香。若從信徒與廟的關係來看，信徒是主體，廟屬客體；在媽祖會的場合，主體與客體是統一的，所以，媽祖會的影響力往往比廟還要深遠。〔註65〕

學者鄭志明認爲媽祖信仰存在著一套信仰體系，能讓民眾獲得避禍求福的心理滿足。

> 媽祖信仰是民間信仰的一支，承續著民間豐富的靈感思維系統，在祭典儀式上建立自己的文化特色。……它能不斷地以新的媽祖神話，進行集體意識的精神創造，累積了民眾共有的思想、情感與願望，經由各種靈驗的事蹟，把媽祖塑造成一個廣大靈感的萬能女神，且能將這種靈感的神話轉換成各種繁複多樣的祭典儀式，把媽祖的靈感與神力經由象徵性儀式行爲，投射出群眾共同傳達的信仰感情，鼓舞起崇拜的熱情與力量。〔註66〕

有關媽祖的俗諺很多，而各地不同，反映出不同的文化面貌：

【食媽祖 tsiah8 ma2-tsoo2】，農曆三月廿三日爲媽祖誕辰，各地信徒紛紛備辦牲醴祭拜，更有些地方以這天爲當地一年一度的大拜拜，食客自四方而來，稱爲「食媽祖」。〔註67〕

【三月猾〔註68〕（瘋）媽祖 sann1-gueh8 siau2 ma2-tsoo2】，台灣各地三月初起，即忙著籌備、熱烈進行媽祖生的各項活動。如北港朝天宮、大甲鎮瀾宮……等地浩大進香活動，反映群眾熱心參與和祈願寄託。

【大媽鎮殿，二媽食便，三媽出戰。tua7-ma2 tin3 ten，jit8-ma2 tsiah8 pen，sann1-ma2 tshut4 tsen7。】（押 en 韻），媽祖慶典時，媽祖廟的大媽坐鎮大殿；二媽供善男信女供奉膜拜，食祿豐裕；三媽則出巡四境，征戰眾魔安頓百姓。〔註69〕

【大厝是媽祖宮，曠床是戲臺頂。tua7 tshu3 si7 ma2-tsoo2-king1，khong3

〔註65〕林衡道口述，鄭木金記錄《臺灣史蹟源流》，頁571。
〔註66〕鄭志明《台灣神明的由來》，頁230。
〔註67〕徐福全《福全台諺語典》，頁610。
〔註68〕【猾siau2】，沈迷於某事。董忠司《臺灣閩南語辭典》，頁1172。
〔註69〕徐福全《福全台諺語典》，頁190。

tshng5 si7 hi3-tai5-ting2。】（押 ing 韻），流浪漢無家可歸，以媽祖廟為家，戲臺為床。〔註70〕

接著引述與北港媽祖有關的俗諺，說明媽祖文化在民間流傳已進入人們生活中的很多領域，也反映了特殊的台語文化。〔註71〕

【北港媽祖，鯤鯓王爺 pak4-kang2 ma2-tsoo2，khun1-sin1 ong5-ia5】
台灣民間信仰以媽祖與王爺最為盛行，兩類廟宇香火鼎盛，擁有信徒最多，名氣最響。

【北港媽祖，興外鄉 pak4-kang2 ma2-tsoo2，hin1 gua7 hiong1】
形容北港媽祖，神威顯赫庇佑外鄉，是善男信女對北港媽祖的讚美語。

【北港興，土庫定 pak4-kang2 hin1，thoo5-khoo3 tiann7】
比喻北港媽祖很興盛，土庫媽祖香火雖然不及，但是靈氣也是很鼎盛。

【笨港媽祖，新港老虎，打貓〔註72〕大士。

pun7-kang2 ma2-tsoo2，sin1- kang2 lau2 hoo2，tann2-niau1 tai7-su7。】
喻各地所奉神祇不同。

【新港老虎，北港媽祖。sin1- kang2 lau2 hoo2，pak4-kang2 ma2-tsoo2。】
（押 oo 韻）
昔日新港所祀的虎爺，北港媽祖的祭典，同樣盛況空前，無出其右。

【南有北港媽，北有關渡媽。lam5 u7 pak4-kang2 ma2，pak4 u7
kuan1-too7 ma2。】（押 a 韻）
台北關渡宮興建於康熙年間，香火鼎盛，可和朝天宮南北輝映之意。

【新竹城隍爺，北港媽祖婆。sin1-tik4 sing5-hong5-ia5，pak4-kang2
ma2-tsoo2 po5。】
喻新竹的城隍爺香火興旺，已能和北港媽祖相提並論。

【興，興嘎像北港媽。hin1，hin1 ka1 tshiunn7 pak4-kang2 ma2。】
指北港媽祖最靈驗。

【聖，聖到像北港媽。siann2，siann2 ka1 tshiunn7 pak4-kang2 ma2。】
媽祖的靈驗及神蹟，無人可比擬。有時用來取笑人不自量力。

〔註70〕同上。
〔註71〕參閱《從笨港到北港》，國民小學教師自編鄉土教材系列雲林縣政府編印
http://cuy.ylc.edu.tw/~cuy14/eBook/ch10.htm
〔註72〕嘉義民雄舊稱。

【第一北港媽，第二鯤鯓王，te7 it4 pak4-kang2 ma2，te7 ji7
khun1-sin1-ong5，

　第三大道公，第四郭聖王 te7 sann1 tua7-to7-kong1，te7 si3
keh4-sing3-ong5】（押 ong 韻）

喻媽祖神格高且靈驗，在眾神中排列第一位。

【免狂，免狂，媽祖婆還在三木康榔。bian2-kong5，bian2-kong5，
ma2-tsoo2-po5 ia7 ti7 sann1-bok4-kong1-long5。】（押 ong 韻）

清代北港迎媽祖，北巡至吳地及三木康榔（府番）。是說媽祖還在郊外的三木
康榔，不用急著準備香案迎接，可慢慢來。引用為「不用著急，慢慢來還來
得及」。

【不知庄攔抹請媽祖。m7 tsai1 tsng1 koh4 bue2 tshiann2 ma2-tsoo2。】

北港鄰近村莊每年都來請媽祖回去遶平安。有次某村莊有位「雞婆」不知聽
誰要請媽祖，也不問清楚，就到北港請媽祖回去，弄得大家啼笑皆非，喻指
「做事糊塗」。

【大火燒拜亭，媽祖講無情。tua7-hue2 sio1 pai3-ting5，ma2-tsoo2 kong1
bo5 tsing5。】（押 ing 韻）

光緒年間，大火燒掉了朝天宮的拜亭。喻指天命難違，媽祖說情也無法改變，
亦有公事公辦之意。

【北港銅鐘。pak4-kang2 kang1tsing1。】

本指朝天宮梵鐘響亮，現喻為人大嗓門、聲音響亮。

【牛稠腳請媽祖，無查埔用查某。gu5 tiau5 kha1 tshiann2 ma2-tsoo2，
bo5 tsa1 poo1 iong7 tsa1-boo2。】（押 oo 韻）

過去牛稠腳因人丁稀少，迎神賽會只好以女人取代，衍申有將就將就之意。

【坐牛車要娶某，娶來北港拜媽祖。tse7 gu5-tshia1 bue2 tshua7 boo2，
tshua7 lai5 pak4-kang2 pai3 ma2-tsoo2。】（押 oo 韻）

乘花轎、坐牛車是早年迎娶方式。新郎官坐牛車娶親，但為了祈求人丁興旺、
婚姻幸福，都先到媽祖廟拜拜後再完婚。

【鐘到鼓到媽祖到。tsing1 kau3，koo2 kau3，ma2-tsoo2 kau3。】（押
au 韻）

聽到熱鬧的鐘鼓聲，就知道媽祖馬上要到了。

安平俚諺：

【安平迎媽祖，百百旗有了了。an1-ping5 ngia5 ma2-tsoo2，pah4 pah4
ki5 u7 liau2 liau2】

即指台南安平區開台天后宮每年三月廿三日迎媽祖賽會，全台各地（分香媽
祖）、陣頭齊集，各式各樣的旗幟排列成長龍，非常壯觀。

【安平迎媽祖，台南伏地虎。an1-ping5 ngia5 ma2-ts<u>oo</u>2，tai5-lam5 hok8
te7 h<u>oo</u>2。】（押 oo 韻）

安平區媽祖生日大拜拜時，台南市區的人全湧去看熱鬧，萬人空巷。〔註73〕

【媽祖宮起毋著向，厚猾人。ma2-tsoo2 king1 khi2 m7 tioh4 hiong3，
kau2 siau2 lang5。】

俗稱媽祖廟若蓋錯方向，當地的精神病患就會比較多。

【媽祖宮起毋著面，猾的出袂盡。ma2-tsoo2 king1 khi2 m7 tioh4 bin7，
siau2 e5 tshut8 be7 tsin7。】（押 in 韻）

瘋子會那麼多，是因為媽祖廟蓋錯了方向。〔註74〕

【請媽祖，討大租。tshiann1 ma2-ts<u>oo</u>2，tho3 tua7 ts<u>oo</u>7。】（押 oo 韻）

搬請媽祖去向佃農討大租，費用反而多，划不來。大租是昔日佃農須交給大
地主的租穀。〔註75〕

歇後語：【北港廟壁——話仙（畫仙）。pak4-kang2 bio7 piah4——
oe1-sian1。】朝天宮牆壁「畫」了許多神「仙」。此為台語諧音「話仙」，指這
個人「很會蓋」或聊天的意思。

【台南迎媽祖——麼奇嘛有。tai5-lam5 ngia5 ma2-tsoo2——mih4 ki5
ma7 u7。】

台南媽祖廟的迎神賽會非常熱鬧，各號旗幟紛紛出籠，故說「麼旗嘛有」，旗
和奇同音，故影射為「無奇不有」。

【北港香爐——人人插。pak4-kang2 hiunn1-loo5——lang5 lang5
tshah4。】

北港朝天宮的香爐香火鼎盛聞名全台，媽祖人人可拜。雙關語則是罵婦女人
盡可夫。〔註76〕

〔註73〕徐福全《福全台諺語典》，頁 221。
〔註74〕徐福全《福全台諺語典》，頁 212。
〔註75〕徐福全《福全台諺語典》，頁 538。
〔註76〕林文平《台灣歇後語典》（台北市：稻田出版社，2000 年），頁 56。

【囝子歌 gin2-a2-kua1】通俗易懂，這些信手拈來敘情寫景的歌謠，以笨港、媽祖為主題；有些押了韻腳，不但唸誦時特別有韻味，也充滿童趣。

囝仔歌：〈笨港媽祖婆〉

〔笨港媽祖婆，pun7-kang2 ma2-tsoo2- po5，

新竹城隍爺，sin1-tik4 sing5-hong5-ia5，

要來北港拜媽祖，be2 lai5 pak4-kang2 pai3 ma2-tsoo2，

坐火車要娶某。tse7 hue2-tshia1 bue2 tshua7 boo2。（押 oo 韻）〕

〈媽祖轎〉

〔娘傘花，團團轉。niu5 suann3 hue1，thuan5 thuan5 tsuan7。

媽祖轎，扛懸懸。ma2-tsoo2 kio7，kng1 kuan5 kuan5。

善男女，落重願。sian7 lam5 lu2，loh4 tang7 guan7。

鑽轎腳，保平安。tsng3 kio7 kha1，po2 ping5-an1。（押 an 韻）〕

〈你欲清〉

〔你欲食清，抑是欲食濁？li2 be2 tsiah8 tshing1，ia7 si7 be2 tsiah8 lo5?

欲食清，送你去媽祖宮；be2 tsiah8 tshing1，sang3 li2 khi3 ma2-tsoo2-king1；

欲食濁，送你去找姆婆〔註77〕be2 tsiah8 lo5，sang3 li2 khi3 tshue7 m2-po5。〕

（中句押 ing 韻；後句押 o 韻）

台灣各地以不同方式進行媽祖崇拜活動，而使廟會型態多變化，也展現民間信仰的活力。以下是各地較有名的活動。

北港朝天宮廟會。朝天宮古稱北港天妃宮，於清康熙 33 年 3 月 19 日由樹璧禪師恭請湄洲朝天閣天上聖母聖像來臺弘法，清雍正 8 年重修改名天后宮，清嘉慶 17 年改名朝天宮，每年在農曆 3 月前往湄洲祖廟晉謁，並於 19 日回至笨港遶境。甲午戰爭後，臺灣割讓日本，謁祖活動逐而停止。北港朝天宮為紀念媽祖聖誕與傳承謁祖繞境活動，戰後又在每年 3 月 19、20 日舉行遶境活動。

每年舉行兩次。各種陣頭及藝閣，隨媽姐鑾駕遶行各街非常壯觀，參觀

〔註77〕【姆婆 m2-po5】，父親的伯母。

者來自各地，盛極一時。北港朝天宮廟會活動，還有中元普渡、五文昌祭典、媽祖重陽飛昇祭典等活動，儀式遵古禮而隆重。

　　台南市安平天后宮媽祖上香山。安平天后自古即有回鄉謁祖的儀式，但因往返海峽兩岸的不易，遂改以遙祭的方式祭祀祖廟。「香山」本指安平媽祖遙祭祖廟的地點，清朝時安平媽祖都去鹿耳門溪旁的北汕尾遙祭祖廟，後因為被誤傳前往鹿耳門媽祖廟進香而改為在安平海邊遙祭。上香山，是為了迎接多日前，自行前往湄洲謁祖的媽祖神靈，信徒以及各安平境內宮廟神轎在海邊設壇接駕。安平天后宮也會組成仕女隊，以毛巾、洗臉水、胭脂水粉，等候媽祖的回駕，為媽祖洗塵。上香山的活動早年以乩童或者神轎跳過插滿線香的香窟，象徵媽祖的神靈回鑾。而現在多改以乩童至海邊接媽祖鑾駕後，繞行焚燒成堆的金紙窟三圈後，回駕繞境。媽祖的神轎上，會乘坐由童男、童女扮相的千里眼、順風耳、宮娥，為活動的特色。

　　苗栗縣通宵鎮白沙屯媽祖是早年先民渡海為確保平安恭請來台為大陸原鄉媽祖之一，白沙屯拱天宮至北港朝天宮進香的起源並不明確，僅知目前已有一百七十多年的歷史。每年農曆三月遵循傳統以徒步的方式前往北港朝天宮進香，遶境隊伍行進的方向每年都不一樣，進香時間、事務全以媽祖的旨意在神前擲筊為準，並擲選出放頭旗、登轎、出發、進火、回宮及開爐的時間，完全由媽祖指示帶領。為全臺僅有以「觀大駕」方式進香的的宗教活動。

　　白沙屯媽徒步進香保持了最虔誠的傳統，白沙屯人堅持步行朝訪，以簡單的四人輕便轎肩乘媽祖，一路越跨大安溪、大甲溪、大肚溪及濁水溪等，年年往返近四百公里。

　　雲林縣斗南鎮六房媽。六房天上聖母相傳於清代隨林姓六兄弟，自廣東家鄉渡海來台鎮宅。林姓六兄弟首先落腳於斗南鎮開墾，子孫日漸繁盛，分散在斗六、斗南、土庫、虎尾、大埤等地，從此媽祖就由這六房子孫輪流奉祀，所以稱為「六房媽」。「六房媽」甚為靈驗，眾多信徒認為「六房媽」供奉已非林家的事，所以現在輪值供奉的爐主，已不完全是林家的後代子孫。每年四月中旬輪值爐主要過爐之時，清晨由原爐主家中發炮起程，移駕到另一鄉鎮新爐主所設的紅壇供奉，隨行有數萬信徒及龐大陣頭相送迎接，場面非常熱鬧。

　　唸謠：〈請媽祖〉

　　　〔埔姜崙，請媽祖，poo1-kiunn1-lun7，tshiann1 ma2-tsoo2，

毋值元長廟仔普，〔註78〕m7-tat8 guan5-tsiong2 bio7-a2-phoo2，

三重旗，二重鼓，sann1/sam1ting5/ tiong5 ki5，nng7/liong2 ting5/
tiong5 koo2，

幔棕簑〔註79〕，戴瓜笠〔註80〕，拍鑼鼓，mua1 tsang1-sui1，ti3 kue1-
leh8，phah4 lo5-koo2，

穿柴屐〔註81〕，祭媽祖，tshing7 tsha5-kiah8，tse3 ma2-tsoo2，

鼓仔敲敲〔註82〕拍，koo2-a0 khok8 khok8 phah4，

桌頂無半塊肉。toh4-ting2 bo5 puann3 te3 bah4。〕〔註83〕

（前五句押 oo 韻；後二句押 ah 韻）

以前生活貧苦時，廟會卻很多，三天兩頭就有野台戲酬神求平安，但雲林縣
褒忠一帶都沒有請客，因爲物質缺乏，自己吃都不夠了。不過，由這首唸謠，
我們卻可以感觸到當地人民迎媽祖、祈求平安賜福的虔誠心意。

三、王醮信仰

臺灣民間信仰的神靈中，以【王爺 ong5-ia5】崇拜最爲特殊。因爲王爺在
早期的信仰中是代表【瘟神 un1-sin5】，後來成爲海神，深受漁民的崇拜，至
今已演化爲獎善罰惡、代天巡狩的司法神。所以，王爺有廣大的群眾信徒，
更重要的是王爺有代言人——童乩，可直接滿足人們的需要。〔註84〕

王爺廟在臺灣地區的數量僅次於土地廟。王爺又稱老爺、大人、千歲，
稱呼繁多，不勝枚舉。臺灣王爺廟所供奉的王爺，有一百三十二姓，最常見
的是「池、李、溫、蘇、吳」，以池姓最多。依據臺灣省文獻委員會在 1959
年的調查，全省王爺廟七百一十七座，分佈地區跟泉語地區完全一致，可見
王爺信仰屬於泉州文化。泉州把王爺叫做瘟王，是一種富有原始宗教意味的
瘟疫神。〔註85〕目前在台灣以王爺爲主神的廟宇約占所有廟宇的九分之一。

〔註78〕 【廟仔普 bio7-a2-phoo2】，地方廟會拜拜，或普渡。
〔註79〕 【棕簑 tsang1-sui1】，用棕毛製成的雨衣，即「簑衣」。【幔 mua1】，覆也，穿
衣也。
〔註80〕 【瓜笠 kue1-leh8】，斗笠。
〔註81〕 【柴屐 tsha5-kiah8】，木屐，日式木製拖鞋。
〔註82〕 【敲敲 khok8 khok8】，擬音詞，一直敲鼓的狀態。
〔註83〕 胡萬川、陳益源總編輯《雲林縣閩南語歌謠集》（一）（雲林縣文化局，1999
年），頁 170。
〔註84〕 阮昌銳《歲時與神誕》，頁 178。
〔註85〕 林衡道口述，鄭木金記錄《臺灣史蹟源流》，頁 565。

這麼發達的理由跟法師與乩童有很密切的關係。王爺廟叫【代天府 tai7-thian1-hu2】或【代天宮 tai7-thian1-kiong1】，東港「東隆宮」、台南市「南鯤鯓代天府」，是台灣最有名的王爺廟。

　　王爺，是以五個土頭鐵身或木頭竹骨的神像為祀。除民間信奉為治病、除災驅害之神外；巫覡祀之為其祭神，每於驅邪祭煞，則請其下降顯靈。此外，工人船夫等也祀為守護神。往昔王爺的祭祀尤盛，稱【王醮 ong5-tsio3】，設壇祈願息災植福。俗話說：【三年一醮 sann1 ni5 tsit8 tsio3】，因本省昔日瘟疫猖獗，而祀王爺為惡疫之神，稱【瘟王 un1-ong5】。另有所謂【王爺船 ong5-ia5-tsun5】、【王船 ong5-tsun5】者，往昔福建一帶，每三年一次製王爺神像，連同糧食、祭物等乘載船中，放流海上，以祭弔王爺的孤魂。昔日臺灣海岸有此王爺船漂來，則在當地建廟，以祈攘災造福。〔註86〕

　　拿一個東西做為自己的替身，由它來犧牲，讓自己得到平安，這也是原始宗教心理的固有觀念。世界上任何民族在原始的時代都抱有這種觀念。〔註87〕

　　至於王爺的主神是誰？吳瀛濤《臺灣民俗》，舉出五種歧雜的傳說：

1、秦始皇焚書坑儒所死難的學者。
2、唐代五進士，見疫鬼下毒井中，乃投井而死，身現毒徵，以警村民，因此昇天成神。
3、唐代三十六進士，為唐明皇試張天師之法，而冤命犧牲者。
4、明末三百六十進士，不願仕清，自盡而死。
5、瘟神信仰。〔註88〕

　　民俗學者朱介凡認為，其中除瘟神信仰，義取逐疫，古所謂「儺」的禮俗傳承之外，其餘都是民間隨口臆說之詞。〔註89〕

　　歷史學者蔡相輝指出：民國以來，中、日學者對王爺的研究，可歸納為兩個系統：第一個系統以連橫為代表，認為王爺乃台灣居民對鄭成功的崇祀，因在清朝高壓政策下不敢公開；第二個系統以前島信次、劉枝萬為代表，認為王爺是純樸的瘟神崇拜，神的功能逐漸轉化，終成全民普信的萬能神祇。近來石萬壽提出折衷看法，認為一般王爺為瘟神，而三老爺系統的朱王爺為

〔註86〕吳瀛濤《臺灣民俗》，頁77。
〔註87〕林衡道口述，鄭木金記錄《臺灣史蹟源流》，頁566。
〔註88〕吳瀛濤《臺灣民俗》，頁76。
〔註89〕朱介凡《中國謠俗論叢》（台北：聯經出版公司，1984年），頁48。

鄭成功。雖然各種看法都有依據，然卻無一說能讓各家所信服。〔註90〕

　　蔡相輝實地考察台南縣南鯤鯓、普濟殿、二王廟、大人廟等四座王爺廟後，提出看法認為，這四座廟的神祇都非由大陸傳來，不論所祀王爺數目多寡，都與鄭成功、鄭經及鄭克臧三代有密切關係。……清朝官修文獻或官吏筆記，描述台灣王爺都不脫王爺為瘟神的說法。但民間崇祀廟宇却可發現各種與鄭成功父子有關的直接、間接證據，可知台灣人士瞭解王爺崇祀的精神所在，只因異族統治之下，無法明言而已。〔註91〕不過，美國歷史學者康豹指出：王爺這種神明，主要有三種：（一）瘟神；（二）身世不詳的厲鬼；（三）歷史人物，如張巡王爺、蕭何王爺。鄭成功屬於第三種。因此，絕不能將鄭成功信仰與王爺信仰完全混為一談。〔註92〕

與王爺信仰有關的俗諺：

　　【王爺公無保庇，害死蘇有志 ong5-ia5-kong1 bo5 po1-pi1，hai2 si2 soo1 iu2 tsi】（押 i 韻），蘇有志，大目降（新化）的名人，民國四年支持西來庵事件主角余清風；余清風號召義民抗日，聲稱只要貼上王爺公符，即可刀槍不入，事件發生王爺公符並無神效，事敗，蘇有志等被捕，下獄處決。〔註93〕

　　【王爺〔註94〕尻川（屁股），無人敢摸 ong5-ia5 kha1-tshng1，bo5 lang5 kann2 bong1】，比喻對方權勢大，沒人敢動他。〔註95〕

　　【愛都愛，王爺都毋派 ai3 to1 ai3，ong5-ia5 to1 m7 phai3】（押 ai 韻）心中有所企求，可是上蒼卻不肯成全。

　　【愛是愛，王爺公著毋扑派 ai3 si7 ai3，ong5-ia5-kong tioh4 m7 phah4 phai3】（押 ai 韻），人有願望極想達成而未能如願，便歸咎於王爺公未幫忙。〔註96〕

　　台南永康鄉諺語：【送啊送，送去二王廟食肉粽 sang3 a0 sang3，sang3 khi3 jit4- ong5-bio7 tsiah8 bah4 tsang3】（押 ang 韻），其含意有二：一為清代二王廟

〔註90〕蔡相輝《台灣王爺與媽祖》（台北，臺原出版社，1989 年，1994 年），頁 28。
〔註91〕蔡相輝《台灣王爺與媽祖》，頁 104。
〔註92〕康豹（Paul R.Katz）著《台灣的王爺信仰》（台北，商鼎文化出版社，1997 年），頁 255。
〔註93〕徐福全《福全台諺語典》，頁 423。
〔註94〕有二意：（1）台灣許多地方稱神為王爺或王爺公。（2）橫行霸道，胡作非為的人。董忠司《臺灣閩南語辭典》，頁 960。
〔註95〕吳瀛濤《臺灣諺語》，頁 40。
〔註96〕徐福全《福全台諺語典》，頁 263。

附近居民抗清，義軍出發前，都在二王廟集合飽食肉粽，因義軍大都有去無回，以免當餓死鬼。其次，則為訕笑義軍自不量力，好比螳臂擋車，有去無回。這一首與二王廟結合的諺語，既悲壯又詼諧，顯示出一種對命運無可奈何的喟嘆！〔註97〕

王爺與王船文化占了台灣民俗信仰當中不可或缺的一個部分，舉凡西港、蘇厝、佳里、北門、茄萣、東港……都會定期舉辦大型的王船祭，迎請本科負責代天巡狩的值年王爺蒞臨遠境，並在迎王祭的期間舉行大型的醮事與繞境活動，以升堂放告、和瘟壓煞為最主要的宗旨。下面簡介各地相關的活動：

南鯤鯓代天府王爺祭典。【代天府 tai7-thian1-hu2】主祀五府千歲，是王爺廟最著名的，也是臺灣最古老的寺廟之一。香客每年達三百萬人次以上，被譽為東方的麥加。代天府的祭典活動很多，可分兩類：一為廟內，每到主神生日，臺灣各地信徒，組織進香團，抬著自己寺廟的神明，由乩童、鑼鼓陣，有時有宋江陣、八家將、車鼓陣等隨團表演，氣氛熱烈。二為廟外，主要是【出巡 tsut4-sun5】。王爺的職責是【代天巡狩 tai7 thian1 sun5 siu2】，所以要到各地出巡，行使職務。沿途也是萬頭攢動。鑼鼓聲、爆竹聲、人潮聲融合成一片宗教的狂熱，顯示了民間對神靈的虔誠與敬拜。〔註98〕

屏東縣東隆宮迎王祭典。東港東隆宮相傳建於清康熙45年，座落東港海岸古稱崙仔頂太監府現鎮海里海灘附近。光緒20年東港發生海嘯，巨浪滔天，淹沒太監府，村民搶救王爺金身，並於現址重建。東港東隆宮每逢丑、辰、未、戌年舉行迎王祭典，由七角頭擲筊輪值千歲轎班。

西港王爺聖誕建醮、燒王船、蜈蚣陣。據說當年鄭國聖（鄭成功）帶兵攻打台灣時，曾經請得天兵十二瘟王船隨行，登陸成功以後，便擇定吉期，以豐富的饗宴、銀錢、蔬果及其他一切必要用具送王船出海，但王船竟然飄流到現在台南市安定蘇厝村附近擱淺了，當地的百姓聽說瘟王登陸便有瘟疫流行，如果迎入供奉，則年年耗費不少，不禁大起恐慌。因為蘇厝並不是一個富裕的村落，居民乃集資建醮，請十二瘟王飽餐一頓之後，再度送他們出海。

可是瘟王們仍然沒有離開台灣，祂們只是另外換了一處地方面已。幾天

〔註97〕蔡相煇《台灣王爺與媽祖》，頁98。
〔註98〕阮昌銳《歲時與神誕》，頁176。

之後，王爺船擱淺在西港鄉十八榕樹的海邊。西港鄉的居民們並沒有因此而感到不悅，他們覺得既然王爺船與西港有緣，就請筊杯徵得十二瘟王的同意，為祂們建醮慶祝，從此便在西港「定居」下來，善男信女也在王爺的默示下，仿照當年科舉三年一科的成例，每年遊景（遊行）一次，這個風俗到現在已經有一百多年的歷史了。

據說在剛開始遊行的時候，王爺表示，「地方」（當地）不太平靜，應當組設蜈蚣陣遶境，以驅邪魔，並長保善男信女平安。結果，原來不太平安的房子，經過蜈蚣陣遶過以後，果然從此就不曾再有邪祟的事情發生了。事情傳開以後，附近的鄉鎮村民都希望王爺的蜈蚣陣能到他們的鎮上一遊，以確保他們的地方平靜。至今共計參與村莊多至九十二庄，享「台灣第一香」的美譽，為曾文溪流域王醮祭典的代表，與東港東隆宮齊名。

安西府建醮與送王船。台西鄉安西府創建於嘉慶年間。民國八十五年，為了紀念建廟兩百周年慶，特舉辦建醮及送王船活動。

廟方製造一艘華麗的王船，供信徒參拜。農曆六月十日舉行建醮大典，廟埕舉行賽豬公比賽，每隻肥豬重達千斤以上。各地獅陣、八家將、宋江陣等，都來參加迎神賽會；接著舉行火醮，誦經祈安。祭典的高潮是送王船，在文武陣頭開道及信徒的簇擁下，王船緩緩拉向海邊，這時，萬頭鑽動，鑼鼓喧天，響徹雲霄。

王船放置海灘，法師開始誦經燒香紙，大放鞭炮。王船升火待發，潮水慢慢上升，將王船浮昇。船上金紙猛烈燃燒，吞沒了王船，不久，王船被海浪吞噬，海平面又恢復往常的平靜，信徒總算完成一樁敬神的心頭，滿懷著期望，踏上歸途。

台南市麻豆代天府五府千歲遶境。逢丑、辰、未、戌年舉行。代天府五府千歲出巡遶境也就是俗稱的「麻豆香〔註99〕」，與南瀛其他香科不同的是，麻豆香並未舉辦王醮、清醮等祭典，是以五府千歲為主的刈香遶境活動。「麻豆香」起於何時，目前各家說法不一，無法如實考據，但據說與古代麻豆迎「南鯤鯓王」至麻豆繞境有關。麻豆代天府為台灣另一個王爺信仰重地，與南鯤鯓共同享有盛名，三年一次舉辦的出巡遶境活動，吸引全台數百家廟宇的熱情參與。

〔註99〕「香 hiunn1/hionn1」指香會，即廟會活動。

四、土地公信仰

　　【土地公 thoo2-te7-kong1】信仰的起源，具有自然崇拜之神、農業土地之神、保護部落社區之社神等多層面。台灣的土地公信仰兼具基層性、普遍性、多元性，使土地公成爲人們最親近的神祇，祂的神格也具備家宅及村落守護神、農、商、礦等的行業神、山林之神、開魂路顧墳墓之神等等，眞可說是田頭田尾、街頭街尾、山邊水畔、墳旁樹下都有土地公，隨時隨地庇護眾多的大地之子。

　　自古以土地之神爲「社神」。「社神」本來是一種自然神，自皇帝到平民，都得對土立社，以祈福報功。後來社神由自然神衍變爲人格神，歷任之神眾多，他們的身世生死日期不同，而以每年的二月二日和八月十五爲生日。是古代社祭的遺俗，【社 sia7】是祭祀土地的意思，二月初二是「春祈」，八月十五是「秋報」，都是農耕儀禮中最重要的儀式活動。〔註100〕

　　「土地公」的本職，應該是土地行政，但習俗的土地公像，大多數右手拿手杖，左手執元寶，可見又兼理財務；另一方面，人死後出殯時，有安排「土地公」做開路神引路，佐理亡魂引渡。祂可說集地政、財政、法政於一身的小主管〔註101〕。

　　俗話說：【得失土地公飼無雞 tik4 sit4 tho2-ti7-kong1 tshi7 bo5 ke1】，得罪土地公，飼養家禽容易遭瘟疫；引申爲得罪當地權勢就容易遭人家扯後腿。

　　【土地公無發號，虎毋敢咬人。tho2-ti7-kong1 bo5 huat4 ho7，hoo2 m7 kann2 ka7 lang5。】，喻如果主子不默許，部屬絕不會去傷人。

　　【土地公，土地婆，下〔註102〕汝蟶〔註103〕，下汝蚵，到時逐項無。tho2-ti7-kong1，tho2-ti7-po5，he7 li2 than1，he7 li2 o5，kau3 si5 tak8 hang7 bo5。】（押 o 韻），指不守信諾，未還願於神明。喻人輕諾寡信。

　　【土地公爪跤底 thoo2-te7-kong1 jiau3 kha1-te2 】，事前有一種莫

〔註100〕阮昌銳《歲時與神誕》，頁4。
〔註101〕潛龍居士編著《中國民間諸神傳》（台北：泉源出版社，1988年），頁58。
〔註102〕【下 he7】，許願。如【下願 he7-guan7】董忠司《臺灣閩南語辭典》，頁377。
〔註103〕【蟶 than1】，介殼類軟體動物，生活在海邊泥土中。董忠司《臺灣閩南語辭典》，頁1409。

名其妙的預感，俗謂土地公在搔腳底。〔註104〕

歇後語：【土地公毋驚風颱——老神在在。thoo2-te7-kong1　m7-kia1
　　　　hong1-thai1——lau2　sin5　tsai2　tsai2。】，土地公是管轄土地的
　　　　神，不怕颱風，所以「老神在在」。而「老神在在」的意思是
　　　　輕鬆自在，很有經驗，不怕大風大浪。〔註105〕

五、觀音信仰

【觀音佛祖 kuan1-im1-hut8-tsoo2】，台灣民間常尊稱為【觀音媽 kuan1 im1
ma2】，正式名稱應當是【觀世音菩薩 kuan1-se3-im1-phoo5-sat4】，俗名是觀音
佛、觀音大士、大仙等等，稱法繁多。相傳，唐太宗的名字是李世民，為了
避諱，觀世音才變成觀音。又傳觀世音菩薩原為男性，為了傳教方便，才化
身為女性，故宮博物院收藏的觀世音畫像有男性的。

台灣觀音廟，多半沒有和尚，沒有尼姑，也沒有採行佛教儀禮，甚至葷
菜也可供奉，同時還供奉眾多的民間風俗諸神，像媽祖、註生娘娘等，這種
觀音廟只能稱為通俗佛教廟宇，外國人把它們稱為道教化的佛寺，諸如萬華
龍山寺、鹿港龍山寺都是這種情況。

觀音佛祖本來是全國性的神明，而且在東南亞國家，供奉觀音佛祖的廟
宇比比皆是，稱得上是國際性的神明。不過，台灣地區觀音佛祖往往成為祖
籍地的神明。譬如，福建省泉州府晉江縣有座安海龍山寺，往昔，泉屬的晉
江、惠安、南安三縣的人過海來台，都帶著這個廟的香火，等到安抵台灣後，
就在他們的住居附近興建一座龍山寺，供奉觀音佛祖表示謝恩，同時紀念他
們的祖籍。因此，在台灣的龍山寺不少，台北萬華、淡水、鹿港、台南等地
都有，這些龍山寺都和泉州府晉江縣安海龍山寺有關聯。〔註106〕

台灣民間對觀音崇拜極為虔誠，每家廳堂懸掛的「家堂五神」中，最上
面的就是觀音，坐在岩石上，右手執經卷，一般稱「持經觀音」，每家早晚燒
香膜拜。台灣以供奉觀音為主神的寺廟共有五百多所，僅次於王爺廟，其中
香火最盛的是台北萬華龍山寺，而彰化縣鹿港龍山寺已列為國家一級古蹟。

民間以二月十九為觀音生（誕生日），六月十九為觀音成道日，九月十九

〔註104〕吳瀛濤《臺灣諺語》，頁38。
〔註105〕溫惠雄《台灣人智慧歇後語》，頁79。
〔註106〕林衡道口述，鄭木金記錄《臺灣史蹟源流》，頁568。

爲觀音出家紀念日，這三天各觀音廟都有盛大的祭典。民間對觀音的崇拜興盛，顯示出民間多苦難，祈求觀音保佑：

【人離難，難離身，jin5 li5 lan7，lan7 li5 sin1，

一切災殃化爲塵。it4 tshe3 tsai1-iong1 hua3 ui5 tin5】（押 in 韻）

〔註 107〕

台南市東山碧雲寺佛祖媽回娘家，每年農曆 12 月 23 日返回關仔嶺碧雲寺，翌年正月初時回駕碧軒寺。道光 12 年（西元一八三二年）店仔口（今白河鎮）人張丙率眾起事，相傳碧雲寺因這次民變而遭焚毀，寺院殘破。道光 24 年 （西元一八四四年）番社（今東山鄉）庄民乃將觀音佛祖迎請至番社，建一簡單庵堂奉祀，此爲本寺開基之始，於是應祥師從大陸奉迎來台的觀音佛祖移駕東山以迄於今。當時嘉義縣營參府洪志高聞悉，發起募建「碧軒寺」，民國 56 年重建後每年農曆 12 月 23 日恭送佛祖媽回碧雲寺過年大年初 10 恭迎觀音佛祖回駕。

碧雲寺佛祖媽每年回娘家其意義除了拜表人神之間的不忘本之外，來回關仔嶺與東山之間，觀音媽的信徒更用他們的步履，印證他們對觀音媽的虔誠。

相關的俗諺：

【家家阿彌陀，戶戶觀世音。ke1 ke1 a1 mi5 to5，hoo7 hoo7 kuan1 se3-im1。】形容阿彌陀佛、觀世音菩薩的信仰，非常普遍。〔註 108〕

【羅漢請觀音 lo5-han3 tshiann2 kuan1-im1】，主人多而客人少；九主一客。

【觀音媽面前，無好囡仔。kuan1-im1-ma2 bian7-tsing5 bo5 ho2 gin2-a2。】，須到觀音佛祖前求懺悔，求收爲義子的人，都是犯過錯的孩子。〔註 109〕

【觀音媽面頭前無一個歹囡仔 kuan1-im1-ma2 bian7-thau5-tsing5 bo5 tsit8 e7 phainn2-gin2-a2】，喻在觀音菩薩大慈大悲感化下，人人都會改過自新，以前的壞孩子，現在都變好了。

〔註 107〕阮昌銳《歲時與神誕》，頁 106。

〔註 108〕徐福全《福全台諺語典》，頁 227。

〔註 109〕徐福全《福全台諺語典》，頁 535。

歇後語：【觀音媽食鹹鮭——冤枉人。kuan1-im1-ma2 tsiah8 kiam5 ke1——oan1 ong1-lang5。】，觀音是吃素的，怎會吃葷的？謂「冤枉人」，絕無此事。〔註110〕

在新北市《雙溪相褒歌》裡也收錄一首「來去劍潭下佛祖」的唸謠，四句七言押尾韻，頗有趣味。

〔來去劍潭下佛祖，lai4 khi3 kiam3-tham5 he7 hut8-tsoo2，
手提神杯跋落塗，tshiu2 theh8 sin5-pue1 puah8 loh8 thoo5，
下要清醮內外股，he bueh4 tshing1 tsio3 lai7 gua7 koo2，
下要婿娘翻舊箍。he bueh4 sui-niu5 huan1 ku7 khoo1。〕（押 oo 韻）

大意是：我到劍潭寺向佛祖祈求，手拿著筊杯虔心許願，將筊杯投擲到地面上。許願為佛祖辦醮典，只要佛祖能讓美麗的意中人回心轉意到我身邊。〔註111〕

囡仔歌：〈目睭掣〉

〔目睭掣，掣什事，〔註112〕 bak8-tsiu1 tuah8，tuah8 sim2 tai7，
好事來，歹事去，ho2-su7 lai5，phainn2-su7 khi3，
觀音佛祖來保庇。kuan1-im1-hut8-tsoo2 lai5 po2-pi3。〕〔註113〕

眼皮跳，被認為是不祥的徵兆，唸這首歌謠，請觀音佛祖來保庇，祈求好事來，壞事去。

六、多神信仰與台語

在台灣四百年來的歷史，民間宗教信仰作為社會歷史現象，一種意識形態，而在台語中留下了很深的印跡。

（一）在民間信仰中的神明稱呼上，就有多層次的文化內涵，大致反映昔日封建社會的君權政體階級意識，如古代的官名、封號、衣著服飾……等。

1、官方的封賜：宋、元、明歷代正式賜封媽祖為「天妃」，清康熙 22 年封為「天后」之後，又得到「天上聖母」的尊稱。臨水夫人受封為「順

〔註110〕溫惠雄《台灣人智慧歇後語》，頁 56。
〔註111〕林金城《雙溪相褒歌》（台北縣：昊天嶺文史工作室，2005 年），頁 23。
〔註112〕原文用「代」。【事 tai7（白）/su7（文）】人類的行為和所從事的一切事物的總稱。董忠司《臺灣閩南語辭典》，頁 1265。
〔註113〕馮輝岳《台灣童謠大家唸》，頁 39。

懿夫人」。醫神吳本受封「大道眞人」、忠顯侯、昊天眞君。

2、道教的影響：最爲深遠，因爲台灣民間信仰幾乎保存道教的神仙譜系體制，而這類稱呼一直存在。例如：「君、帝、大帝、母、天尊、星君、仙師、王、神、元師、公、……」。

3、佛教的影響：觀音佛祖，正式名稱應當是【觀世音菩薩 kuan1-se3-im1-phoo5-sat4】，俗名是觀音佛、觀音大士。菩薩、祖師……等等。

4、民間的尊稱：觀音佛祖，台灣民間常尊稱爲【觀音媽 kuan1-im1-ma2】，開漳聖王、開台聖王。

（二）從眾多有關俗諺所反映的民間信仰形象來看，全能女神的【媽祖 ma2-tsoo2】和普渡眾生的【觀音媽 kuan1-im1-ma2】，都給人正面良好的印象，反映民間百姓對祂們的尊崇。在台灣可以看到以媽祖爲主神的廟宇，往往配祀觀音；反過來也如此。人們對女神的信任，或者可以說民間基層信徒大多數以女性爲主，她們在傾訴心裡苦樂時，對同是女性的神明有較大的寄託和依賴。

王爺信仰流行於台灣西南沿海一帶，與台灣過去的瘟疫猖獗有關，人們的信仰較多成份是基於畏懼的心理；王爺主神眾多，應該多屬男性神明，加上王爺信仰的傳播與童乩、法師關係密切，所以反映在俗諺上的是較爲粗獷、負面的形象。

土地公信仰是台灣最流行、最普遍的神明。而土地公職能也不斷在擴大，也反映台灣民間普遍追求功利、現實的基本心理需求。在俗諺上所反映的是較爲權勢、現實的負面形象。

（三）在很多的台語俗諺中，反映出民間社會文化對拜拜的反思，或對神、鬼信仰部份負面形象看法，從現在的角度來看，實在潛藏著警惕、教育的意義。如：

【儉腸凹肚，爲著初一十五。khiam7 tng5 neh4 too7，ui7 tioh4 tshe1-it4 tsap8-goo7。】

【神明興，弟子窮。sin5-bin5 hin1，te7-tsu2 king5。】

【尪公顯，弟子了仙。ang5-kong1 hiann2，te7-tsu2 liau3 sian2。】

【少年若無一擺戇，路邊那有有應公。siau2 lian5 na7 bo5 tsit8 pai2 gong7，loo7 pinn1 na7 u7 iu2-ing3-kong1。】

【王爺公無保庇，害死蘇有志。ong5-ia5-kong1 bo5 po1-pi1，hai2 si2

soo1 iu2 tsi。】

【愛都愛，王爺都毋派 ai3 to1 ai3，ong5-ia5 to1 m7 phai3】

【得失土地公飼無雞 tik4 sit4 tho2-ti7-kong1 tshi7 bo5 ke1】

對於人、神之間的中介者，俗諺也有不少負面的反映，如：

【尪姨嘴，糊累累 ang5-i5-tsui3，hoo5 lui3 lui3】。

【尪姨循話尾，假童害眾人 ang5-i5 sun5 ue7 bue2，ke2-tang5 hai7 tsing3 lang5】

【和尚弄尼姑 hue5-siunn7 lang7 ni5-koo1】，謂不該有的事。

（四）依據 1914 年臺灣總督府出版的《臺灣俚諺集覽》，第十篇〈職業‧僧侶道士〉〔註 114〕其中有關司公、和尚、尼姑和童乩的俗諺詞句來看，有些是戲謔的；有些則反映過去某些少數份子劣跡，整體來看負面形象多，如：

1、交尼姑，倒（童瓦）仔米：與佛門子弟交往，常須布施，容易損失財物。

2、尼姑做滿月：不可能的事。

3、尼姑生子，累眾人：尼姑沒有結婚卻懷孕生子，可累慘週遭的人。

4、尼姑和尚做翁某：如破鍋遇到補釘的鍋蓋；比喻很相當。

5、尼姑和尚某：絕配。昔日諷刺尼姑和尚間不正常的關係。

6、罕得幾時尼姑滿月。

其中，民間俗諺把和尚、尼姑作為比喻的對象，乃因他們生活情況特殊，有較高的道德標準要求。如果不守清規，對昔日的保守社會風氣，造成不良影響，基於警惕，而以批判、諷刺意味的俗諺留存社會。

（五）台灣地區的神祇、廟宇名稱很多而紛雜，顯現民間的多神信仰、多元崇拜現象，而且神明大多穿金戴銀、廟宇也富麗堂皇、廟會活動時更是人山人海【鬧熱滾滾 lau7-jiat8-kun2-kun2】，反映昔日台灣人民生活依賴神明信仰既深且久。民間信仰也大致折射出先民們對於人類社會生活制度的某種程度看法和所寄望的祈求。

（六）小結：台灣廟會節慶已隨著現代社會生活變遷而轉型，雖然傳統廟會活動仍在部份鄉下留存，但大多數地區的廟會活動都朝向結合地方特色、滿足休閒觀光需求、甚至向國際文化交流方向發展，所以能集合民間和各級政府力量，經過精心策劃、宣傳包裝，使活動能具有滿足人們心靈信仰、

〔註 114〕平澤平七《臺灣俚諺集覽》（台北：臺灣總督府，1914 年），頁 404～409。

生活休閒、文化觀光等多目標的功能發展。

　　廟會節慶是深具地方特色的台灣風俗，在歷史文化傳承與人們精神生活方面，扮演著舉足輕重的角色。從北到南，全台各地廟會活動終年不斷，傳達出台灣人民心靈至誠的信仰。而台語也反映著人們多神信仰、廟會活動多采多姿的文化特色。從廟會活動中可以清晰地看到台灣人民的信仰、藝術、人文的多元面貌，也浮現了台灣民間信仰的價值觀。